後漢書

宋 范 曄 撰
唐 李 賢等注

第 四 册
卷二五至卷三三（傳三）

中 華 書 局

後漢書卷二十五

卓魯魏劉列傳第十五 魯恭弟丕

卓茂字子康，南陽宛人也。父祖皆至郡守。茂，元帝時學於長安，事博士江生，〔一〕習詩、禮及歷筭，究極師法，稱爲通儒。性寬仁恭愛。鄉黨故舊，雖行能與茂不同，而皆愛慕欣欣焉。〔二〕

〔一〕江生，魯人江翁也。昭帝時爲博士，號魯詩宗。見前書。

〔二〕東觀記曰：「茂爲人恬蕩樂道，推實不爲華貌，行己在於淸濁之閒，自束髮至白首，與人未嘗有爭競。」

初辟丞相府史，事孔光，光稱爲長者。時嘗出行，有人認其馬。茂問曰：「子亡馬幾何時？」對曰：「月餘日矣。」茂有馬數年，心知其謬，嘿解與之，挽車而去，顧曰：「若非公馬，幸至丞相府歸我。」他日，馬主別得亡者，乃詣府送馬，叩頭謝之。茂性不好爭如此。

後以儒術舉爲侍郞，給事黃門，遷密令。〔一〕勞心諄諄，視人如子，〔二〕舉善而教，口無惡言，吏人親愛而不忍欺之。〔三〕人嘗有言部亭長受其米肉遺者，〔四〕茂辟左右問之曰：「亭長爲從汝求乎？爲汝有事囑之而受乎？將平居自以恩意遺之乎？」人曰：「往遺之耳。」茂曰：「遺之而受，何故言邪？」人曰：「竊聞賢明之君，使人不畏吏，吏不取人。今我畏吏，是以遺之，吏既卒受，故來言耳。」茂曰：「汝爲敝人矣。凡人所以貴於禽獸者，以有仁愛，知相敬事也。今鄰里長老尚致饋遺，此乃人道所以相親，況吏與民乎？吏顧不當乘威力強請求耳。凡人之生，羣居雜處，故有經紀禮義以相交接。汝獨不欲修之，寧能高飛遠走，不在人閒邪？亭長素善吏，歲時遺之，禮也。」人曰：「苟如此，律何故禁之？」茂笑曰：「律設大法，禮順人情。今我以禮教汝，汝必無怨惡；以律治汝，何所措其手足乎？一門之內，小者可論，大者可殺也。且歸念之！」於是人納其訓，吏懷其恩。初，茂到縣，有所廢置，吏人笑之，鄰城聞者皆蚩其不能。河南郡爲置守令，茂不爲嫌，理事自若。〔五〕數年，教化大行，道不拾遺。平帝時，天下大蝗，河南二十餘縣皆被其災，獨不入密縣界。督郵言之，〔六〕太守不信，自出案行，見乃服焉。

〔一〕密，今洛州密縣也。

〔二〕諄諄，忠謹之貌也。詩曰：「誨爾諄諄。」音之順反。

〔三〕家語曰：「宓子賤爲單父宰，人不忍欺。」

〔四〕部謂所部也。

〔五〕東觀記曰：「守令與茂並居，久之，吏人不歸往守令。」

〔六〕續漢志曰：「郡監縣有五部，部有督郵掾，以察諸縣也。」

是時王莽秉政，置大司農六部丞，勸課農桑，〔一〕遷茂爲京部丞，密人老少皆涕泣隨送。及莽居攝，以病免歸郡，常爲門下掾祭酒，不肯作職吏。

〔一〕王莽攝政，置大司農部丞十三人，人部一州，勸課農桑。今書及東觀記並言六部。

更始立，以茂爲侍中祭酒，〔二〕從至長安，知更始政亂，以年老乞骸骨歸。

〔二〕續漢志曰：「侍中，無員，掌侍左右，顧問應對，本有僕射一人，中興轉爲祭酒。」

時光武初卽位，先訪求茂，茂詣河陽謁見。〔一〕乃下詔曰：「前密令卓茂，束身自修，執節淳固，誠能爲人所不能爲。夫名冠天下，當受天下重賞，故武王誅紂，封比干之墓，表商容之閭。〔二〕今以茂爲太傅，封褒德侯，食邑二千戶，〔三〕賜几杖車馬，衣一襲，絮五百斤」。〔四〕復以茂長子戎爲太中大夫，次子崇爲中郎，給事黃門。建武四年，薨，賜棺椁冢地，車駕素服親臨送葬。

〔一〕東觀記曰，茂時年七十餘矣。

〔二〕王子比干，紂殺之。商容，殷賢臣。武王入殷，命閎天封比干之墓，命畢公表商容之閭。表，旌顯也。閭，里門也。事見史記。

〔三〕東觀記、續漢書皆作「宣德侯」。

〔四〕單複具謂之襲。

子崇嗣，徙封汎鄉侯，官至大司農。〔一〕崇卒，子棽嗣。〔二〕棽卒，子訢嗣。訢卒，子隆嗣。永元十五年，隆卒，無子，國除。

〔一〕汎鄉在琅邪郡不其縣。

〔二〕棽音丑金反，又所金反。

初，茂與同縣孔休、陳留蔡勳、安衆劉宣、楚國龔勝、上黨鮑宣六人同志，不仕王莽時，並名重當時。休字子泉，哀帝初，守新都令。〔一〕後王莽秉權，休去官歸家。及莽篡位，遣使齎玄纁、束帛，請爲國師，遂歐血託病，杜門自絕。光武即位，求休、勳子孫，賜穀以旌顯之。劉宣字子高，安衆侯崇之從弟，知王莽當篡，乃變名姓，抱經書隱避林藪。建武初乃出，光武以宣襲封安衆侯。擢龔勝子賜爲上谷太守。勝、鮑宣事在前書。勳事在玄孫邕傳。

〔一〕新都，縣也，屬南陽郡。

論曰：建武之初，雄豪方擾，虓呼者連響，嬰城者相望，〔一〕斯固倥傯不暇給之日。〔二〕卓茂斷斷小宰，無它庸能，〔三〕時已七十餘矣，而首加聘命，優辭重禮，其與周、燕之君表閭立館何異哉？〔四〕於是蘊憤歸道之賓，〔五〕越關阻，捐宗族，以排金門者衆矣。夫厚性寬中近

於仁，犯而不校鄰於恕，〔六〕率斯道也，怨悔曷其至乎！〔七〕

〔一〕虓，虎怒也。詩曰：「闞如虓虎。」嬰城，言以城自嬰繞。

〔二〕字書曰：「倥偬，窮困也。給，足也。」日促事多，不暇給足也。

〔三〕斷斷猶專一也。書曰：「斷斷猗無它伎。」

〔四〕史記燕昭王即位，欲雪齊恥，以招賢者，得郭隗，為築宮而師事之。

〔五〕蘊，積也。

〔六〕校，報也。鄰，近也。曾子曰：「犯而不校。」

〔七〕怨謂為人所怨也。悔，恨也。

魯恭字仲康，扶風平陵人也。其先出於魯（傾）〔頃〕公，為楚所滅，遷於下邑，因氏焉。世吏二千石，哀平閒，自魯而徙。祖父匡，王莽時，為羲和，有權數，號曰「智囊」。〔一〕父某，建武初，為武陵太守，卒官。時恭年十二，弟丕七歲，晝夜號踴不絕聲，郡中賻贈無所受，〔二〕乃歸服喪，禮過成人，鄉里奇之。十五，與母及丕俱居太學，習魯詩，〔三〕閉戶講誦，絕人閒事，兄弟俱為諸儒所稱，學士爭歸之。

〔一〕匡設六筦之法以窮工商，故曰權數。

〔二〕公羊傳曰：「貨財曰賻。」

〔三〕高祖時魯申公詩也。

太尉趙憙慕其志，每歲時遣子問以酒糧，皆辭不受。〔一〕恭憐丕小，欲先就其名，託疾不仕。郡數以禮請，謝不肯應，母強遣之，恭不得已而西，因留新豐教授。建初初，丕舉方正，恭始爲郡吏。太傅趙憙聞而辟之。肅宗集諸儒於白虎觀，恭特以經明得召，與其議。〔二〕

〔一〕問，遺也。

〔二〕與音豫也。

憙復舉恭直言，待詔公車，拜中牟令。恭專以德化爲理，不任刑罰。訟人許伯等爭田，累守令不能決，恭爲平理曲直，皆退而自責，輟耕相讓。亭長從人借牛而不肯還之，牛主訟於恭。恭召亭長，勑令歸牛者再三，猶不從。恭歎曰：「是教化不行也。」欲解印綬去。掾史泣涕共留之，〔一〕亭長乃慙悔，還牛，詣獄受罪，恭貰不問。〔二〕於是吏人信服。建初七年，郡國螟傷稼，犬牙緣界，不入中牟。河南尹袁安聞之，疑其不實，使仁恕掾肥親往廉之。〔三〕恭隨行阡陌，俱坐桑下，有雉過，止其傍。傍有童兒，親曰：「兒何不捕之？」兒言「雉方將雛」。親瞿然而起，〔四〕與恭訣曰：「所以來者，欲察君之政迹耳。今蟲不犯境，此一異也；化及鳥獸，此二異也；豎子有仁心，此三異也。久留，徒擾賢者耳。」還府，具以狀白安。是歲，嘉禾生恭便坐廷中，〔五〕安因上書言狀，帝異之。會詔百官舉賢良方正，恭薦中牟名士王方，帝即徵方詣公車，禮之與公卿所舉同，方致位侍中。恭在事三年，州舉尤異，會遭母喪去官，吏人思之。

〔一〕續漢志曰：「縣置掾史如郡。」

〔二〕貰，寬貸也，音時夜反。

〔三〕仁恕掾，主獄，屬河南尹，見漢官儀。廉，察也。

〔四〕瞿音久住反。

〔五〕便坐，於便側之處，非正室也。續漢書云：「恭謙不矜功，封以言府，府即奏上。尹以檄勞曰：『君以名德，久屈中牟，物產之化流行，天降休瑞，應行而生，尹甚嘉之。』」

後拜侍御史。和帝初立，議遣車騎將軍竇憲與征西將軍耿秉擊匈奴，恭上疏諫曰：

陛下親勞聖思，日昃不食，憂在軍役，誠欲以安定北垂，爲人除患，定萬世之計也。臣伏獨思之，未見其便。社稷之計，萬人之命，在於一舉。數年以來，秋稼不熟，人食不足，倉庫空虛，國無畜積。會新遭大憂，人懷恐懼。〔一〕陛下躬大聖之德，履至孝之行，盡諒陰三年，聽於冢宰。百姓闕然，三時不聞警蹕之音，〔二〕莫不懷思皇皇，若有求而不得。〔三〕今乃以盛春之月，興發軍役，擾動天下，以事戎夷，誠非所以垂恩中國，改元正時，由內及外也。

〔一〕章帝崩也。

〔二〕三時，秋、夏、冬也。天子出警入蹕。和帝章和二年二月即位，明年春，議擊匈奴。帝在諒陰不出，故百姓三時不聞警蹕。

〔三〕禮記檀弓曰：「魯人顏丁善居喪，始死，皇皇焉如有求而不得。」言百姓思帝，故恭引之。

萬民者，天之所生。天愛其所生，猶父母愛其子。一物有不得其所者，則天氣爲之舛錯，況於人乎？故愛人者必有天報。昔太王重人命而去邠，故獲上天之祐。〔一〕夫戎狄者，四方之異氣也。蹲夷踞肆，與鳥獸無別。〔二〕若雜居中國，則錯亂天氣，汙辱善人，是以聖王之制，羈縻不絕而已。〔三〕

〔一〕史記，古公修后稷、公劉之業，國人皆戴之。戎翟攻之，人人皆怒欲戰，古公曰：「人以我故戰，殺人父子，予不忍爲。」乃與私屬盡去邠，止于岐下。邠人舉國扶老攜弱，盡復歸於岐下。旁國聞之，亦多歸附。古公乃營築城郭室屋而邑之，人皆歌頌其德。武王即位，追尊古公爲大王。

〔二〕夷，平也。肆，放也。言平坐踞傲，肆放無禮也。

〔三〕字書曰：「羈，馬絡頭也。」蒼頡篇曰：「縻，牛韁也。」

今邊境無事，宜當脩仁行義，尙於無爲，令家給人足，安業樂產。夫人道乂於下，則陰陽和於上，祥風時雨，覆被遠方，夷狄重譯而至矣。易曰：『有孚盈缶，終來有它吉。」〔一〕言甘雨滿我之缶，誠來有我而吉已。〔二〕夫以德勝人者昌，以力勝人者亡。今匈奴為鮮卑所殺，遠臧於史侯河西，去塞數千里，而欲乘其虛耗，利其微弱，是非義之所出也。前太僕祭彤遠出塞外，卒不見一胡而兵已困矣。〔三〕白山之難，不絕如綖，〔四〕都護陷沒，士卒死者如積，〔五〕迄今被其辜毒。孤寡哀思之心未弭，仁者念之，以為累息，柰何復欲襲其迹，不顧患難乎？今始徵發，而大司農調度不足，〔六〕使者在道，分部督趣，〔七〕上下相迫，民閒之急亦已甚矣。三輔、并、涼少雨，麥根枯焦，牛死日甚，此其不合天心之效也。羣僚百姓，咸曰不可，陛下獨柰何以一人之計，弃萬人之命，不卹其言乎？上觀天心，下察人志，足以知事之得失。臣恐中國不為中國，豈徒匈奴而已哉！惟陛下留聖恩，休罷士卒，以順天心。

〔一〕易比卦辭也。孚，誠信也。缶，土器也。王弼注云：「親乎天下，著信盈缶，應者豈一道而來，故必有它吉也。」

〔二〕比卦坤下坎上。坤為土，缶之象也。坎為水，雨之象也。坎在坤上，故曰甘雨滿我之缶。有誠信，則它人來附而吉也。

〔三〕永平十六年，竇固、祭彤、耿秉、來苗等四道出擊匈奴。固至天山，擊走呼衍王，彤坐不至涿邪山，無所見而還，下獄免為庶人也。

〔四〕白山即天山也。言彤、固俱擊匈奴，固至天山，彤還下獄，同歷艱危，故曰如綖。公羊傳曰「中國不絕若綖」也。

〔五〕永平末年，焉耆、龜茲共攻沒都護陳睦，殺吏士二千餘人。

〔六〕度音大各反。

〔七〕趣音促。

書奏，不從。每政事有益於人，恭輒言其便，無所隱諱。

其後拜爲魯詩博士，由是家法學者日盛。遷侍中，數召讌見，問以得失，賞賜恩禮寵異焉。遷樂安相。〔一〕是時東州多盜賊，羣輩攻劫，諸郡患之。恭到，重購賞，開恩信，〔二〕其渠帥張漢等率支黨降，恭上以漢補博昌尉，〔三〕其餘遂自相捕擊，盡破平之，州郡以安。

〔一〕章帝孫千乘王寵相也。和帝改千乘國爲樂安國，故城在今淄州高苑縣北。

〔二〕說文曰：「以財相賕曰購。」

〔三〕博昌，縣，屬千乘國，今青州縣也。

永元九年，徵拜議郎。八月，飲酎，齋會章臺，詔使小黃門特引恭前。其夜拜侍中，勑使陪乘，勞問甚渥。冬，遷光祿勳，選舉清平，京師貴戚莫能枉其正。十(二)〔三〕年，代呂蓋爲司徒。〔一〕十五年，從巡狩南陽，除子撫爲郎中，賜駙馬從駕。〔二〕時弟丕亦爲侍中。兄弟父子並列朝廷。後坐事策免。〔三〕殤帝卽位，以恭爲長樂衞尉。永初元年，復代梁鮪爲司徒。〔四〕

〔一〕漢官儀曰：「呂蓋字君(上)〔玉〕，宛陵人。」

〔二〕駙，副也。非正所乘，皆爲副。說文曰：「駙馬，副馬也。」

〔三〕續漢書曰「坐族弟弘農都尉炳事免官」也。

〔四〕漢官儀曰「鮪字伯元，河東平陽人」也。

初，和帝末，下令麥秋得案驗薄刑，而州郡好以苛察爲政，因此遂盛夏斷獄。恭上疏諫曰：

臣伏見詔書，敬若天時，〔一〕憂念萬民，爲崇和氣，罪非殊死，且勿案驗。進柔良，退貪殘，奉時令。〔二〕所以助仁德，順昊天，致和氣，利黎民者也。

〔一〕若，順也。尚書堯典曰：「乃命羲和，欽若昊天，敬授人時。」

〔二〕言順月令以行事也。

舊制至立秋乃行薄刑，自永元十五年以來，改用孟夏，而刺史、太守不深惟憂民息事之原，進良退殘之化，〔一〕因以盛夏徵召農人，拘對考驗，連滯無已。司隸典司京師，四方是則，〔二〕而近於春月分行諸部，託言勞來貧人，而無隱惻之實，煩擾郡縣，廉考非急，逮捕一人，罪延十數，〔三〕上逆時氣，下傷農業。案易五月姤用事。〔四〕經曰：「后以施令誥四方。」〔五〕言君以夏至之日，施命令止四方行者，所以助微陰也。〔六〕行者尙止之，況於逮召考掠，奪其時哉！

〔一〕月令曰：「孟夏，命太尉贊桀俊，遂賢良，舉長大，行爵出祿，必當其位。」

〔二〕漢官儀曰：「司隸校尉董領京師及三輔、三河、弘農。」

〔三〕逮，及也。辭所連及，即追捕之。

〔四〕東觀記曰：「五月姤卦用事。」姤卦巽下乾上，初六，一陰爻生，五月之卦也。本多作「后」，古字通。

〔五〕誥，理也。易姤卦象曰：「天下有風，姤，后以施令誥四方。」乾爲天，君之象也；巽爲風，號令之象也；后，君也：故以喻人君施令也。

〔六〕易復卦曰：「先王以至日閉關，商旅不行。」故夏至宜止行也。五月陰氣始生，故曰微陰。

比年水旱傷稼，人飢流冗。〔一〕今始夏，百穀權輿，陽氣胎養之時。〔二〕自三月以來，陰寒不暖，物當化變而不被和氣。月令：「孟夏斷薄刑，出輕繫。行秋令則苦雨數來，五穀不熟。」〔三〕又曰：「仲夏挺重囚，益其食。〔四〕行秋令則草木零落，〔五〕人傷於疫。」〔六〕夫斷薄刑者，謂其輕罪已正，不欲令久繫，故時斷之也。臣愚以爲今孟夏之制，可從此令，其決獄案考，皆以立秋爲斷，以順時節，育成萬物，則天地以和，刑罰以清矣。

〔一〕冗，散也。

〔二〕爾雅曰：「權輿，始也。」萬物皆含胎長養之時。

〔三〕鄭玄注禮記云：「申之氣乘之也。苦雨，白露之類也，時物得而傷也。」

〔四〕挺猶寬也。

〔五〕酉之氣乘之也。八月宿直昴，爲獄主殺。

〔六〕大陵之氣爲害也。大陵，星名。春秋合誠圖曰「大陵主死喪」也。

初，肅宗時，斷獄皆以冬至之前，自後論者互多駁異。鄧太后詔公卿以下會議，恭議奏曰：

夫陰陽之氣，相扶而行，發動用事，各有時節。若不當其時，則物隨而傷。王者雖質文不同，而茲道無變，四時之政，行之若一。月令，周世所造，而所據皆夏之時也，〔一〕其變者唯正朔、服色、犧牲、徽號、器械而已。〔二〕故曰：「殷因於夏禮，周因於殷禮，所損益可知也。」易曰：「潛龍勿用。」〔三〕言十一月、十二月陽氣潛藏，未得用事。雖煦嘘萬物，養其根荄，〔四〕而猶盛陰在上，地凍水冰，陽氣否隔，閉而成冬。故曰：「履霜堅冰，陰始凝也。馴致其道，至堅冰也。」〔五〕言五月微陰始起，至十一月堅冰至也。

〔一〕謂氣候及星辰昏旦，皆夏時也。

〔二〕夏以建寅爲正，服色、犧牲、徽號、器械皆尙黑；殷以建丑爲正，尙白；周以建子爲正，尙赤。周以夜半爲朔，殷以雞鳴爲朔，夏以平旦爲朔。祭天地宗廟曰犧，卜得吉曰牲。徽號，旌旗之名也。器械，禮樂之器及甲兵也。

〔三〕龍以喻陽氣，易乾卦初九爻辭。

〔四〕荄，草根也。荄音該，又音皆。

〔五〕易坤卦象辭也。馴，順也。言陰以卑順爲道，漸至顯著，猶自履霜而至堅冰。

夫王者之作，因時爲法。孝章皇帝深惟古人之道，助三正之微，定律著令，〔一〕冀承天心，順物性命，以致時雍。然從變改以來，年歲不熟，穀價常貴，人不寧安。小吏不與國同心者，率入十一月得死罪賊，不問曲直，便即格殺，雖有疑罪，不復讞正。一夫吁嗟，王道爲虧，況於衆乎？易十一月「君子以議獄緩死」。〔二〕可令疑罪使詳其法，大辟之科，盡冬月乃斷。其立春在十二月中者，勿以報囚如故事。〔三〕

〔一〕三正，三微也。前書音義曰：「言陽氣始施，萬物微而未著，故曰微。」一曰天統，謂周十一月建子爲正，天始施之端也。二曰地統，謂殷十二月建丑爲正，地始化之端也。三曰人統，謂夏十三月建寅爲正，人始成之端也。

〔二〕易中孚象詞也。稽覽圖中孚十一月卦也。

〔三〕報囚，謂奏請報決也。

後卒施行。

恭再在公位，選辟高第，至列卿郡守者數十人。而其耆舊大姓，或不蒙薦舉，至有怨望者。恭聞之，曰：「學之不講，是吾憂也。〔一〕諸生不有鄉舉者乎？」終無所言。〔二〕恭性謙退，奏議依經，潛有補益，然終不自顯，故不以剛直爲稱。三年，以老病策罷。六年，年八十一，卒於家。

〔一〕講，習也。論語孔子之言也。

〔三〕言人患學之不習耳，若能究習，自有鄉里之舉，豈要待三公之辟乎？

以兩子爲郎。長子謙，爲隴西太守，有名績。謙子旭，官至太僕，從獻帝西入關，與司徒王允同謀共誅董卓。及李傕入長安，旭與允俱遇害。

丕字叔陵，性沈深好學，孳孳不倦，〔一〕遂杜絕交游，不荅候問之禮。士友常以此短之，而丕欣然自得。遂兼通五經，以魯詩、尚書教授，爲當世名儒。後歸郡，爲督郵、功曹，所事之將，無不師友待之。

〔一〕孳孳，不怠之意。

建初元年，肅宗詔舉賢良方正，大司農劉寬舉丕。時對策者百有餘人，唯丕在高第，除爲議郎，遷新野令。視事朞年，州課第一，擢拜青州刺史。務在表賢明，愼刑罰。七年，坐事下獄司寇論。〔一〕

〔一〕司寇，刑名也。決罪曰論，言奏而論決之。前書曰「司寇，二歲刑」也。

元和元年徵，再遷，拜趙相。門生就學者常百餘人，關東號之曰「五經復興魯叔陵」。趙王商嘗欲避疾，〔一〕便時移住學官，丕止不聽。〔二〕王乃上疏自言，詔書下丕。丕奏曰：「臣聞禮，諸侯薨於路寢，大夫卒於嫡室，〔三〕死生有命，未有逃避之典也。學官傳五帝之道，修先王禮樂教化之處，王欲廢塞以廣游讌，事不可聽。」詔從丕言，王以此憚之。其後帝巡狩之趙，特被引見，難問經傳，厚加賞賜。在職六年，嘉瑞屢降，吏人重之。

〔一〕商，趙王良之孫。

〔二〕學官謂學舍也。

〔三〕路寢、嫡室皆正寢。禮喪大記之文。

永元二年，遷東郡太守。丕在二郡，爲人修通溉灌，百姓殷富。數薦達幽隱名士。〔一〕明年，拜陳留太守。視事三朞，後坐稟貧人不實，徵司寇論。

〔一〕續漢書曰：「薦王䶵等，皆備帷幄近臣。」

十一年復徵，再遷中散大夫。〔一〕時侍中賈逵薦丕道蓺深明，宜見任用。和帝因朝會，召見諸儒，丕與侍中賈逵、尚書令黃香等相難數事，帝善丕說，罷朝，特賜冠幘履韈衣一襲。丕因上疏曰：「臣以愚頑，顯備大位，犬馬氣衰，猥得進見，論難於前，無所甄明，〔二〕衣服之賜，誠爲優過。臣聞說經者，傳先師之言，非從己出，不得相讓；相讓則道不明，若規矩權衡之不可枉也。〔三〕難者必明其據，說者務立其義，浮華無用之言不陳於前，故精思不勞而道術愈章。法異者，各令自說師法，博觀其義。覽詩人之旨意，察雅頌之終始，明舜、禹、皐陶之相戒，〔四〕顯周公、箕子之所陳，〔五〕觀乎人文，化成天下。〔六〕陛下既廣納謇謇以開四聽，無令芻蕘以言得罪；〔七〕既顯巖穴以求仁賢，無使幽遠獨有遺失。」

〔一〕續漢志曰：「秩六百石，無員。」

〔二〕甄，別也。

〔三〕規，圓也。矩，方也。權，秤錘。衡，秤衡。

〔四〕尚書帝舜謂禹曰：「臣作朕股肱耳目。」禹戒舜曰：「安汝止，慎乃在位。」咎繇戒禹曰：「慎厥身修，思永，惇敍九族，在知人。」禹曰：「吁咸若時，惟帝其難之。」是相誡也。

〔五〕周公作無逸、立政二篇以戒成王，箕子爲武王陳洪範九疇之義，並見尚書。

〔六〕易賁卦曰：「觀乎天文，以察時變；觀乎人文，以化成天下。」注云：「解天之文，則時變可知；解人之文，則化成可爲也。」

〔七〕芻蕘，採薪者也。大雅板詩曰「詢于芻蕘」也。

十三年，遷爲侍中，免。

永初二年，詔公卿舉儒術篤學者，大將軍鄧騭舉丕，再遷，復爲侍中、左中郎將，再爲三老。〔一〕五年，年七十五，卒於官。

〔一〕三老，解見明帝紀也。

魏霸字喬卿，濟陰句陽人也。〔一〕世有禮義。霸少喪親，兄弟同居，州里慕其雍和。

〔一〕句音鉤。

建初中，舉孝廉，八遷，和帝時爲鉅鹿太守。以簡朴寬恕爲政。掾史有過，（要）〔霸〕先誨其失，不改者乃罷之。吏或相毁訴，霸輒稱它吏之長，終不及人短，言者懷慙，譖訟遂息。

永元十六年，徵拜將作大匠。明年，和帝崩，典作順陵。時盛冬地凍，中使督促，數罰縣吏以厲霸。霸撫循而已，初不切責，而反勞之曰：「令諸卿被辱，大匠過也。」吏皆懷恩，力作倍功。

延平元年，代尹勤爲太常。明年，以病致仕，爲光祿大夫。永初五年，拜長樂衞尉，以病乞身，復爲光祿大夫，卒於官。

劉寬字文饒，弘農華陰人也。〔一〕父崎，順帝時爲司徒。〔二〕寬嘗行，有人失牛者，乃就寬車中認之。寬無所言，下駕步歸。有頃，認者得牛而送還，叩頭謝曰：「慙負長者，隨所刑罪。」寬曰：「物有相類，事容脫誤，幸勞見歸，何爲謝之？」州里服其不校。〔三〕

〔一〕謝承書曰「寬少學歐陽尙書、京氏易，尤明韓詩外傳。星官、風角、筭歷，皆究極師法，稱爲通儒。未嘗與人爭埶利之事」也。〔隅〕角，〔隅〕也。觀四隅之風占之也。

〔二〕崎音丘宜反。

〔三〕校，報也。論語曰：曾子曰「犯而不校」。

桓帝時，大將軍辟，五遷司徒長史。〔一〕時京師地震，特見詢問。再遷，出爲東海相。〔二〕延熹八年，徵拜尚書令，遷南陽太守。典歷三郡，溫仁多恕，雖在倉卒，未嘗疾言遽色。常以爲「齊之以刑，民免而無恥」。吏人有過，但用蒲鞭罰之，示辱而已，終不加苦。事有功善，推之自下。災異或見，引躬克責。每行縣止息亭傳，輒引學官祭酒及處士諸生執經對講。〔三〕見父老慰以農里之言，少年勉以孝悌之訓。人感德興行，日有所化。

〔一〕大將軍，梁冀也。

〔二〕東海王彊曾孫臻之相也。

〔三〕續漢書曰：「博士祭酒，秩六百石。祭酒本僕射也，中興改爲祭酒。」處士，有道藝而在家者。

靈帝初，徵拜太中大夫，侍講華光殿。〔一〕遷侍中，賜衣一襲。轉屯騎校尉，遷宗正，轉光祿勳。熹平五年，代許訓爲太尉。〔二〕靈帝頗好學藝，每引見寬，常令講經。寬嘗於坐被酒睡伏。〔三〕帝問：「太尉醉邪？」寬仰對曰：「臣不敢醉，但任重責大，憂心如醉。」帝重其言。

〔一〕洛陽宮殿簿云：「華光殿在華林園內。」

〔二〕漢官儀曰：「許訓字季師，平輿人。」

〔三〕被，加也，爲酒所加也。被音平寄反。

寬簡略嗜酒，不好盥浴，〔一〕京師以爲諺。嘗坐客，遣蒼頭市酒，迂久，大醉而還。〔二〕客不堪之，罵曰：「畜產。」寬須臾遣人視奴，疑必自殺。顧左右曰：「此人也，罵言畜產，辱孰甚焉！故吾懼其死也。」夫人欲試寬令恚，伺當朝會，裝嚴已訖，使侍婢奉肉羹，翻汙朝衣。婢遽收之，寬神色不異，乃徐言曰：「羹爛汝手？」其性度如此。海內稱爲長者。

〔一〕說文曰：「澡手曰盥。」音管。

〔二〕迂久猶良久也。

後以日食策免。拜衞尉。光和二年，復代段熲爲太尉。在職三年，以日變免。又拜永樂少府，遷光祿勳。以先策黃巾逆謀，〔一〕以事上聞，封逯鄉侯六百戶。〔二〕中平二年卒，時年六十六。贈車騎將軍印綬，位特進，謚曰昭烈侯。子松嗣，官至宗正。

〔一〕先策謂預知也。

〔二〕逯音錄。

贊曰：卓、魯款款，情愨德滿。〔一〕仁感昆蟲，愛及胎卵。〔二〕寬、霸臨政，亦稱優緩。

〔一〕款款，忠誠也。

〔三〕童兒不捕雉也。

校勘記

八六九頁三行　卓茂字子康　按：王先謙謂李善文選注作「字子容」。

八六九頁七行　推實不爲華貌　按：殿本「推」作「雅」。校補謂作「雅實」與通鑑合。作「推實」亦與東觀記合，推實卽推誠，非字有誤。

八七〇頁五行　故有經紀禮義以相交接　按：王先謙謂東觀記「義」作「儀」。

八七〇頁一四行　窋子賤　按：汲本、殿本「窋」作「宓」。

八七一頁一〇行　絮五百斤　集解引惠棟說，謂東觀記云「金五百斤」。

八七一頁一六行　東觀記續漢書皆作宣德侯　按：書鈔五十二、類聚四十六引漢官儀，並作「宣德侯」。

八七二頁六行　不仕王莽時　按：刊誤謂「時」字衍。李慈銘謂「時」字本當作「世」，章懷避諱改。

八七三頁九行　其先出於魯（傾）〔頃〕公　按：校補謂「傾」乃「頃」之誤，史記魯世家可證。今據改。

八七三頁一三行　與母及丕俱居太學習魯詩　按：校補謂此文當有脫誤，婦人不能同居太學習經也。

八七四頁八行　訟人許伯等爭田累守令不能決　按：張森楷校勘記謂治要「累」下有「年」字。

八七四頁一四行　親瞿然而起　按：王先謙謂東觀記作「親默然有頃」。

八七七頁一行　誠來有我而吉已　按：刊誤謂「我」當作「它」，注文甚明。

八七七頁二行　遠臧於史侯河西　按：校補引錢大昭說，謂「史侯」南匈奴傳作「安侯」。

八七七頁九行　惟陛下留聖恩　刊誤謂「恩」當作「思」。按：惠棟云袁紀作「思」。

八七八頁三行　十(二)〔三〕年代呂蓋爲司徒　集解引錢大昕說，謂「十二年」當依和帝紀作「十三年」。今據改。

八七八頁一六行　呂蓋字君(上)〔玉〕　據王先謙說改。

八八〇頁五行　后以施令誥四方　按：集解引錢大昕、惠棟說，謂「誥」本作「詰」，詰，止也，後人據王弼本改之耳。

八八二頁四行　易十一月　汲本、殿本「一」作「二」。按：集解引王補說，謂袁紀作「十一月中孚曰」。

八八二頁八行　十一月卦也　按：汲本、殿本「一」作「二」。

八八三頁二行　諱子旭官至太僕　李慈銘謂「旭」三國志注作「馗」。今按：注見魏志董卓傳，引張璠漢紀。

八八三頁一三行　便時移仕學官　按：「學官」汲本作「學宮」。

八八四頁一四行　法異者各令自說師法博觀其義　按：李慈銘謂「法異者」之「法」字上當有「家」字。

八八六頁一行　魏霸字喬卿　按：御覽五一二引謝承後漢書作「字嶠卿」。王先謙謂東觀記與傳同，一本作「字延年」。

八六六頁三行　掾史有過(要)〔霸〕先誨其失　李慈銘謂「要」蓋「霸」字之誤，俗書霸作西頭，故轉誤作「要」。今據改。

八六六頁五行　典作順陵　按：校補引錢大昭說，謂殤帝紀作「愼陵」，注云俗本作「順陵」者誤。

八六七頁一行　(隅)角〔隅〕也　據殿本改。

後漢書卷二十六

伏侯宋蔡馮趙牟韋列傳第十六 伏湛子隆

伏湛字惠公，琅邪東武人也。九世祖勝，字子賤，所謂濟南伏生者也。湛高祖父孺，武帝時，客授東武，因家焉。父理，爲當世名儒，以詩授成帝，爲高密太傅，別自名學。〔一〕

〔一〕爲高密王寬傅也。寬，武帝玄孫廣陵王胥後也。前書儒林傳曰，伏理字君游，受詩於匡衡，由是齊詩有匡伏之學。故言「別自名學」也。

湛性孝友，少傳父業，教授數百人。成帝時，以父任爲博士弟子。五遷，至王莽時爲繡衣執法，〔一〕使督大姦，遷後隊屬正。〔二〕

〔一〕武帝置繡衣御史，王莽改御史曰執法，故曰「繡衣執法」也。

〔二〕王莽改河內爲後隊。

更始立，以爲平原太守。時倉卒兵起，天下驚擾，而湛獨晏然，教授不廢。謂妻子曰：「夫一穀不登，國君徹膳；〔一〕今民皆飢，柰何獨飽？」乃共食麤糲，〔二〕悉分奉祿以賑鄉里，來客者百餘家。時門下督素有氣力，謀欲爲湛起兵，湛惡其惑衆，卽收斬之，徇首城郭，以示百姓，於是吏人信向，郡內以安。平原一境，湛所全也。

〔一〕禮記曰：「年穀不登，君膳不祭肺。」

〔二〕糲，麤米也。九章筭術曰：「粟五十，糲率三十。一斛粟得六斗米爲糲也。」

光武卽位，知湛名儒舊臣，欲令幹任內職，〔一〕徵拜尚書，使典定舊制。時大司徒鄧禹西征關中，帝以湛才任宰相，拜爲司直，行大司徒事。車駕每出征伐，常留鎭守，總攝羣司。建武三年，遂代鄧禹爲大司徒，封陽都侯。〔二〕

〔一〕幹，主也。

〔二〕陽都，縣名，屬城陽國，故城在今沂州沂水縣東。

時彭寵反於漁陽，帝欲自征之，湛上疏諫曰：「臣聞文王受命而征伐五國，〔一〕必先詢之同姓，然後謀於羣臣，加占蓍龜，以定行事，〔二〕故謀則成，卜則吉，戰則勝。其詩曰：『帝謂文王，詢爾仇方，同爾弟兄，以爾鉤援，與爾臨衝，以伐崇庸。』〔三〕崇國城守，先退後伐，〔四〕所以重人命，俟時而動，故參分天下而有其二。陛下承大亂之極，受命而帝，興明祖宗，出入四年，而滅檀鄉，制五校，降銅馬，破赤眉，誅鄧奉之屬，不爲無功。今京師空匱，資用不足，未能服近而先事邊外；且漁陽之地，逼接北狄，黠虜困迫，必求其助。又今所過縣邑，尤爲困乏。種麥之家，多在城郭，聞官兵將至，當已收之矣。大軍遠涉二千餘里，士馬罷勞，轉糧艱阻。今兗、豫、青、冀，中國之都，而寇賊從横，未及從化。漁陽以東，本備邊塞，地接外虜，貢稅微薄。安平之時，尚資內郡，況今荒耗，豈足先圖？而陛下捨近務遠，棄易求難，四方疑怪，百姓恐懼，誠臣之所惑也。復願遠覽文王重兵博謀，近思征伐前後之宜，顧問有司，使極愚誠，采其所長，擇之聖慮，以中土爲憂念。」帝覽其奏，竟不親征。

〔一〕五國謂西伯受命伐犬夷，伐密須，伐耆，伐邘，伐崇。見史記。

〔二〕書曰：「謀及卿士，謀及卜筮。」又曰：「文王唯卜用，克綏受兹命。」詩大雅曰：「爰始爰謀，爰契我龜。」

〔三〕詩大雅也。仇，匹也。鉤援，梯所引上城也。臨，臨車也。衝，衝車也。庸，城也。崇侯倡紂爲無道，故伐焉。

〔四〕左氏傳曰：「文王聞崇德亂而伐之，軍三旬而不降，退修政而復伐之，因壘而降。」

時賊徐異卿等〔一〕萬餘人據富平，連攻之不下，〔二〕唯云「願降司徒伏公」。帝知湛爲青、徐所信向，遣到平原，異卿等即日歸降，護送洛陽。

〔一〕異卿即獲索賊帥徐少也。

〔二〕富平，縣名，屬平原郡，故城今棣州厭次縣也。

湛雖在倉卒，造次必於文德，以爲禮樂政化之首，顛沛猶不可違。〔一〕是歲奏行鄉飲酒禮，遂施行之。

〔一〕顚沛猶僵仆也。

其冬，車駕征張步，留湛居守。時蒸祭高廟，〔一〕而河南尹、司隸校尉於廟中爭論，湛不舉奏，坐策免。六年，徙封不其侯，邑三千六百戶，遣就國。〔二〕後南陽太守杜詩上疏薦湛曰：「臣聞唐、虞以股肱康，文王以多士寧，是故詩稱『濟濟』，書曰『良哉』。〔三〕臣詩竊見故大司徒陽都侯伏湛，自行束脩，訖無毀玷，〔四〕篤信好學，守死善道，經爲人師，行爲儀表。前在河內朝歌及居平原，〔五〕吏人畏愛，則而象之。遭時反覆，不離兵凶，秉節持重，有不可奪之志。陛下深知其能，顯以宰相之重，衆賢百姓，仰望德義。微過斥退，久不復用，有識所惜，儒士痛心，臣竊傷之。湛容貌堂堂，國之光暉；〔六〕智略謀慮，朝之淵藪。髫髮厲志，白首不衰。〔七〕實足以先後王室，名足以光示遠人。〔八〕古者選擢諸侯以爲公卿，是故四方回首，仰望京師。〔九〕柱石之臣，宜居輔弼，〔一〇〕出入禁門，補缺拾遺。臣詩愚戇，不足以知宰相之才，竊懷區區，敢不自竭。臣前爲侍御史，上封事，言湛公廉愛下，好惡分明，累世儒學，素持名信，經明行修，通達國政，尤宜近侍，納言左右，舊制九州五尚書，令一郡二人，〔一一〕可以湛代。頗爲執事所非。但臣詩蒙恩深渥，所言誠有益於國，雖死無恨，故復越職觸冒以聞。」

〔一〕冬祭曰蒸也。

〔二〕不其，縣名，屬琅邪郡。其音基。

〔三〕大雅詩曰：「濟濟多士。」尙書曰：「股肱良哉。」

〔四〕訖，竟也。玷，缺也。自行束脩謂年十五以上。

〔五〕朝歌，河內縣名也，故城在今衞州衞縣西。王莽改河內爲後隊，謂湛爲〔後〕隊屬正也。

〔六〕堂堂，盛威儀也。

〔七〕埤蒼曰：「髫，髦也。」髫髮謂童子垂髮。

〔八〕先後，相導也。詩大雅曰：「予（則）〔曰〕有先後。」先音先見反。後音胡豆反。

〔九〕左傳曰：「鄭武公、莊公爲平王卿士。」東觀記曰：「詩上書：『武公、莊公所以砥礪蕃屛，勸進忠信，令四方諸侯咸樂回首，仰望京師。』」

〔一〇〕柱石，承棟梁也。前書田延年曰：「將軍爲國柱石。」尙書大傳曰：「古者天子必有四鄰，前曰疑，後曰承，左曰輔，右曰弼。天子有問無以對，責之疑；可志而不志，責之承；可正而不正，責之輔；可揚而不揚，責之弼。」

〔一一〕蓋舊制九州共選五人以任尙書，令則一郡乃有二人，故欲以湛代一人之處。

十三年夏，徵，勑尙書擇拜吏日，未及就位，因讌見中暑，病卒。賜祕器，帝親弔祠，遣使者送喪脩冢。

二子：隆，翕。

翕嗣爵，卒，子光嗣。光卒，子晨嗣。〔一〕晨謙敬博愛，好學尤篤，以女孫爲順帝貴人，奉朝請，位特進。卒，子無忌嗣，亦傳家學，博物多識，順帝時，爲侍中屯騎校尉。永和元年，詔無忌與議郎黃景校定中書五經、諸子百家、蓺術。〔二〕元嘉中，桓帝復詔無忌與黃景、崔寔等共撰漢記。又自采集古今，刪著事要，號曰伏侯注。〔三〕無忌卒，子質嗣，官至大司農。質卒，子完嗣，尙桓帝女陽安長公主。女爲孝獻皇后。曹操殺后，誅伏氏，國除。

〔一〕東觀記曰：「晨尙高平公主。」

〔二〕中書，內中之書也。蓺文志曰「諸子凡一百八十九家」，言百家，舉其成數也。蓺謂書、數、射、御，術謂醫、方、卜、筮。

〔三〕其書上自黃帝，下盡漢質帝，爲八卷，見行於今。

初，自伏生已後，世傳經學，淸靜無競，故東州號爲「伏不鬭」云。

隆字伯文，少以節操立名，〔一〕仕郡督郵。建武二年，詣懷宮，光武甚親接之。

〔一〕東觀記「隆」作「盛」，字伯明。

時張步兄弟各擁彊兵，據有齊地，拜隆爲太中大夫，持節使青徐二州，招降郡國。隆移檄告曰：「乃者，猾臣王莽，殺帝盜位。宗室興兵，除亂誅莽，故羣下推立聖公，以主宗廟。而任用賊臣，殺戮賢良，三王作亂，盜賊從橫，忤逆天心，〔一〕卒爲赤眉所害。皇天祐漢，聖哲應期，陛下神武奮發，以少制衆。故尋、邑以百萬之軍，潰散於昆陽，王郎以全趙之師，土崩於邯鄲，〔二〕大彤、高胡望旗消靡，鐵脛、五校莫不摧破。梁王劉永，幸以宗室屬籍，爵爲侯王，不知厭足，自求禍棄，遂封爵牧守，造爲詐逆。今虎牙大將軍屯營十萬，已拔睢陽，劉永奔迸，家已族矣。此諸君所聞也。不先自圖，後悔何及？」青、徐羣盜得此惶怖，獲索賊右師郎等六校即時皆降。〔三〕張步遣使隨隆，〔四〕詣闕上書，獻鰒魚。〔五〕

〔一〕三王見聖公傳。

〔二〕全趙謂舉趙之地。

〔三〕「右」或爲「古」。

〔四〕東觀記步遣其掾孫昱隨之。

〔五〕郭璞注三蒼云：「鰒似蛤，偏著石。」廣志曰：「鰒無鱗有殼，一面附石，細孔雜雜，或七或九。」本草云：「石決明，一名鰒魚。」音步角反。

其冬，拜隆光祿大夫，復使於步，并與新除青州牧守及都尉俱東，詔隆輒拜令長以下。隆招懷綏緝，多來降附。帝嘉其功，比之酈生。〔一〕即拜步爲東萊太守，而劉永亦復遣使立步爲齊王。步貪受王爵，尤豫未決。〔二〕隆曉譬曰：「高祖與天下約，非劉氏不王，今可得爲十萬戶侯耳。」步欲留隆與共守二州，隆不聽，〔三〕求得反命，步遂執隆而受永封。隆遣閒使上書曰：「臣隆奉使無狀，〔四〕受執凶逆，雖在困戹，授命不顧。又吏人知步反畔，心不附之，願以時進兵，無以臣隆爲念。臣隆得生到闕廷，受誅有司，此其大願；若令沒身寇手，以父母昆弟長累陛下。〔五〕陛下與皇后、太子永享萬國，與天無極。」帝得隆奏，召父湛流涕以示之曰：「隆可謂有蘇武之節。〔六〕恨不且許而遽求還也！」其後步遂殺之，時人莫不憐哀焉。

〔一〕酈生，酈食其也。說齊王廣，下齊七十餘城。食其音異基。

〔二〕冘音以今反。

〔三〕二州，青州、徐州也。

〔四〕言罪大也。

〔五〕累，託也，音力僞反。

〔六〕武帝時，蘇武使匈奴，會衞律所將降者，陰相與謀，劫單于母閼氏歸漢，事發，單于使衞律考其事，召武受辭。武不屈節，引佩刀自刺。單于欲降武，武不降，杖節牧羊海上，臥起操持節，節旄盡落。在匈奴中十九年，乃得歸漢。見前書也。

五年，張步平，車駕幸北海，詔隆中弟咸收隆喪，賜給棺斂，太中大夫護送喪事，詔告琅邪作冢，以子瑗爲郎中。

侯霸字君房，河南密人也。族父淵，以宦者有才辯，任職元帝時，佐石顯等領中書，號曰大常侍。成帝時，任霸爲太子舍人。〔一〕霸矜嚴有威容，家累千金，不事產業。篤志好學，師事九江太守房元，治穀梁春秋，爲元都講。〔二〕王莽初，五威司命陳崇舉霸德行，遷隨宰。〔三〕縣界曠遠，濱帶江湖，而亡命者多爲寇盜。霸到，卽案誅豪猾，分捕山賊，縣中清靜。再遷爲執法刺姦，〔四〕糾案埶位者，無所疑憚。後爲淮平大尹，政理有能名。〔五〕及王莽之敗，霸保固自守，卒全一郡。

〔一〕漢官儀曰：「太子舍人，選良家子孫，秩二百石。」

〔二〕東觀記曰「從鍾寧君受律」也。

〔三〕王莽置五威司命將軍，又改縣令長曰宰。隨，縣名，屬南陽郡，今隨州縣也。

〔四〕王莽傳曰：「置執法左右刺姦，選能吏侯霸等分督六尉、六隊，如漢刺史。」

〔五〕王莽改臨淮郡爲淮平。

更始元年，遣使徵霸，〔一〕百姓老弱相攜號哭，遮使者車，或當道而臥。皆曰：「願乞侯君復留朞年。」民至乃戒乳婦勿得舉子，侯君當去，必不能全。使者慮霸就徵，臨淮必亂，不敢授璽書，具以狀聞。會更始敗，道路不通。

〔一〕東觀記曰：「遣謁者侯盛、荆州刺史費遂，齎璽書徵霸。」

建武四年，光武徵霸與車駕會壽春，拜尚書令。時無故典，朝廷又少舊臣，霸明習故事，收錄遺文，條奏前世善政法度有益於時者，皆施行之。每春下寬大之詔，奉四時之令，皆霸所建也。〔一〕明年，代伏湛爲大司徒，封關內侯。在位明察守正，奉公不回。

〔一〕月令春布德行慶，施惠下人，故曰寬大。奉四時謂依月令也。

十三年，霸薨，帝深傷惜之，親自臨弔。下詔曰：「惟霸積善清絜，視事九年。漢家舊制，丞相拜日，封爲列侯。〔一〕朕以軍師暴露，功臣未封，緣忠臣之義，不欲相踰，未及爵命，奄然而終。嗚呼哀哉！」於是追封謚霸則鄉哀侯，食邑二千六百戶。子昱嗣。臨淮吏人共爲立祠，四時祭焉。以沛郡太守韓歆代霸爲大司徒。

〔一〕漢自高祖以列侯爲丞相，武帝以元勳佐命皆盡，拜公孫弘爲丞相，封平津侯，因以爲故事。

歆字翁君，南陽人，以從攻伐有功，封扶陽侯。好直言，無隱諱，帝每不能容。嘗因朝會，聞帝讀隗囂、公孫述相與書，歆曰：「亡國之君皆有才，桀紂亦有才。」帝大怒，以爲激發。歆又證歲將飢凶，指天畫地，言甚剛切，坐免歸田里。帝猶不釋，復遣使宣詔責之。司隸校尉鮑永固請不能得，歆及子嬰竟自殺。歆素有重名，死非其罪，衆多不厭，〔一〕帝乃追賜錢穀，以成禮葬之。〔二〕

〔一〕厭音一葉反。

〔二〕成禮，具禮也。言不以非命而降其葬禮。

後千乘歐陽歙、清河戴涉相代爲大司徒，坐事下獄死，自是大臣難居相任。其後河〔南〕〔內〕蔡茂，京兆玉況，〔一〕魏郡馮勤，皆得薨位。況字文伯，性聰敏，爲陳留太守，以德行化人，遷司徒，四年薨。

〔一〕玉音肅。

昱後徙封於陵侯，〔一〕永平中兼太僕。昱卒，子建嗣。建卒，子昌嗣。

〔一〕於陵，縣名，屬濟南郡，故城在今淄州長山縣南。

宋弘字仲子，京兆長安人也。父尙，成帝時至少府；哀帝立，以不附董賢，違忤抵罪。弘少而溫順，哀平閒作侍中，王莽時爲共工。〔一〕赤眉入長安，遣使徵弘，逼迫不得已，行至渭橋，自投於水，家人救得出，因佯死獲免。

〔一〕王莽改少府曰共工。

光武即位，徵拜太中大夫。建武二年，代王梁爲大司空，封栒邑侯。〔一〕所得租奉分贈九族，家無資產，以清行致稱。徙封宣平侯。

〔一〕栒音恂。

帝嘗問弘通博之士，弘乃薦沛國桓譚才學洽聞，幾能及楊雄、劉向父子。〔一〕於是召譚拜議郎、給事中。帝每讌，輒令鼓琴，好其繁聲。弘聞之不悅，悔於薦舉，伺譚內出，正朝服坐府上，遣吏召之。譚至，不與席而讓之曰：「吾所以薦子者，欲令輔國家以道德也，而今數進鄭聲以亂雅頌，非忠正者也。〔二〕能自改邪？將令相舉以法乎？」譚頓首辭謝，良久乃遣之。後大會羣臣，帝使譚鼓琴，譚見弘，失其常度。帝怪而問之。弘乃離席免冠謝曰：「臣所以薦桓譚者，望能以忠正導主，而令朝廷耽悅鄭聲，臣之罪也。」帝改容謝，使反服，其後遂不復令譚給事中。弘推進賢士馮翊、桓梁三十餘人，或相及爲公卿者。〔三〕

〔一〕幾音祈。洽，浹洽也。幾，近也。前書班固曰，谷永經書，汎爲疏達，不能浹洽如劉向父子及楊雄也。故弘引焉。

〔二〕論語孔子曰：「惡鄭聲之亂雅樂也。」史記曰「鄭音好濫淫志」也。

〔三〕及猶繼也。

弘當讌見，御坐新屏風，圖畫列女，帝數顧視之。弘正容言曰：「未見好德如好色者。」帝卽爲徹之。笑謂弘曰：「聞義則服，可乎？」對曰：「陛下進德，臣不勝其喜。」

時帝姊湖陽公主新寡，帝與共論朝臣，微觀其意。主曰：「宋公威容德器，羣臣莫及。」帝曰：「方且圖之。」後弘被引見，帝令主坐屛風後，因謂弘曰：「諺言貴易交，富易妻，人情乎？」弘曰：「臣聞貧賤之知不可忘，糟糠之妻不下堂。」帝顧謂主曰：「事不諧矣。」

弘在位五年，坐考上黨太守無所據，免歸第。〔一〕數年卒，無子，國除。

〔一〕言無罪狀可據。

弘弟嵩，以剛彊孝烈著名，官至河南尹。嵩子由，（章）〔元〕和閒爲太尉，坐阿黨竇憲，策免歸本郡，自殺。由二子：漢，登。登在儒林傳。

漢字仲和，以經行著名，舉茂才，四遷西河太守。永建元年，爲東平相、度遼將軍，〔一〕立名節，以威恩著稱。遷太僕，上病自乞，拜太中大夫，卒。策曰：「太中大夫宋漢，清修雪白，正直無邪。前在方外，仍統軍實，〔二〕懷柔異類，莫匪嘉績，戎車載戢，邊人用寧。予錄乃勳，引登九列。因病退讓，守約彌堅，將授三事，未剋而終。朝廷愍悼，怛其愴然。詩不云乎：『肇敏戎功，用錫爾祉。』〔三〕其令將相大夫會葬，加賜錢十萬，及其在殯，以全素絲羔羊之絜焉。」〔四〕

〔一〕爲東平王蒼曾孫端相也。

〔二〕仍，頻也。統，領也。軍實謂軍之所資也，左傳曰「隳軍實」。

〔三〕大雅江漢之詩也。吉甫美宣王能興衰撥亂，命召公平淮夷。毛萇注云：「肇，謀也。敏，疾也。戎，大也。功，事也。祉謂福慶。」

〔四〕詩國風曰：「羔羊之皮，素絲五紽，退食自公，委〔蛇〕委（蛇）蛇。」退食，減膳也。言卿大夫已下，皆衣羔羊之裘，縫以素絲，自減膳食，從於公事，行步委蛇自得。

子則，字元矩，爲鄢陵令，亦有名迹。拔同郡韋著、扶風法眞，稱爲知人。則子年十歲，與蒼頭共弩射，蒼頭弦斷矢激，誤中之，即死。奴叩頭就誅，則察而恕之。潁川荀爽深以爲美，時人亦服焉。

論曰：中興以後，居台相總權衡多矣，其能以任職取名者，豈非先遠業後小數哉？〔一〕故惠公造次，急於鄉射之禮；君房入朝，先奏寬大之令。夫器博者無近用，道長者其功遠，蓋志士仁人所爲根心者也。〔二〕君子以之得，固貴矣；以之失，亦得矣。〔三〕宋弘止繁聲，戒淫色，其有關雎之風乎！〔四〕

〔一〕遠業謂德禮，小數謂名法也。

〔二〕根猶本也。

〔三〕以之得，謂行道義而得，固可貴矣。以之失，謂行道義而失，亦爲得也。

〔四〕詩序曰：「關雎樂得淑女以配君子，憂在進賢，不淫其色也。」

蔡茂字子禮，河內懷人也。哀平閒以儒學顯，徵試博士，對策陳災異，以高等擢拜議郎，遷侍中。遇王莽居攝，以病自免，不仕莽朝。

會天下擾亂，茂素與竇融善，因避難歸之。融欲以爲張掖太守，固辭不就；每所餉給，計口取足而已。後與融俱徵，復拜議郎，再遷廣漢太守，有政績稱。時陰氏賓客在郡界多犯吏禁，茂輒糾案，無所回避。會洛陽令董宣舉糾湖陽公主，帝始怒收宣，既而赦之。茂喜宣剛正，欲令朝廷禁制貴戚，乃上書曰：「臣聞興化致教，必由進善；康國寧人，莫大理惡。陛下聖德係興，再隆大命，卽位以來，四海晏然。誠宜夙興夜寐，雖休勿休。然頃者貴戚椒房之家，數因恩埶，干犯吏禁，殺人不死，傷人不論。臣恐繩墨棄而不用，〔一〕斧斤廢而不舉。〔二〕近湖陽公主奴殺人西市，而與主共輿，出入宮省，逋罪積日，冤魂不報。洛陽令董宣，直道不顧，干主討姦。陛下不先澄審，召欲加箠。當宣受怒之初，京師側耳；及其蒙宥，天下拭目。今者，外戚憍逸，賓客放濫，宜勑有司案理姦罪，使執平之吏永申其用，以厭遠近不緝之情。」光武納之。〔三〕

〔一〕繩墨諭章程也。

〔二〕斧斤謂刑戮也。賈誼曰「釋斤斧之用」也。

〔三〕緝，叶也。

建武二十年，代戴涉爲司徒，在職清儉匪懈。二十三年薨于位，時年七十二。賜東園梓棺，賻贈甚厚。〔一〕

〔一〕東園，署名，主作棺也。

茂初在廣漢，夢坐大殿，極上有三穗禾，茂跳取之，得其中穗，輒復失之。〔一〕以問主簿郭賀，賀離席慶曰：「大殿者，宮府之形象也。極而有禾，人臣之上祿也。取中穗，是中台之位也。於字禾失爲秩，雖曰失之，乃所以得祿秩也。衮職有闕，君其補之。」〔二〕旬月而茂徵焉，乃辟賀爲掾。

〔一〕屋之大者，古通呼爲殿也。極，殿梁也。前書音義曰：「三輔閒謂屋梁爲極。」

〔二〕三公服衮，畫爲龍。龍首衮衮然，故言衮龍。詩曰：「衮職有闕，仲山甫補之。」

賀字喬卿，雒(陽)人。祖父堅伯，父游君，並修清節，不仕王莽。賀能明法，累官，建武中爲尚書令，在職六年，曉習故事，多所匡益。拜荆州刺史，引見賞賜，恩寵隆異。及到官，有殊政。百姓便之，歌曰：「厥德仁明郭喬卿，忠正朝廷上下平。」顯宗巡狩到南陽，特見嗟歎，賜以三公之服，黼黻冕旒。〔一〕勑行部去襜帷，使百姓見其容服，以章有德。每所經過，吏人指以相示，莫不榮之。永平四年，徵拜河南尹，以清靜稱。在官三年卒，詔書愍惜，賜車一乘，錢四十萬。

〔一〕三公服袞冕。黼若斧形，黻若兩「己」相背。冕以木爲之，衣以帛，玄上纁下，廣八寸，長尺六寸。旒謂冕前後所垂玉也，天子十二旒，上公九旒。

馮勤字偉伯，魏郡繁陽人也。曾祖父揚，宣帝時爲弘農太守。有八子，皆爲二千石，趙魏閒榮之，號曰「萬石君」焉。兄弟形皆偉壯，唯勤祖父偃，長不滿七尺，常自耻短陋，恐子孫之似也，〔一〕乃爲子伉娶長妻。伉生勤，長八尺三寸。八歲善計。〔二〕

〔一〕東觀記偃爲黎陽令。

〔二〕計，筭術也。

初爲太守銚期功曹，有高能稱。期常從光武征伐，政事一以委勤。勤同縣馮巡等舉兵應光武，謀未成而爲豪右焦廉等所反，〔一〕勤乃率將老母兄弟及宗親歸期，期悉以爲腹心，薦於光武。初未被用，後乃除爲郎中，給事尚書。〔二〕以圖議軍糧，在事精勤，遂見親識。

每引進，帝輒顧謂左右曰：「佳乎吏也！」由是使典諸侯封事。勤差量功次輕重，國土遠近，地埶豐薄，不相踰越，莫不厭服焉。自是封爵之制，非勤不定。帝益以爲能，尙書衆事，皆令總錄之。

〔一〕反音幡。

〔二〕東觀記魏郡太守范横上疏薦勤，然始除之。

司徒侯霸薦前梁令閻楊。楊素有譏議，帝常嫌之，既見霸奏，疑其有姦，大怒，賜霸璽書曰：「崇山、幽都何可偶，〔一〕黃鉞一下無處所。〔二〕欲以身試法邪？將殺身以成仁邪？」使勤奉策至司徒府。勤還，陳霸本意，申釋事理，帝意稍解，拜勤尙書僕射。職事十五年，以勤勞賜爵關內侯。遷尙書令，拜大司農，三歲遷司徒。

〔一〕崇山，南裔也。幽都，北裔也。偶，對也。言將殺之，不可得流徙也。尙書舜流共工於幽州，放驩兜於崇山。

〔二〕鉞，斧也，以黃金飾之，所以戮人。

先是三公多見罪退，帝賢勤，欲令以善自終，乃因讌見從容戒之曰：「朱浮上不忠於君，下陵轢同列，竟以中傷至今，〔一〕死生吉凶未可知，豈不惜哉！人臣放逐受誅，雖復追加賞賜賻祭，不足以償不訾之身。〔二〕忠臣孝子，覽照前世，以爲鏡誡。能盡忠於國，事君無二，則爵賞光乎當世，功名列於不朽，可不勉哉！」勤愈恭約盡忠，號稱任職。

〔一〕朱浮爲大司空，坐賣弄國恩免，又爲陵轢同列，帝銜之，惜其功，不忍加罪。

〔二〕訾，量也。言無量可比之，貴重之極也。訾與資同。

勤母年八十，每會見，詔勑勿拜，令御者扶上殿，顧謂諸王主曰：「使勤貴寵者，此母也。」其見親重如此。

中元元年，薨，〔一〕帝悼惜之，使者弔祠，賜東園祕器，賵贈有加。

〔一〕東觀記曰：「中元元年，車駕西幸長安，祠園陵還，勤燕見前殿盡日，歸府，因病喘逆，上使太醫療視，賞賜錢帛，遂薨。」

勤七子。長子宗嗣，至張掖屬國都尉。中子順，尚平陽長公主，終於大鴻臚。〔一〕建初八年，以順中子奮襲主爵爲平陽侯，薨，無子。永元七年，詔書復封奮兄羽林右監勁爲平陽侯，奉公主之祀。奮弟由，黃門侍郎，尚平安公主。〔二〕勁薨，子卯嗣。卯延光中爲侍中，薨，子留嗣。

〔一〕平陽主，明帝女。

〔二〕章帝女也。臣賢案：東觀記亦云安平，皇后紀云由尚平邑公主，紀傳不同，未知孰是。

趙憙字伯陽，南陽宛人也。少有節操。從兄爲人所殺，無子，憙年十五，常思報之。乃挾兵結客，後遂往復仇。而仇家皆疾病，無相距者。憙以因疾報殺，非仁者心，且釋之而去。顧謂仇曰：「爾曹若健，遠相避也。」仇皆臥自搏。〔一〕後病愈，悉自縛詣憙，憙不與相見，後竟殺之。

〔一〕自搏猶叩頭也。

更始卽位，舞陰大姓李氏擁城不下，更始遣柱天將軍李寶降之，不肯，云「聞宛之趙氏有孤孫憙，信義著名，願得降之」。更始乃徵憙。憙年未二十，既引見，更始笑曰：「繭栗犢，豈能負重致遠乎？」〔一〕卽除爲郎中，行偏將軍事，使詣舞陰，而李氏遂降。憙因進入潁川，擊諸不下者，歷汝南界，還宛。更始大悅，謂憙曰：「卿名家駒，努力勉之。」〔二〕會王莽遣王尋、王邑將兵出關，更始乃拜憙爲五威偏將軍，使助諸將拒尋、邑於昆陽。光武破尋、邑，憙被創，有戰勞，還拜中郎將，封勇功侯。

〔一〕犢角如繭栗，言小也。禮緯曰：「天地之牲角繭栗。」

〔二〕武帝謂劉德爲千里之駒，故以憙比之。

更始敗，憙爲赤眉兵所圍，迫急，乃踰屋亡走，與所友善韓仲伯等數十人，攜小弱，越山阻，徑出武關。仲伯以婦色美，慮有彊暴者，而己受其害，欲棄之於道。憙責怒不聽，因以泥塗仲伯婦面，載以鹿車，身自推之。〔一〕每道逢賊，或欲逼略，憙輒言其病狀，以此得免。既入丹水，〔二〕遇更始親屬，皆裸跣塗炭，〔三〕飢困不能前。憙見之悲感，所裝縑帛資糧，悉以與之，將護歸鄉里。

〔一〕風俗通曰：「俗說鹿車窄小，裁容一鹿。」

〔二〕丹水，縣名，屬南陽郡，故城在今鄧州內鄉縣西南，臨丹水。

〔三〕塗炭者，若陷泥墜火，喻窮困之極也。

時鄧奉反於南陽，憙素與奉善，數遺書切責之，而讒者因言憙與奉合謀，帝以爲疑。及奉敗，帝得憙書，乃驚曰：「趙憙眞長者也。」即徵憙，引見，賜鞌馬，待詔公車。時江南未賓，道路不通，以憙守簡陽侯相。憙不肯受兵，〔一〕單車馳之簡陽。吏民不欲內憙，憙乃告譬，呼城中大人，示以國家威信，其帥即開門面縛自歸，由是諸營壁悉降。荊州牧奏憙才任理劇，詔以爲平林侯相。攻擊羣賊，安集已降者，縣邑平定。

〔一〕東觀記曰：「勑憙從騎都尉儲融受兵二百人，通利道路。憙白上，不願受融兵，單車馳往，度其形況。上許之。」

後拜懷令。大姓李子春先爲琅邪相，豪猾并兼，爲人所患。憙下車，聞其二孫殺人事未發覺，即窮詰其姦，收考子春，二孫自殺。京師爲請者數十，終不聽。時趙王良疾病將終，車駕親臨王，問所欲言。王曰：「素與李子春厚，今犯罪，懷令趙憙欲殺之，願乞其命。」

帝曰：「吏奉法，律不可枉也，更道它所欲。」王無復言。既薨，帝追感趙王，乃貰出子春。

其年，遷憙平原太守。時平原多盜賊，憙與諸郡討捕，斬其渠帥，餘黨當坐者數千人。憙上言「惡惡止其身，〔一〕可一切徙京師近郡」。帝從之，乃悉移置潁川、陳留。於是擢舉義行，誅鋤姦惡。後青州大蝗，侵入平原界輒死，歲屢有年，百姓歌之。

〔一〕公羊傳曰：「善善及子孫，惡惡止其身。」

二十六年，帝延集內戚讌會，歡甚，諸夫人各各前言「趙憙篤義多恩，往遭赤眉出長安，皆為憙所濟活」。帝甚嘉之。後徵憙入為太僕，引見謂曰：「卿非但為英雄所保也，婦人亦懷卿之恩。」厚加賞賜。

二十七年，拜太尉，賜爵關內侯。時南單于稱臣，烏桓、鮮卑並來入朝，帝令憙典邊事，思為久長規。〔一〕憙上復緣邊諸郡，幽并二州由是而定。〔二〕

〔一〕規，謀也。

〔二〕復音伏。謂建武六年徙雲中、五原人於常山、居庸閼，至二十六年復令還雲中、五原。東觀記曰：「草創苟合，未有還人，蓋憙至此，請徙之令盡也。」

三十年，憙上言宜封禪，正三雍之禮。中元元年，從封泰山。及帝崩，憙受遺詔，典喪禮。是時藩王皆在京師，自王莽篡亂，舊典不存，皇太子與東海王等雜止同席，憲章無序。

憙乃正色，橫劍殿階，扶下諸王，以明尊卑。時藩國官屬出入宮省，與百僚無別，憙乃表奏謁者將護，分止它縣，諸王並令就邸，唯朝晡入臨。整禮儀，嚴門衞，內外肅然。

永平元年，封節鄉侯。三年春，坐考中山相薛脩事不實免。〔一〕其冬，代竇融爲衞尉。八年，代虞延行太尉事，居府如眞。後遭母憂，上疏乞身行喪禮，顯宗不許，遣使者爲釋服，賞賜恩寵甚渥。憙內典宿衞，外幹宰職，正身立朝，未嘗懈惰。及帝崩，復典喪事，再奉大行，禮事脩舉。肅宗卽位，進爲太傅，錄尚書事。擢諸子爲郎吏者七人。長子代，給事黃門。

〔一〕脩，光武子中山王焉相也。

建初五年，憙疾病，帝親幸視。及薨，車駕往臨弔。時年八十四。謚曰正侯。子代嗣，官至越騎校尉。永元中，副行征西將軍劉尚征羌，坐事下獄，疾病物故。和帝憐之，賜祕器錢布，贈越騎校尉、節鄉侯印綬。子直嗣，官至步兵校尉。直卒，子淑嗣，無子，國除。

牟融字子優，北海安丘人也。少博學，以大夏侯尚書教授，〔一〕門徒數百人，名稱州里。以司徒茂才爲豐令，〔二〕視事三年，縣無獄訟，爲州郡最。

〔一〕大夏侯名勝，宣帝時人也。

〔二〕司徒舉爲茂才也。豐，今徐州縣也。

司徒范遷薦融忠正公方，經行純備，宜在本朝，并上其理狀。〔一〕永平五年，入代鮑昱爲司隸校尉，多所舉正，百僚敬憚之。八年，代包咸爲大鴻臚。十一年，代鮭陽鴻爲大司農。〔二〕

〔一〕漢官儀曰：「范遷字子廬，沛人也。」

〔二〕鮭陽，姓也，音胡佳反。

是時顯宗方勤萬機，公卿數朝會，每輒延謀政事，判折獄訟。融經明才高，善論議，朝廷皆服其能；帝數嗟歎，以爲才堪宰相。明年，代伏恭爲司空，〔一〕舉動方重，甚得大臣節。肅宗即位，以融先朝名臣，代趙憙爲太尉，與憙參錄尚書事。

〔一〕恭字叔齊，伏湛同產兄子也。見東觀記。

建初四年薨，車駕親臨其喪。時融長子麟歸鄉里，帝以其餘子幼弱，勑太尉掾史教其威儀進止，賵賵恩寵篤密焉。又賜冢塋地於顯節陵下，除麟爲郎。

韋彪字孟達，扶風平陵人也。高祖賢，宣帝時爲丞相。祖賞，哀帝時爲大司馬。彪孝行純至，父母卒，哀毀三年，不出廬寢。服竟，羸瘠骨立異形，醫療數年乃起。好學洽聞，雅稱儒宗。建武末，舉孝廉，除郎中，以病免，復歸教授。安貧樂道，恬於進趣，三輔諸儒莫不慕仰之。

顯宗聞彪名，永平六年，召拜謁者，賜以車馬衣服，三遷魏郡太守。肅宗卽位，以病免。徵爲左中郎將、長樂衞尉，數陳政術，每歸寬厚。比上疏乞骸骨，拜爲奉車都尉，秩中二千石，賞賜恩寵，侔於親戚。

建初七年，車駕西巡狩，以彪行太常從，數召入，問以三輔舊事，禮儀風俗。彪因建言：「今西巡舊都，宜追錄高祖、中宗功臣，〔一〕褒顯先勳，紀其子孫。」帝納之。行至長安，乃制詔京兆尹、右扶風求蕭何、霍光後。時光無苗裔，唯封何末孫熊爲酇侯。建初二年已封曹參後曹湛爲平陽侯，故不復及焉。乃厚賜彪錢珍羞食物，使歸平陵上冢。還，拜大鴻臚。

〔一〕中宗，宣帝。

是時陳事者，多言郡國貢舉率非功次，故守職益懈而吏事寖疏，咎在州郡。有詔下公卿朝臣議。彪上議曰：「伏惟明詔，憂勞百姓，垂恩選舉，務得其人。夫國以簡賢爲務，賢以孝行爲首。孔子曰：『事親孝故忠可移於君，是以求忠臣必於孝子之門。』〔一〕夫人才行少能相兼，是以孟公綽優於趙、魏老，不可以爲滕、薛大夫。〔二〕忠孝之人，持心近厚；鍛鍊之吏，持心近薄。〔三〕三代之所以直道而行者，在其所以磨之故也。〔四〕士宜以才行爲先，不可純以閥閱。〔五〕然其要歸，在於選二千石。二千石賢，則貢舉皆得其人矣。」帝深納之。

〔一〕孝經緯之文也。

〔二〕論語孔子之言也。公綽，魯大夫。趙、魏皆晉卿之邑也。家臣稱老。公綽性寡欲，趙、魏老優閒無事；滕、薛小國，大夫職煩，故不可爲也。

〔三〕蒼頡篇曰：「鍛，椎也。」鍛鍊猶成孰也。言深文之吏，入人之罪，猶工冶陶鑄鍛鍊，使之成孰也。前漢路溫舒上疏曰「鍛鍊而周內之」。

〔四〕論語孔子曰：「吾之於人，誰毀誰譽，如有所譽者，其有所試矣，斯三代之所以直道而行（之）〔也〕。」彪引之者，言古之用賢皆磨礪選練，然後用之。

〔五〕史記曰：「明其等曰閥，積功曰閱。」

彪以世承二帝吏化之後，多以苛刻爲能，〔一〕又置官選職，不必以才，因盛夏多寒，上疏諫曰：「臣聞政化之本，必順陰陽。伏見立夏以來，當暑而寒，殆以刑罰刻急，郡國不奉時令之所致也。農人急於務而苛吏奪其時，賦發充常調而貪吏割其財，此其巨患也。夫欲急人所務，當先除其所患。天下樞要，在於尚書，〔二〕尚書之選，豈可不重？而閒者多從郎官超升此位，雖曉習文法，長於應對，然察察小慧，類無大能。宜簡嘗歷州宰素有名者，雖進退舒遲，時有不逮，然端心向公，奉職周密。宜鑒嗇夫捷急之對，〔三〕深思絳侯木訥之功也。〔四〕往時楚獄大起，故置令史以助郎職，而類多小人，好爲姦利。今者務簡，可皆停省。又諫議之職，應用公直之士，通才謇正，有補益於朝者。今或從徵試輩爲大夫。〔五〕又御史外遷，動據州郡。並宜清選其任，責以言績。其二千石視事雖久，而爲吏民所便安者，宜增秩重賞，勿妄遷徙。惟留聖心。」書奏，帝納之。

〔一〕二帝，光武、明帝也。

〔二〕百官志曰「尚書，主知公卿二千石吏人上書、外國夷狄事」，故曰樞要。

〔三〕嗇夫，官名也。文帝出上林，登虎圈，因問上林尉禽獸簿，不能對。虎圈嗇夫從傍代對，響應無窮。文帝拜嗇夫爲上林令，張釋之曰：「夫絳侯、東陽侯言事曾不能出口，豈効此嗇夫喋喋利口捷急哉？」文帝曰「善」，遂不拜嗇夫爲上林令。

〔四〕木，質也。訥，遲鈍也。前書曰「周勃木彊少文」，又曰「安劉氏者必勃」。

〔五〕輩，類也。

元和二年春，東巡狩，以彪行司徒事從行。還，以病乞身，帝遣小黃門、太醫問病，賜以食物。彪遂稱困篤。章和二年夏，使謁者策詔曰：「彪以將相之裔，勤身飭行，出自州里，在位歷載。中被篤疾，連上求退。君年在耆艾，〔一〕不可復以加增，恐職事煩碎，重有損焉。其上大鴻臚印綬。其遣太子舍人詣中臧府，受賜錢二十萬。」〔二〕永元元年，卒，詔尚書：「故大鴻臚韋彪，在位無愆，方欲錄用，奄忽而卒。其賜錢二十萬，布百匹，穀三千斛。」

〔一〕禮記曰：「七十曰耆，五十曰艾。」

〔二〕續漢志曰「中臧府，令一人，秩六百石，掌中幣帛金錢貨物」也。

彪清儉好施，祿賜分與宗族，家無餘財。著書十二篇，號曰韋卿子。

族子義。義字季節。高祖父玄成，元帝時為丞相。初，彪獨徙扶風，故義猶為京兆杜陵人焉。

兄順，字叔文，平輿令。有高名。〔一〕次兄豹，字季明。數辟公府，輒以事去。司徒劉愷復辟之，謂曰：「卿以輕好去就，爵位不躋。〔二〕今歲垂盡，當選御史，意在相薦，子其宿留乎？」〔三〕豹曰：「犬馬齒衰，旅力已劣，〔四〕仰慕崇恩，故未能自割。且眩瞀滯疾，不堪久待，〔五〕選薦之私，非所敢當。」遂跣而起。愷追之，徑去不顧。安帝西巡，徵拜議郎。

〔一〕平輿，縣名，屬汝南郡，故城在今豫州汝陽縣東北。

〔二〕躋，升也。

〔三〕宿留，待也。宿音秀。留音力救反。

〔四〕旅，衆也。尚書曰：「番番良士，旅力既愆。」

〔五〕眩，風疾也。瞀，亂也。謂視不明之貌也。眩音縣。瞀音亡溝反。

義少與二兄齊名，初仕州郡。太傅桓焉辟舉理劇，爲廣都長，〔一〕甘陵、陳二縣令，〔二〕政甚有績，官曹無事，牢獄空虛。數上書順帝，陳宜依古典，考功黜陟，徵集名儒，大定其制。又譏切左右，貶刺竇氏。言既無感，而久抑不遷，以兄順喪去官。比辟公府，不就。廣都爲生立廟。及卒，三縣吏民爲義舉哀，若喪考妣。

〔一〕廣都，縣名，屬蜀郡，故城在今益州成都縣東南。

〔二〕甘陵故城在今貝州清河縣西北。陳屬梁國，今陳州。

豹子著，字休明。少以經行知名，不應州郡之命。大將軍梁冀辟，不就。延熹二年，桓帝公車備禮徵，至霸陵，稱病歸，乃入雲陽山，采藥不反。有司舉奏加罪，帝特原之。復詔京兆尹重以禮敦勸，著遂不就徵。〔一〕靈帝即位，中常侍曹節以陳蕃、竇氏既誅，海內多怨，欲借寵時賢以爲名，〔二〕白帝就家拜著東海相。〔三〕詔書逼切，不得已，解巾之郡。〔四〕政任威刑，爲受罰者所奏，坐論輸左校。〔五〕又後妻憍恣亂政，以之失名，竟歸，爲姦人所害，隱者恥之。

〔一〕敦猶逼也。

〔二〕假借時賢寵榮以求美名，用解怨謗。

〔三〕東海王懿相也。即東海王彊四代孫。

〔四〕巾，幅巾也。既服冠冕，故解幅巾。

〔五〕左校，署名，屬將作也。

贊曰：湛、霸奮庸，維寧兩邦。〔一〕淮人孺慕，徐寇要降。〔二〕弘實體遠，仁不忘本。〔三〕憙政多迹，彪明理損。牟公簡帝，身終上衰。

〔一〕尚書曰：「有能奮庸熙帝之載。」孔安國注曰：「奮，起也。庸，功也。」兩邦謂湛爲平原太守，霸爲淮平大尹。

〔二〕徐寇謂徐異卿也。願要降司徒伏公。

〔三〕謂不忘糟糠妻也。

校勘記

八九三頁五行　伏理字君游　按：集解引惠棟說，謂「君游」前書作「斿君」。

八九三頁一〇行　時賊徐異卿等萬餘人據富平　按：李慈銘謂案光武紀，帝之征張步及湛之免官，皆在建武五年，此傳失書「五年」二字。又據紀言吳漢等擊富平、獲索賊于平原，大破降之。不言湛者，蓋時賊已請降，特令湛往受之耳，然其事亦在五年二月。則此傳「時賊徐異卿等」句「時」字當易「五年」二字，敍事方覈。

八九五頁一二行　獲索賊帥徐少　按：集解引惠棟說，謂「獲索」應作「富平」。

八九六頁八行　髫髮厲志　按：王先謙謂「髫髮」東觀記作「齠齔」。

八九六頁一二行　舊制九州五尙書令一郡二人　按：刊誤謂「令」合作「今」。尙書令不可有五人，若言令一郡二人，又無義，改作「今」，乃與注合。

八九七頁四行　謂湛爲〔後〕隊屬正也　據集解本補。

八九七頁七行　予(則)〔曰〕有先後　據汲本、殿本改，與詩合。

八九七頁一二行　令則一郡乃有二人　按：殿本「令」作「今」。「二人」原譌「一人」，逕改正。

八九七頁一三行　未及就位　按：「未」字原脫，逕據汲本、殿本補。

八九八頁九行　故東州號爲伏不鬭云　按：「云」字原脫，逕據汲本、殿本補。

九〇〇頁一五行　以子瑗爲郎中　按：殿本、集解本「瑗」作「援」。

九〇三頁三行　河(南)〔內〕蔡茂　據殿本改。按：校補謂茂河內懷人，具本傳，作「河南」乃形近而譌。

九〇三頁四行　京兆玉況　殿本「玉」作「王」，注同。按：玉字本有肅音，後人不曉，另造一「玊」字，以別於金玉之「玉」，亦猶「角里」之「角」，別造一「甪」字矣。

九〇四頁九行　弘推進賢士馮翊桓梁三十餘人　按：校補謂「三」疑「等」之誤，蓋三十餘人似太多，且文法固宜有一「等」字也。又按：汲本「推進」作「雅進」。

九〇四頁一三行 御坐新屛風 按：集解引惠棟說，謂東觀記云「新施屛風」，疑脫「施」字。

九〇五頁二行 貧賤之知不可忘 按：汲本「知」作「交」。張森楷校勘記謂監本、惠校本及治要作「知」，東觀記作「交」。

九〇五頁六行 嵩子由（章）〔元〕和閒爲太尉 校補引錢大昭說，謂「章和」當作「元和」。按：宋由於章帝元和三年爲太尉，和帝永元四年策免，錢說是，今據改。

九〇五頁一一行 朝廷愍悼 按：殿本「愍」作「悶」。

九〇六頁四行 委（蛇）委（蛇）蛇 據汲本、殿本改。

九〇七頁六行 舉糾湖陽公主 按：「公」字原脫，逕據汲本、殿本補。

九〇八頁四行 建武二十年代戴涉爲司徒 按：集解引周壽昌說，謂建武二十七年始稱司徒，去大字，此「司徒」上當有一「大」字。

九〇八頁一三行 故言衰龍 按：汲本、殿本「衰龍」作「龍衰」。

九〇八頁一三行 賀字喬卿雒（陽）人 按：集解引惠棟說，謂華陽國志云郭賀廣漢雒人，此衍「陽」字。今據刪。又按：校補謂東觀記亦云賀雒陽人，則誤不自范始。

九〇八頁一三行 累官建武中爲尙書令 按：校補謂「累官」下當有脫文。

九〇九頁二行　詔書慜惜　按：殿本「慜」作「愍」。

九一〇頁六行　前梁令閻楊　按：集解引惠棟說，謂王霸傳「楊」作「陽」。

九一三頁一行　趙憙　集解引惠棟說，謂東觀記作「喜」，喜與憙古字通。王先謙謂續漢書作「熹」。

九一三頁一三行　禮緯曰天地之牲角繭栗　汲本、殿本「禮緯」作「禮記」。按：禮王制云「祭天地之牛角繭栗」。

九一四頁一三行　徙雲中五原人於常山居庸閒　按：校補謂「閒」當作「關」，謂常山關、居庸關也。常山關在代郡，居庸關在上谷，中隔長城，亙千餘里，不能謂徙於其閒明矣。

九一四頁一五行　雜止同席　按：集解引惠棟說，謂續漢書「雜止」作「雜坐」。

九一五頁四行　八年代虞延行太尉事　按：集解引惠棟說，謂案紀當在七年。

九一五頁六行　長子代　集解引惠棟說，謂漢官儀及和帝紀皆作「世」。按：此作「代」，避唐諱改。

九一六頁四行　代鮭陽鴻爲大司農　按：姚範謂本書儒林傳云中山鮭陽鴻，字孟孫。注「鮭音胡瓦反，其字從角，或作鮭從魚者　音胡佳反」。據此，則字當從儒林傳作「鮭」也。

九一六頁六行　范遷字子廬　按：明帝紀注引漢官儀作「子閭」。

九一六頁八行　判折獄訟　按：「折」原譌「析」，逕據汲本、殿本改正。

九一七頁一〇行　已封曹參後曹湛爲平陽侯　校補引錢大昭說，謂和帝紀永元三年，詔以曹相國後容城侯無嗣，求近親紹封，則參後之紹封非平陽，乃容城也。按：校補謂錢說是，此或竟出淺人妄改。

九一八頁二行　持心近厚　按：袁宏紀「持」作「治」。下「持心近薄」同。

九一八頁一〇行　斯三代之所以直道而行(之)〔也〕　據汲本、殿本改。按：今論語作「也」。「斯」下有「民也」二字。

九一八頁一三行　以世承二帝吏化之後　殿本「吏」作「更」，王先謙謂作「更」是。張森楷校勘記謂羣書治要作「吏治之後」。今按：「吏治」作「吏化」，乃避唐高宗諱改之。下文云「多以苛刻爲能」，卽指吏治而言，「吏」作「更」，乃形近而誤，王先謙之說非也。

九二〇頁二行　其遺太子舍人詣中臧府　按：「遺」下原衍「子」字，逕據汲本、殿本删。

九二〇頁四行　七十曰耆　殿本「七」作「六」。按：說文「耆，老也」。段注：「曲禮六十曰耆，許不言者，許以爲七十以上之通稱也。」殿本殆據曲禮改。

九二〇頁一一行　不堪久待　按：集解引惠棟說，謂依三補決錄「待」當作「侍」。

九二一頁一一行　以陳蕃竇氏旣誅　按：汲本「氏」作「武」，校補謂作「武」是。

後漢書卷二十七

宣張二王杜郭吳承鄭趙列傳第十七

宣秉字巨公，馮翊雲陽人也。少修高節，顯名三輔。哀、平際，見王氏據權專政，侵削宗室，有逆亂萌，遂隱遁深山，州郡連召，常稱疾不仕。王莽爲宰衡，辟命不應。〔一〕及莽篡位，又遣使者徵之，秉固稱疾病。更始卽位，徵爲侍中。建武元年，拜御史中丞。〔二〕光武特詔御史中丞與司隸校尉、尚書令〔三〕會同並專席而坐，故京師號曰「三獨坐」。明年，遷司隸校尉。務擧大綱，簡略苛細，百僚敬之。〔四〕

〔一〕周公爲太宰，伊尹爲阿衡，莽欲兼之，故以爲號。

〔二〕前書曰，御史中丞，秦官，秩千石，在殿中蘭臺，掌圖籍秘書，外督部刺史，內領侍御史，糾察百寮。

〔三〕續漢志曰「尚書令一人，千石，秦官。武帝用宦者，成帝用士人」也。

〔四〕說文曰：「苛，細草也。」以喻（類）〔煩〕雜也。

秉性節約，常服布被，蔬食瓦器。帝嘗幸其府舍，見而歎曰：「楚國二龔，不如雲陽宣巨公。」〔一〕卽賜布帛帳帷什物。〔二〕四年，拜大司徒司直。〔三〕所得祿奉，輒以收養親族。其孤弱者，分與田地，自無擔石之儲。〔四〕六年，卒於官，帝愍惜之，除子彪爲郎。〔五〕

〔一〕二龔謂龔勝字君賓，龔舍字君倩，二人皆以淸苦立節著名，事見前書。

〔二〕周禮：「幕人，掌帷帟幄幕。」鄭玄曰：「在旁曰帷。」爾雅曰：「幬謂之帳。」軍法，五人爲伍，二伍爲什，則共其器物，故通謂生生之具爲什物。

〔三〕司直，武帝元狩五年置，比二千石，掌佐丞相舉不法。哀帝元壽二年，改丞相爲大司徒，中興因而不改，猶置司直。至建武十一年省司直，置長史一人，署諸曹事。至二十七年，司徒又去「大」字。見前書及續漢書。

〔四〕前書音義曰：「齊人名小甖爲擔，今江淮人謂一石爲一擔。」擔音丁濫反。

〔五〕東觀記曰，彪官至玄菟太守。

張湛字子孝，扶風平陵人也。矜嚴好禮，動止有則，居處幽室，必自修整，雖遇妻子，若嚴君焉。〔一〕及在鄉黨，詳言正色，〔二〕三輔以爲儀表。〔三〕人或謂湛僞詐，湛聞而笑曰：「我誠詐也。人皆詐惡，我獨詐善，不亦可乎？」

〔一〕周易家人卦曰：「家人有嚴君〔焉〕，父母之謂也。」

〔二〕詳，審也。

〔三〕儀，法也。表，正也。書曰：「儀表萬邦。」

成哀閒，爲二千石。王莽時，歷太守、都尉。建武初，爲左馮翊。在郡修典禮，設條教，政化大行。後告歸平陵，望寺門而步。〔一〕主簿進曰：「明府位尊德重，不宜自輕。」〔二〕湛曰：「禮，下公門，軾輅馬。〔三〕孔子於鄉黨，恂恂如也。〔四〕父母之國，所宜盡禮，何謂輕哉？」〔五〕

〔一〕告，請也。告歸謂請假歸。寺門即平陵縣門也。風俗通曰：「寺者，嗣也。理事之吏，嗣續於其中也。」

〔二〕郡守所居曰府。明府者，尊高之稱。前書韓延壽爲東郡太守，門卒謂之明府，亦其義也。

〔三〕輅，大也。君所居曰路寢，車曰輅車，馬曰輅馬。軾，車前橫木也。乘車必正立，有所敬則撫軾，謂小俛也。禮記曰：「大夫士下公門，式輅馬。」鄭玄云：「所以廣敬。」

〔四〕論語之文也。鄭玄云「恂恂，恭順貌」也。

〔五〕史記孔子謂門弟子曰：「魯，墳墓所處，父母之國也。」詩曰「惟桑與梓，必恭敬止」也。

五年，拜光祿勳。〔一〕光武臨朝，或有惰容，湛輒陳諫其失。常乘白馬，帝每見湛，輒言「白馬生且復諫矣」。

〔一〕前書光祿勳本名郎中令，秦官，武帝改焉，秩中二千石，掌大夫、郎中從官。

七年，以病乞身，拜光祿大夫，代王丹爲太子太傅。及郭后廢，〔一〕因稱疾不朝，拜太中大夫，居中東門候舍，〔一〕故時人號曰中東門君。帝數存問賞賜。後大司徒戴涉被誅，〔三〕帝彊起湛以代之。湛至朝堂，遺失溲便，〔四〕因自陳疾篤，不能復任朝事，遂罷之。後數年，卒於家。

〔一〕建武十七年廢。
〔二〕漢官儀曰：「洛陽十二門，東面三門，最北門名上東門，次南曰中東門。每門校尉一人，秩二千石；司馬一人，秩千石；候一人，秩六百石。」候舍，蓋候之所居。
〔三〕涉字叔平，冀州清河人也，坐所舉人盜金下獄。
〔四〕溲，小便也。溲音所流反。

王丹字仲回，京兆下邽人也。哀、平時，仕州郡。王莽時，連徵不至。家累千金，隱居養志，好施周急。〔一〕每歲農時，輒載酒肴於田閒，候勤者而勞之。〔二〕其惰嬾者，恥不致丹，皆兼功自厲。〔三〕邑聚相率，以致殷富。其輕黠游蕩廢業爲患者，輒曉其父兄，使黜責之。沒者則賻給，親自將護。其有遭喪憂者，輒待丹爲辦，鄉鄰以爲常。行之十餘年，其化大洽，風俗以篤。

〔一〕周急謂周濟困急也。孔子曰：「君子周急不繼富。」

〔二〕東觀記曰：「載酒肴，便於田頭大樹下飲食勸勉之，因留其餘酒肴而去。」

〔三〕嬾與懶同，音力亶反。

丹資性方絜，疾惡彊豪。時河南太守同郡陳遵，關西之大俠也。〔一〕其友人喪親，遵爲護喪事，賻助甚豐。丹乃懷縑一匹，陳之於主人前，曰：「如丹此縑，出自機杼。」遵聞而有慙色。自以知名，欲結交於丹，丹拒而不許。〔二〕

〔一〕遵字孟公，杜陵人也。見前書。

〔二〕東觀記曰：「更始時，遵爲大司馬〔護軍〕，出使匈奴，過辭於丹。丹曰：『俱遭反覆，唯我二人爲天所遺。今子當之絕域，無以相贈，贈子以不拜。』遂揖而別，遵甚悅之。」

會前將軍鄧禹西征關中，軍糧乏，丹率宗族上麥〔一〕〔二〕千斛。禹表丹領左馮翊，稱疾不視事，免歸。後徵爲太子少傅。

時大司徒侯霸欲與交友，及丹被徵，遣子昱候於道。昱迎拜車下，丹下荅之。昱曰：「家公欲與君結交，何爲見拜？」丹曰：「君房有是言，丹未之許也。」

丹子有同門生喪親，家在中山，白丹欲往奔慰。結侶將行，丹怒而撻之，〔一〕令寄縑以祠焉。〔二〕或問其故。丹曰：「交道之難，未易言也。世稱管、鮑，次則王、貢。〔三〕張、陳凶其終，蕭、朱隙其末，〔四〕故知全之者鮮矣。」時人服其言。

〔一〕東觀記曰：「丹怒撻之五十。」

〔二〕東觀記曰：「寄帛二匹以祠焉。」

〔三〕史記曰：「管夷吾，潁上人。嘗與鮑叔牙游，叔牙知其賢。管仲貧困，嘗欺鮑叔牙，鮑叔牙終善遇之。管仲曰：『生我者父母，知我者鮑叔。』」前書，王吉字子陽，貢禹字少翁，並琅邪人也。二人相善，時人爲之語：「王陽在位，貢禹彈冠。」言其趣舍同也。

〔四〕張耳、陳餘初爲刎頸交，後構隙。耳後爲漢將兵，殺陳餘於泜水之上。蕭育字次君，朱博字子元，二人爲友，著聞當代，後有隙不終，故時以交爲難。並見前書。

客初有薦士於丹者，因選舉之，而後所舉者陷罪，丹坐以免。客慙懼自絕，而丹終無所言。尋復徵爲太子太傅，乃呼客謂曰：「子之自絕，何量丹之薄也？」不爲設食以罰之，相待如舊。其後遜位，卒于家。

王良字仲子，東海蘭陵人也。少好學，習小夏侯尚書。〔一〕王莽時，寢病不仕，教授諸生千餘人。

〔一〕夏侯建，大夏侯勝之從兄子也。建受尚書於勝，號小夏侯。見前書。

建武二年，大司馬吳漢辟，不應。三年，徵拜諫議大夫，數有忠言，以禮進止，朝廷敬之。遷沛郡太守。至蘄縣，稱病不之府，官屬皆隨就之，良遂上疾篤，乞骸骨，徵拜太中大夫。

六年，代宣秉爲大司徒司直。在位恭儉，妻子不入官舍，布被瓦器。時司徒史鮑恢以事到東海，過候其家，而良妻布裙曳柴，從田中歸。〔一〕恢告曰：「我司徒史也，故來受書，欲見夫人。」妻曰：「妾是也。苦掾，無書。」〔二〕恢乃下拜，歎息而還，聞者莫不嘉之。

〔一〕東觀記曰：「徒跣曳柴。」

〔二〕掾，即謂鮑恢，司徒之掾史也。言勞苦相過，更無書信。

後以病歸。一歲復徵，至滎陽，疾篤不任進道，乃過其友人。友人不肯見，曰：「不有忠言奇謀而取大位，何其往來屑屑不憚煩也？」〔一〕遂拒之。良慙，自後連徵，輒稱病。詔以玄纁聘之，遂不應。後光武幸蘭陵，遣使者問良所苦疾，不能言對。詔復其子孫邑中傜役，卒於家。

〔一〕楊雄方言曰：「屑屑，不安也。秦、晉曰屑屑。」郭景純曰：「往來貌。」

論曰：夫利仁者或借仁以從利，體義者不期體以合義。〔一〕季文子妾不衣帛，魯人以爲美談。〔二〕公孫弘身服布被，汲黯譏其多詐。〔三〕事實未殊而譽毀別議。何也？將體之與利之異乎？宣秉、王良處位優重，而秉甘疏薄，良妻荷薪，可謂行過乎儉。然當世咨其清，人君高其節，豈非臨之以誠哉！語曰：『同言而信，則信在言前；同令而行，則誠在令外。』不其然乎！〔四〕張湛不屑矜僞之誚，斯不僞矣。〔五〕王丹難於交執之道，斯知交矣。

〔一〕此言履行仁義，其事雖同，原其本心，眞僞各異。利仁者謂心非好仁，但以行仁則於己有利，故假借仁道以求利耳。若天性自然，體合仁義者，舉措云爲，不期於體，而冥然自合。禮記曰：「仁者安仁，智者利仁，畏罪者彊仁。」與人同功，其仁未可知；與人同過，其仁則可知。

〔二〕文子，魯卿季孫行父之謚也。無衣帛之妾，無食粟之馬，君子是以知季文子忠於公室。相三君矣而無私積，可不謂忠乎？事見左傳。

〔三〕公孫弘，淄川人也。武帝時爲丞相。汲黯曰：「弘以三公而身服布被，詐也。」事見前書。

〔四〕眞僞之迹既殊，人之信否亦異。同言而信，謂體仁與利仁，二人同出言，而人信服其眞者，不信其僞者，則知信不由言，故言信在言前也。同令而行，意亦同也。此皆子思子累德篇之言，故稱「語曰」。

〔五〕屑猶介也。

杜林字伯山，扶風茂陵人也。〔一〕父鄴，成哀閒爲涼州刺史。林少好學沈深，家既多

書，又外氏張竦父子喜文采，〔二〕林從竦受學，博洽多聞，時稱通儒。〔三〕

〔一〕案杜鄴傳，鄴本魏郡繁陽人也，武帝時徙茂陵。

〔二〕鄴字子夏，祖父皆至郡守。鄴少孤。其母，張敞女也。鄴從敞子吉學，得其家書。竦卽吉之子也，博學文雅過於敞。見前書。

〔三〕風俗通曰：「儒者，區也。言其區別古今，居則翫聖哲之詞，動則行典籍之道，稽先王之制，立當時之事，此通儒也。若能納而不能出，能言而不能行，講誦而已，無能往來，此俗儒也。」

初爲郡吏。王莽敗，盜賊起，林與弟成及同郡范逡、孟冀等，〔一〕將細弱俱客河西。道逢賊數千人，遂掠取財裝，褫奪衣服，〔二〕拔刃向林等將欲殺之。冀仰曰：「願一言而死。將軍知天神乎？〔三〕赤眉兵衆百萬，所向無前，而殘賊不道，卒至破敗。今將軍以數千之衆，欲規霸王之事，不行仁恩而反遵覆車，不畏天乎？」〔四〕賊遂釋之，俱免於難。

〔一〕逡音七倫反。

〔二〕褫，解也，音直紙反。

〔三〕言知天道有神乎。

〔四〕賈誼曰：「前車覆，後車誡。」詩曰：「不畏乎天，不媿乎人。」

隗囂素聞林志節，深相敬待，以爲持書平。後因疾告去，辭還祿食。囂復欲令彊起，遂稱篤。囂意雖相望，且欲優容之，〔一〕乃出令曰：「杜伯山天子所不能臣，諸侯所不能友，〔二〕

蓋伯夷、叔齊恥食周粟。〔三〕今且從師友之位，須道開通，使順所志。」林雖拘於囂，而終不屈節。建武六年，弟成物故，囂乃聽林持喪東歸。既遣而悔，追令刺客楊賢於隴坻遮殺之。賢見林身推鹿車，載致弟喪，乃歎曰：「當今之世，誰能行義？我雖小人，何忍殺義士！」因亡去。

〔一〕望猶恨也。東觀記曰：「林寄囂地，終不降志辱身，至簪蒿席草，不食其粟也。」

〔二〕禮記曰：「儒有上不臣天子，下不事諸侯，愼靜尙寬，砥礪廉隅，其規爲有如此者。」

〔三〕史記曰，伯夷、叔齊，孤竹君之子也。兄弟讓位，歸文王。後武王東伐紂，伯夷、叔齊扣馬諫曰：「父死不葬，爰及干戈，可謂孝乎？以臣伐君，可謂仁乎？」武王平殷亂，而二人恥之，義不食周粟，餓死於首陽山。

光武聞林已還三輔，乃徵拜侍御史，引見，問以經書故舊及西州事，甚悅之，賜車馬衣被。羣寮知林以名德用，甚尊憚之。京師士大夫，咸推其博洽。〔一〕

〔一〕東觀記曰：「林與馬援同鄉里，素相親厚。援從南方還，時林馬適死，援令子持馬一匹遺林，曰：『朋友有車馬之饋，可且以備乏。』林受之。居數月，林遣子奉書曰：『將軍內施九族，外有賓客，望恩者多。林父子兩人食列卿祿，常有盈，今送錢五萬。』援受之，謂子曰：『人當以此爲法，是杜伯山所以勝我也。』」博，廣也。洽，徧也。言其所聞見廣大也。

河南鄭興、東海衞宏等，皆長於古學。〔一〕興嘗師事劉歆，林既遇之，欣然言曰：「林得興等固諧矣，使宏得林，且有以益之。」及宏見林，闇然而服。濟南徐巡，始師事宏，後皆更受林學。林前於西州得漆書古文尚書一卷，常寶愛之，雖遭難困，握持不離身。出以示宏等曰：「林流離兵亂，常恐斯經將絕。何意東海衞子、濟南徐生復能傳之，是道竟不墜於地也。古文雖不合時務，然願諸生無悔所學。」宏、巡益重之，於是古文遂行。

〔一〕宏字敬仲，在儒林傳。

明年，大議郊祀制，多以爲周郊后稷，漢當祀堯。詔復下公卿議，議者僉同，帝亦然之。林獨以爲周室之興，祚由后稷，漢業特起，功不緣堯。祖宗故事，所宜因循。定從林議。〔一〕

〔一〕東觀記載林議曰：「當今政卑易行，禮簡易從，人無愚智，思仰漢德。基業特起，不因緣堯。堯遠於漢，人不曉信，言提其耳，終不說諭。后稷近周，人戶知之，又據以興，基由其祚。詩曰：『不愆不忘，率由舊章。』宜如舊制，以解天下之惑。」

後代王良爲大司徒司直。林薦同郡范逡、趙秉、申屠剛及隴西牛邯等，皆被擢用，士多歸之。十一年，司直官罷，以林代郭憲爲光祿勳。內奉宿衞，外總三署，〔一〕周密敬慎，選舉稱平。郎有好學者，輒見誘進，朝夕滿堂。

〔一〕三署，左右中郎將及五官中郎將，皆管郎官也。見續漢書。

十四年，羣臣上言：「古者肉刑嚴重，則人畏法令；今憲律輕薄，故姦軌不勝。〔一〕宜增科禁，以防其源。」詔下公卿。林奏曰：「夫人情挫辱，則義節之風損；法防繁多，則苟免之行興。孔子曰：『導之以政，齊之以刑，民免而無恥。導之以德，齊之以禮，有恥且格。』〔二〕古之明王，深識遠慮，動居其厚，不務多辟，周之五刑，不過三千。〔三〕大漢初興，詳覽失得，故破矩爲圓，斲彫爲樸，蠲除苛政，更立疏網，〔四〕海內歡欣，人懷寬德。及至其後，漸以滋章，吹毛索疵，詆欺無限。〔五〕果桃菜茹之饋，集以成臧，小事無妨於義，以爲大戮，故國無廉士，家無完行。至於法不能禁，令不能止，上下相遁，爲敝彌深。〔六〕臣愚以爲宜如舊制，不合翻移。」帝從之。

〔一〕左傳曰：「凡亂在外爲姦，在內爲軌。」

〔二〕皆論語之言也。政謂禁令，刑謂刑罰。格，來也。言爲政之法，初訓導之以禁令，若有違則整齊之以刑罰，則人但免罪而已，而無恥愧之心。若教導之以道德，整齊之以禮義，則人皆有恥愧之心，且皆來服。

〔三〕五刑謂墨、劓、剕、宮、大辟也。尚書呂刑篇曰：「五刑之屬三千。」

〔四〕史記曰：「漢興，破觚而爲圜，斲彫而爲樸，號爲網漏吞舟之魚。」觚亦方也。老子曰：「天網恢恢，疏而不漏。」

〔五〕老子曰：「法令滋章，盜賊多有。」前書曰：「有司吹毛求疵。」索，求也。詆欺謂飾非成釁，非其本罪。

〔六〕遁猶回避也。前書曰：「上下相匿，以文避法焉。」

後皇太子彊求乞自退，封東海王，故重選官屬，以林爲王傅。從駕南巡狩。時諸王傅數被引命，或多交游，不得應詔；唯林守慎，有召必至。餘人雖不見譴，而林特受賞賜，又

辭不敢受，帝益重之。〔一〕

〔一〕東觀記曰：「王乂以師數加饋遺，林不敢受，常辭以道上稟假有餘，（著）〔苦〕以車重，無所置之。」

明年，代丁恭爲少府。〔一〕二十二年，復爲光祿勳。頃之，代朱浮爲大司空。博雅多通，稱爲任職相。明年薨，帝親自臨喪送葬，除子喬爲郎。詔曰：「公侯子孫，必復其始，〔二〕賢者之後，宜宰城邑。其以喬爲丹水長。」〔三〕

〔一〕恭字子然，山陽人，在儒林傳。

〔二〕左氏傳晉大夫辛廖之言。

〔三〕丹水，縣，屬南陽。

論曰：夫威彊以自禦，力損則身危；飾詐以圖己，詐窮則道屈；而忠信篤敬，蠻貊行焉者，誠以德之感物厚矣。〔一〕故趙孟懷忠，匹夫成其仁；〔二〕杜林行義，烈士假其命。易曰「人之所助者（順）〔信〕」，有不誣矣。〔三〕

〔一〕論語曰：「子張問行，子曰：『言忠信，行篤敬，雖蠻貊之邦行矣。』」

〔二〕趙孟，晉大夫趙盾也。左傳曰：「晉靈公不君，趙盾驟諫之，靈公患焉，使鉏麑賊之。晨往，寢門闢矣，盛服將朝，尚早，坐而假寐。麑退而言曰：『不忘恭敬，民之主也。賊民之主不忠，棄君之命不信，有一於此，不如死也。』觸槐而死。」趙盾遂得全。論語曰：「有殺身以成仁，無求生以害仁。」

〔三〕易繫辭曰：「天之所助者(信)〔順〕，人之所助者(順)〔信〕。」不誣，言必蒙天人之助也。

郭丹字少卿，南陽穰人也。父稚，成帝時爲廬江太守，有清名。丹七歲而孤，小心孝順，後母哀憐之，爲鬻衣裝，買產業。〔一〕後從師長安，買符入函谷關，〔二〕乃慨然歎曰：「丹不乘使者車，終不出關。」〔三〕既至京師，常爲都講，諸儒咸敬重之。大司馬嚴尤請丹，辭病不就。王莽又徵之，遂與諸生逃於北地。更始二年，三公舉丹賢能，徵爲諫議大夫，持節使歸南陽，安集受降。丹自去家十有二年，果乘高車出關，如其志焉。

〔一〕鬻，賣也。

〔二〕符即繻也。前書音義曰：「舊出入關皆用傳。傳煩，因裂繻帛分持，後復出，合之以爲符信。」買符，非眞符也。東觀記曰「丹從宛人陳洮買入關符，既入關，封符乞人」也。

〔三〕續漢志曰：「諸使車，皆朱班輪，四輻，赤衡軛。」

更始敗，諸將悉歸光武，並獲封爵；丹獨保平氏不下，爲更始發喪，衰絰盡哀。〔一〕建武二年，遂潛逃去，敝衣閒行，涉歷險阻，求謁更始妻子，奉還節傳，因歸鄉里。太守杜詩請爲功曹，丹薦鄉人長者自代而去。詩乃歎曰：「昔明王興化，卿士讓位，〔二〕今功曹推賢，可謂

至德。勑以丹事編署黃堂，以爲後法。」〔三〕

〔一〕喪服斬衰裳，上曰衰，下曰裳。麻在首要皆曰絰。首絰象緇布冠，要絰象大帶。絰之言實，衰之言摧，明中實摧痛也。平氏，縣名，屬南陽郡。

〔二〕毛萇詩傳曰：「虞、芮之君爭田，相謂曰：『西伯，仁人也，盍往質焉？』乃相與朝周。至其朝，士讓爲大夫，大夫讓爲卿。二國君乃慙而退。」

〔三〕黃堂，大守之廳事。

十三年，大司馬吳漢辟舉高第，再遷幷州牧，有清平稱。轉使匈奴中郎將，遷左馮翊。永平三年，代李訢爲司徒。在朝廉直公正，與侯霸、杜林、張湛、郭伋齊名相善。明年，坐考隴西太守鄧融事無所據，策免。五年，卒於家，時年八十七。以河南尹范遷有清行，代爲司徒。

遷字子廬，沛國人，初爲漁陽太守，以智略安邊，匈奴不敢入界。及在公輔，有宅數畝，田不過一頃，復推與兄子。其妻嘗謂曰：「君有四子而無立錐之地，〔一〕可餘奉祿，以爲後世業。」遷曰：「吾備位大臣而蓄財求利，何以示後世！」在位四年薨，家無擔石焉。

〔一〕史記楚優孟曰：「孫叔敖子無立錐之地。」

後顯宗因朝會問羣臣郭丹家今何如，宗正劉匡對曰：「昔孫叔敖相楚，馬不秣粟，妻不衣帛，子孫竟蒙寢丘之封。〔一〕丹出典州郡，入爲三公，而家無遺產，子孫困匱。」帝乃下南陽訪求其嗣。長子宇，官至常山太守。少子濟，趙相。

〔一〕孫叔敖，楚莊王之相也，期思縣人。史記曰，楚之處士虞丘相進之，相楚，上下和合，吏無姦邪，遂霸諸侯。呂覽曰：「叔敖將死，戒其子曰：『王數封我矣，吾不受也。我死，王則封汝，必無受利地。楚越之閒有寢丘者，此其地不利而名甚惡，可長有者唯此也。』孫叔敖死，王以美地封其子，其子辭，請寢丘，至今不失。」寢丘，縣名，後漢改爲固始，今光州固始縣也，有孫叔敖祠焉。

吳良字大儀，齊國臨淄人也。初爲郡吏，〔一〕歲旦與掾史入賀，門下掾王望舉觴上壽，諂稱太守功德。〔二〕良於下坐勃然進曰：「望佞邪之人，欺諂無狀，願勿受其觴。」〔三〕太守斂容而止。讌罷，轉良爲功曹；恥以言受進，終不肯謁。

〔一〕東觀記曰良爲郡議曹掾。

〔二〕東觀記曰：「王望言曰：『齊郡敗亂，遭離盜賊，不聞雞鳴犬吠之音。明府視事五年，土地開闢，盜賊滅息，五穀豐熟，家給人足。今日歲首，請上雅壽。』掾史皆稱萬歲。」

〔三〕東觀記曰「良時跪曰：『門下掾佞諂，明府勿受其觴。盜賊未盡，人庶困乏。今良曹掾，尙無袴。』望曰：『議曹惰窳，自無袴，寧足爲不家給人足邪？』太守曰：『此生言是。』賜良鰒魚百枚」也。

時驃騎將軍東平王蒼聞而辟之，署爲西曹。蒼甚相敬愛，上疏薦良曰：「臣聞爲國所重，必在得人；報恩之義，莫大薦士。竊見臣府西曹掾齊國吳良，資質敦固，公方廉恪，躬儉安貧，白首一節；〔一〕又治尚書，學通師法，〔二〕經任博士，行中表儀。宜備宿衞，以輔聖政。臣蒼榮寵絕矣，憂責深大，〔三〕私慕公叔同升之義，懼於臧文竊位之罪，〔四〕敢秉愚瞽，犯冒嚴禁。」顯宗以示公卿曰：「前以事見良，鬚髮皓然，衣冠甚偉。夫薦賢助國，宰相之職，蕭何舉韓信，設壇而拜，不復考試。〔五〕今以良爲議郎。」

〔一〕言雖耆耄，志節不衰。

〔二〕東觀記曰：「良習大夏侯尚書。」

〔三〕絕猶極也。

〔四〕公叔文子，衞大夫公孫拔之謚也。文子家臣名僎，操行與文子同，文子乃升進之於公，與之同爲大夫。臧文仲，魯大夫臧孫辰也。時柳下惠爲士師，文仲知其賢而不進達之，孔子譏之曰：「臧文仲其竊位者歟！知柳下之賢而不與立。」事並見論語也。

〔五〕蕭何薦韓信於高祖曰：「陛下必欲爭天下，非信無可與計者。」漢王於是設壇場，拜信爲大將軍。見前書。

永平中，車駕近出，而信陽侯陰就干突禁衞，車府令徐匡鉤就車，收御者送獄。〔一〕詔書譴匡，匡乃自繫。良上言曰：「信陽侯就倚恃外戚，干犯乘輿，無人臣禮，爲大不敬。匡執法守正，反下于理，臣恐聖化由是而弛。」〔二〕帝雖赦匡，猶左轉良爲卽丘長。〔三〕後遷司徒長史。〔四〕每處大議，輒據經典，不希旨偶俗，以徼時譽。〔五〕後坐事免。復拜議郎，卒於官。

〔一〕鉤，留也。
〔二〕弛，廢也。
〔三〕卽丘，縣名，屬東海郡，卽左氏傳之祝丘也，故城在今沂州臨沂縣東南。
〔四〕哀帝改丞相爲大司徒，司直仍舊，中興因之不改。建武十一年省司直，置長史。
〔五〕希猶瞻望也。

承宮字少子，〔一〕琅邪姑幕人也。少孤，年八歲爲人牧豕。鄉里徐子盛者，以春秋經授諸生數百人，宮過息廬下，樂其業，因就聽經，遂請留門下，〔二〕爲諸生拾薪。執苦數年，勤學不倦。〔三〕經典既明，乃歸家教授。遭天下喪亂，遂將諸生避地漢中，後與妻子之蒙陰山，〔四〕肆力耕種。禾黍將孰，人有認之者，宮不與計，推之而去，由是顯名。三府更辟，皆不應。〔五〕

〔一〕世本承姓，衞大夫成叔承之後也。

〔二〕續漢書曰：「宮過徐子盛，好之，因棄其豬而留聽經。豬主怪其不還，求索得宮，欲笞之。門下生共禁止，因留之。」

〔三〕續漢書曰：「宮嘗出行，得虎所殺鹿，持歸，肉分門下，取皮上師，師不受，宮因棄之。人問其故，宮曰：『既已與人，義不可復取。』」

〔四〕蒙陰，縣名，屬太山郡，有蒙山，在今沂州新泰縣東南。

〔五〕三府謂太尉、司徒、司空府。

永平中，徵詣公車。車駕臨辟雍，召宮拜博士，遷左中郎將。數納忠言，陳政，論議切愨，朝臣憚其節，名播匈奴。時北單于遣使求得見宮，顯宗勑自整飾，宮對曰：「夷狄眩名，非識實者也。臣狀醜，不可以示遠，宜選有威容者。」〔一〕帝乃以大鴻臚魏應代之。十七年，拜侍中祭酒。建初元年，卒，肅宗褒歎，賜以冢地。妻上書乞歸葬鄉里，復賜錢三十萬。〔二〕

〔一〕續漢書曰：「夷狄聞臣虛稱，故欲見臣。臣醜陋形寢，不如選長大有威容者示之也。」

〔二〕續漢書曰：「宮子壘，官至濟陰太守。」

鄭均字仲虞，東平任城人也。少好黃老書。兄為縣吏，〔一〕頗受禮遺，均數諫止，不聽。

卽脫身爲傭，歲餘，得錢帛，歸以與兄。曰：「物盡可復得，爲吏坐臧，終身捐棄。」兄感其言。遂爲廉絜。均好義篤實，養寡嫂孤兒，恩禮敦至。〔二〕常稱病家廷，不應州郡辟召。郡將欲必致之，使縣令譎將詣門，〔三〕既至，卒不能屈。均於是客於濮陽。〔四〕

〔一〕東觀記曰：「兄仲，爲縣游徼。」

〔二〕東觀記曰：「均失兄，養孤兒子甚篤，已冠娶，出令別居，並門，盡推財與之，使得一尊其母，然後隨護視振給之。」

〔三〕譎，詐也。

〔四〕濮陽，今濮州縣。

建初三年，司徒鮑昱辟之，後舉直言，並不詣。六年，公車特徵，再遷尚書，數納忠言，肅宗敬重之。後以病乞骸骨，拜議郎，告歸，因稱病篤，帝賜以衣冠。〔一〕

〔一〕東觀記曰：「均遣子英奉章詣闕，詔召見英，問均所苦，賜以冠幘錢布。」

元和元年，詔告廬江太守、東平相曰：〔一〕「議郎鄭均，束脩安貧，恭儉節整，前在機密，以病致仕，守善貞固，黃髮不怠。又前安邑令毛義，躬履遜讓，比徵辭病，淳絜之風，東州稱仁。書不云乎：『章厥有常，吉哉！』〔二〕其賜均、義穀各千斛，常以八月長吏存問，賜羊酒，顯茲異行。」〔三〕明年，帝東巡過任城，乃幸均舍，敕賜尚書祿以終其身，〔四〕故時人號爲「白衣尚書」。永元中，卒於家。

〔一〕以毛義廬江人，鄭均東平人，故告二郡守相也。

〔二〕章，明也。吉，善也。言爲天子當明顯其有常德者，優其稟餼，則政之善也。尚書咎繇謩之言。

〔三〕東觀記曰：「賜羊一頭，酒二斗，終其身。」問遺賢良，必以八月，諸物老成，故順其時氣助養育之也。故月令「仲秋之月養衰老，授几杖，行麋粥飲食」，鄭玄注云「助老氣也」。

〔四〕續漢志曰：「尚書秩六百石，祿每月七十石。」

趙典字仲經，蜀郡成都人也。父戒，爲太尉，〔一〕桓帝立，以定策封廚亭侯。典少篤行隱約，〔二〕博學經書，弟子自遠方至。〔三〕建和初，四府表薦，〔四〕徵拜議郎，侍講禁內，再遷爲侍中。時帝欲廣開鴻池，典諫曰：「鴻池汎溉，已且百頃，猶復增而深之，非所以崇唐虞之約己，遵孝文之愛人也。」帝納其言而止。〔五〕

〔一〕謝承書曰：「典，太尉戒之叔子也。」

〔二〕隱猶靜也。約，儉也。

〔三〕謝承書曰：「典學孔子七經、河圖、洛書，內外藝術，靡不貫綜，受業者百有餘人。」

〔四〕四府，太尉、司徒、司空、大將軍府也。謝承書曰：「典性明達，志節清亮。益州舉茂才，以病辭，太尉黃瓊、胡廣舉有道、方正，皆不應。桓帝公車徵，對策爲諸儒之表。」

〔五〕墨子曰：「堯舜堂高三尺，土階三等，茅茨不翦，采椽不斲，飯土簋，歠土鉶，糲粱之飯，藜藿之羹，夏日葛衣，冬日鹿裘。」是約己也。文帝嘗欲作露臺，召匠計之，曰直百金。帝曰：「百金，中人十家之產，何以臺爲！」宮室苑囿無所增益，有不便，輒弛以利人，是愛人也。

父卒，襲封。出爲弘農太守，轉右扶風。公事去官，徵拜城門校尉，轉將作大匠，遷少府，又轉大鴻臚。時恩澤諸侯以無勞受封，羣臣不悅而莫敢諫，典獨奏曰：「夫無功而賞，勞者不勸，上忝下辱，亂象干度。〔一〕且高祖之誓，非功臣不封。〔二〕宜一切削免爵土，以存舊典。」帝不從。頃之，轉太僕，遷太常。朝廷每有災異疑議，輒諮問之。〔三〕典據經正對，無所曲折。每得賞賜，輒分與諸生之貧者。後以諫爭違旨，免官就國。

〔一〕左傳曰：「國無政，不用善，則自取讁於日月之災，故政不可不慎。務三而已，一曰擇人，二曰因人，三曰從時。」前書曰，成帝時，同日封王氏五侯，其日，天氣赤，黃霧四塞。哀帝封丁、傅日亦然。是不用善人，則亂象干度。

〔二〕史記功臣侯表曰：「高祖與功臣約曰：『非劉氏不王，非有功不侯。不如是，天下共擊之。』」

〔三〕謝承書曰「天子宗典道懿，尊爲國師，位特進。七爲列卿，寢布被，食用瓦器」也。

會帝崩，時禁藩國諸侯不得奔弔，典慨然曰：「身從衣褐之中，致位上列。〔一〕且鳥烏反哺報德，況於士邪！」〔二〕遂解印綬符策付縣，而馳到京師。州郡及大鴻臚並執處其罪，而公卿百寮嘉典之義，表請以租自贖，詔書許之。再遷長樂少府、衞尉。公卿復表典篤學博聞，宜備國師。會病卒，〔三〕使者弔祠。竇太后復遣使兼贈印綬，謚曰獻侯。

〔一〕褐，織毛布之衣，貧者所服。

〔二〕小爾雅曰：「純黑而反哺者謂之烏。」春秋元命包曰：「烏，孝鳥也。」

〔三〕謝承書曰：「靈帝卽位，典與竇武、王暢、陳蕃等謀共誅中常侍曹節、侯覽、趙忠等，皆下獄自殺。」不言病卒。

典兄子謙，謙弟溫，相繼爲三公。

謙字彦信，初平元年，代黃琬爲太尉。獻帝遷都長安，以謙行車騎將軍，爲前置。明年病罷。復爲司隸校尉。車師王侍子爲董卓所愛，數犯法，謙收殺之。卓大怒，殺都官從事，而素敬憚謙，故不加罪。轉爲前將軍，遣擊白波賊，有功，封郫侯。〔一〕李傕殺司徒王允，復代允爲司徒，數月病免，拜尙書令。是年卒，謚曰忠侯。

〔一〕郫音盤眉反。

溫字子柔，初爲京兆(郡)丞，〔一〕歎曰：「大丈夫當雄飛，安能雌伏！」遂棄官去。遭歲大飢，散家糧以振窮餓，所活萬餘人。獻帝西遷都，爲侍中，同輿輦至長安，封江南亭侯，代楊彪爲司空，免，頃之，復爲司徒，錄尙書事。

〔一〕前書，三輔丞，武帝元鼎四年置，秩六百石。

時李傕與郭汜相攻，傕遂虜掠禁省，刦帝幸北塢，外內隔絕。傕素疑溫不與己同，乃內溫於塢中，又欲移乘輿於黃白城。溫與傕書曰：「公前託爲董公報讎，然實屠陷王城，殺戮大臣，天下不可家見而戶說也。今與郭汜爭睚眥之隙，以成千鈞之讎，〔一〕人在塗炭，各不聊生。曾不改悟，遂成禍亂。朝廷仍下明詔，欲令和解。上命不行，威澤日損。而復欲移轉乘輿，更幸非所，此誠老夫所不達也。於易，一爲過，再爲涉，三而弗改，滅其頂，凶。〔二〕不如早共和解，引軍還屯，上安萬乘，下全人民，豈不幸甚。」傕大怒，欲遣人殺溫。（董卓）〔李傕〕從弟應，溫故掾也，諫之數日，乃獲免。

〔一〕睚眥，解見竇融傳。三十斤爲鈞，言其重。

〔二〕滅，沒也。周易大過上六曰，「過涉滅頂，凶。」王弼曰：「處大過之極，過之甚者也。涉難過甚，故至于滅頂，凶也。」

溫從車駕都許。建安十三年，以辟司空曹操子丕爲掾，操怒，奏溫辟（忠）臣子弟，選舉不實，免官。是歲卒，年七十二。

贊曰：宣、鄭、二王，奉身清方。杜林據古，張湛矜莊。典以義黜，〔一〕宮由德揚。大儀鵠髮，見表憲王。〔二〕少卿志仕，終乘高箱。

〔一〕謂棄郡奔喪，以租贖罪也。

〔三〕鵠髮，白髮。

校勘記

九二七頁四行　常稱疾不仕　按：汲本「稱疾」作「寢疾」。

九二七頁二一行　以喻(類)〔煩〕雜也　據汲本、殿本改。

九二八頁一行　即賜布帛帳帷什物　按：刊誤謂「帳帷」當作「帷帳」，注文先解帷，後解帳，是其次矣。

九二八頁二行　帝敏惜之　刊誤謂「敏」當作「愍」。今按：校補引錢大昭說，謂敏與閔古字通。又謂前書人表「宋愍公」，徐幹中論作「敏公」，是敏亦與愍通，皆不須改字。

九二八頁一三行　家人有嚴君〔焉〕　據汲本、殿本補。

九三一頁八行　更始時遵爲大司馬〔護軍〕　據聚珍本東觀記補，與前書陳遵傳合。

九三一頁一〇行　上麥(一)〔二〕千斛　據汲本、殿本改。

九三三頁一三行　王莽時寢病不仕　按：殿本「寢」作「稱」。

九三三頁二一行　遣使者問良所苦疾　按：汲本、殿本「苦疾」作「疾苦」。

九三五頁一四行　不畏乎天不媿乎人　按：汲本、殿本兩「乎」字並作「于」。

九三五頁一五行　以爲持書平　按：刊誤謂案文多一「平」字。蓋舊作「治書」，讀者以平音治字，章懷已改作「持」，後人又妄留「平」字也。

九三七頁一行　雖遭難困　按：汲本、殿本「難」作「艱」。

九三七頁八行　后稷近周人戶知之又據以興基由其祚　汲本、殿本「戶」作「所」。按：校補謂原文作「后稷近周，民戶知之。世據以興，基由其祚」，東觀記及續志注所引並同。「戶」作「所」，乃字之譌。「民」改「人」，「世」改「又」，則避太宗諱也。

九三九頁二行　（若）〔苦〕以車重　據校補改，與東觀記合。

九三九頁一二行　人之所助者（順）〔信〕　據易繫辭改。

九四〇頁一行　天之所助者（信）〔順〕人之所助者（順）〔信〕　據易繫辭改。

九四〇頁九行　陳洮　按：集解引惠棟說，謂御覽、六帖引東觀記「洮」皆作「兆」。

九四一頁二行　遷字子廬　集解引何焯說，謂漢官儀作「子閭」。今按：明帝紀注引漢官儀作「子閭」。

九四三頁四行　懼於臧文竊位之罪　按：王先謙謂懼於文義未安，疑「於」當作「干」，或「干」誤寫爲「于」，後人改作「於」耳。「竊慕」與「懼干」正相對爲文。

九四三頁一四行　信陽侯陰就　錢大昭謂陰興傳作「新陽侯」，新信古字通。按：校補謂馮衍傳仍作「新陽侯」，又后紀亦作「新陽侯世子陰豐」，注同，今安徽太和縣西北有信陽城，則新陽固即信陽矣。

九四四頁二行　後與妻子之蒙陰山　按：集解引惠棟說，謂東觀記作「華陰山」，或宮從漢中之華陰也。

九四五頁八行　數納忠言陳政論議切愨　集解引何焯說，謂「政」下當有脫文。今按：「陳政」二字疑衍。東觀記作「數納忠諫，論議切直」，無「陳政」二字，可證也。

九四六頁五行　養孤兒子　按：汲本、殿本並作「養孤兒兒子」，聚珍本東觀記同。校補謂鮑永傳「悉財產與孤弟子」，此直當作「孤兒子」，「兒」字乃涉下「兒」字誤衍也。

九四八頁一三行　且烏烏反哺報德　按：汲本、殿本「烏烏」作「烏鳥」，誤。

九四九頁一行　竇太后復遣使秉贈印綬　按：李慈銘謂「秉」蓋是「策」字之誤。

九四九頁六行　以謙行車騎將軍　刊誤謂案文少一「事」字。今按：范書凡書行某某事往往省一「事」字，非必脫文也。

九四九頁九行　謚曰忠侯　按：李慈銘謂華陽國志作「惠侯」。

九四九頁一二行　初爲京兆(郡)丞　校補引錢大昭說，謂京兆兩漢皆不稱郡，此「郡」字衍。今據刪。

九五〇頁五行　(董卓)〔李傕〕從弟應　集解引惠棟說，謂袁宏紀云李傕從弟。王先謙謂「董卓」二字實傳寫之誤。今據改。

九五〇頁一〇行　奏溫辟(忠)臣子弟　集解引何焯說，謂「忠」字衍。張森楷校勘記謂魏志文帝紀注引獻帝起居注無「忠」字，何說有本。今據刪。

九五〇頁一四行 謂棄郡奔喪 按：校補謂「郡」當作「國」。

後漢書卷二十八上

桓譚馮衍列傳第十八上

桓譚字君山，沛國相人也。〔一〕父成帝時爲太樂令。譚以父任爲郎，因好音律，〔二〕善鼓琴。博學多通，徧習五經，皆詁訓大義，不爲章句。〔三〕能文章，尤好古學，數從劉歆、楊雄辯析疑異。性嗜倡樂，〔四〕簡易不修威儀，而憙非毁俗儒，由是多見排抵。〔五〕

〔一〕相，縣名，故城在今徐州符離縣西北。
〔二〕宫、商、角、徵、羽謂之五聲，聲成文謂之音。律謂六律，黄鍾、太蔟、姑洗、蕤賓、無射、夷則。
〔三〕說文曰：「詁，訓古言也。」章句謂離章辨句，委曲枝派也。
〔四〕倡，俳優也。
〔五〕抵，擊也，音紙。

哀平閒，位不過郎。傅皇后父孔鄉侯晏深善於譚。〔一〕是時高安侯董賢寵幸，女弟爲昭儀，皇后日已疏，晏嘿嘿不得意。譚進說曰：「昔武帝欲立衞子夫，陰求陳皇后之過，〔二〕

而陳后終廢，子夫竟立。今董賢至愛而女弟尤幸，殆將有子夫之變，可不憂哉！」晏驚動，曰：「然，爲之柰何？」譚曰：「刑罰不能加無罪，邪枉不能勝正人。夫士以才智要君，女以媚道求主。皇后年少，希更艱難，或驅使醫巫，外求方技，此不可不備。又君侯以后父尊重而多通賓客，必借以重埶，貽致譏議。不如謝遣門徒，務執謙慤，此脩己正家避禍之道也。」晏曰「善」。遂罷遣常客，〔三〕入白皇后，如譚所戒。後賢果風太醫令眞欽，使求傅氏罪過，遂逮后弟侍中喜，詔獄無所得，乃解，故傅氏終全於哀帝之時。及董賢爲大司馬，聞譚名，欲與之交。譚先奏書於賢，說以輔國保身之術，賢不能用，遂不與通。當王莽居攝篡弒之際，天下之士，莫不競襃稱德美，作符命以求容媚，譚獨自守，默然無言。莽時爲掌樂大夫，更始立，召拜太中大夫。

〔一〕傅皇后，哀帝后。

〔二〕子夫，衞皇后也。本平陽主家謳者，得幸於武帝，生男據，遂立爲皇后。陳皇后，武帝姑長公主嫖女也。擅寵十餘年，無子，聞子夫得幸，幾死者數焉，上怒，遂挾婦人媚道，事覺，廢居長門宮。嫖音匹妙反。見前書。

〔三〕「常」或作「賓」。

世祖卽位，徵待詔，上書言事失旨，不用。後大司空宋弘薦譚，拜議郎給事中，因上疏陳時政所宜，曰：

臣聞國之廢興，在於政事；政事得失，由乎輔佐。輔佐賢明，則俊士充朝，而理合世務；輔佐不明，則論失時宜，而舉多過事。夫有國之君，俱欲興化建善，然而政道未理者，其所謂賢者異也。昔楚莊王問孫叔敖曰：「寡人未得所以爲國是也。」〔一〕叔敖曰：「國之有是，衆所惡也，恐王不能定也。」王曰：「不定獨在君，亦在臣乎？」對曰：「君驕士，曰士非我無從富貴；士驕君，曰君非士無從安存。人君或至失國而不悟，士或至飢寒而不進。君臣不合，則國是無從定矣。」莊王曰：「善。願相國與諸大夫共定國是也。」〔二〕蓋善政者，視俗而施教，察失而立防，威德更興，文武迭用，然後政調於時，而躁人可定。〔三〕昔董仲舒言「理國譬若琴瑟，其不調者則解而更張」。〔四〕夫更張難行，而拂衆者亡，〔五〕是故賈誼以才逐，而朝錯以智死。〔六〕世雖有殊能而終莫敢談者，懼於前事也。

〔一〕莊王名旅，穆王商臣之子也。孫叔敖，楚賢相也。言欲爲國於是，未知何以得之。
〔二〕事見新序。
〔三〕躁猶動也，謂躁撓不定之人也。
〔四〕事見前書。
〔五〕拂，違也，音扶弗反。

〔六〕賈誼，洛陽人也。事文帝爲博士，每詔令下，諸老先生未能言，誼盡爲之對，人人各如其志所出。絳、灌之屬害之，文帝亦疏之，乃以誼爲長沙太傅。朝錯，潁川人也。事文帝爲太子家令，號曰「智囊」。景帝即位，爲御史大夫，請削諸侯（之）〔支〕郡。後七國反，以誅錯爲名，遂腰斬錯。見前書。

且設法禁者，非能盡塞天下之姦，皆合衆人之所欲也，大抵取便國利事多者，則可矣。夫張官置吏，以理萬人，縣賞設罰，以別善惡，惡人誅傷，則善人蒙福矣。今人相殺傷，雖已伏法，而私結怨讎，子孫相報，後忿深前，至於滅戶殄業，而俗稱豪健，故雖有怯弱，猶勉而行之，此爲聽人自理而無復法禁者也。今宜申明舊令，若已伏官誅而私相傷殺者，雖一身逃亡，皆徙家屬於邊，其相傷者，加常二等，不得雇山贖罪。〔一〕如此，則仇怨自解，盜賊息矣。

〔一〕雇山，解見光武紀。

夫理國之道，舉本業而抑末利，是以先帝禁人二業，錮商賈不得宦爲吏，〔二〕此所以抑并兼長廉恥也。今富商大賈，多放錢貨，中家子弟，爲之保役，〔三〕趨走與臣僕等勤，收稅與封君比入，〔三〕是以衆人慕效，不耕而食，至乃多通侈靡，以淫耳目。今可令諸商賈自相糾告，若非身力所得，皆以臧畀告者。〔四〕如此，則專役一己，不敢以貨與人，事寡力弱，必歸功田畝。田畝修，則穀入多而地力盡矣。

〔一〕高祖時，令賈人不得衣絲乘車，市井子孫不得宦爲吏。

〔二〕中家猶中等也。保役，可保信也。

〔三〕收稅謂舉錢輸息利也。東觀記曰「中家子爲之保役，受計上疏，趨走俯伏，譬若臣僕，坐而分利」也。

〔四〕畀，與也。東觀記載譚言曰：「賈人多通侈靡之物，羅紈綺繡，雜綵玩好，以淫人耳目，而竭盡其財。是爲下樹奢媒而置貧本也。求人之儉約富足，何可得乎？夫俗難卒變，而人不可暴化。宜抑其路，使之稍自衰焉。」畀音必二反。

又見法令決事，輕重不齊，或一事殊法，同罪異論，姦吏得因緣爲市，所欲活則出生議，所欲陷則與死比，是爲刑開二門也。今可令通義理明習法律者，校定科比，〔一〕一其法度，班下郡國，蠲除故條。如此，天下知方，而獄無怨濫矣。〔二〕

〔一〕科謂事條，比謂類例。

〔二〕方猶法也。

書奏，不省。

是時帝方信讖，多以決定嫌疑。又酬賞少薄，天下不時安定。譚復上疏曰：

臣前獻瞽言，未蒙詔報，不勝憤懣，冒死復陳。愚夫策謀，有益於政道者，以合人心而得事理也。凡人情忽於見事而貴於異聞，觀先王之所記述，咸以仁義正道爲本，非有奇怪虛誕之事。蓋天道性命，聖人所難言也。自子貢以下，不得而聞，況後世淺儒，能通之乎！〔一〕今諸巧慧小才伎數之人，增益圖書，矯稱讖記，〔二〕以欺惑貪邪，詿誤人主，焉可不抑遠之哉！〔三〕臣譚伏聞陛下窮折方士黃白之術，甚爲明矣；〔四〕而乃欲聽納讖記，又何誤也！其事雖有時合，譬猶卜數隻偶之類。〔五〕陛下宜垂明聽，發聖意，屏羣小之曲說，述五經之正義，略雷同之俗語，詳通人之雅謀。〔六〕

〔一〕論語子貢曰：「夫子之文章，可得而聞也。夫子之言性與天道，不可得而聞也。」鄭玄注云：「性謂人受血氣以生，有賢愚吉凶。天道，七政變動之占也。」

〔二〕伎謂方伎，醫方之家也。數謂數術，明堂、羲和、史、卜之官也。圖書卽讖緯符命之類也。

〔三〕東觀記載譚書云「矯稱孔丘，爲讖記以誤人主」也。

〔四〕黃白謂以藥化成金銀也。方士，有方術之士也。

〔五〕言偶中也。

〔六〕靁之發聲，衆物同應。俗人無是非之心，出言同者謂之靁同。禮記曰：「無靁同。」

又臣聞安平則尊道術之士，有難則貴介胄之臣。〔一〕今聖朝興復祖統，爲人臣主，而四方盜賊未盡歸伏者，此權謀未得也。臣譚伏觀陛下用兵，諸所降下，既無重賞以相恩誘，或至虜掠奪其財物，是以兵長渠率，各生狐疑，黨輩連結，歲月不解。古人有言曰：「天下皆知取之爲取，而莫知與之爲取。」〔二〕陛下誠能輕爵重賞，與士共之，則何招而不至，何說而不釋，何向而不開，何征而不剋！如此，則能以狹爲廣，以遲爲速，亡者復存，失者復得矣。

〔一〕介，甲也。胄，兜鍪也。

〔二〕言先饒與之，後乃可取之。老子曰：「將欲廢之，必固與之；將欲奪之，必固與之。」

帝省奏，愈不悅。

其後有詔會議靈臺所處，〔一〕帝謂譚曰：「吾欲〔以〕讖決之，何如？」譚默然良久，曰：「臣不讀讖。」帝問其故，譚復極言讖之非經。帝大怒曰：「桓譚非聖無法，將下斬之。」譚叩頭流血，良久乃得解。出爲六安郡丞，〔二〕意忽忽不樂，道病卒，時年七十餘。

〔一〕陽衒之洛陽記曰「平昌門直南大道，東是明堂大道，西是靈臺」也。

〔二〕六安郡故城在今壽州安豐縣南。

初，譚著書言當世行事二十九篇，號曰新論，上書獻之，世祖善焉。〔一〕琴道一篇未成，肅宗使班固續成之。〔二〕所著賦、誄、書、奏，凡二十六篇。

〔一〕新論一曰本造，二王霸，三求輔，四言體，五見徵，六譴非，七啓寤，八祛蔽，九正經，十識通，十一離事，十二道賦，十三辨惑，十四述策，十五閔友，十六琴道。本造、述策、閔友、琴道各一篇，餘並有上下。東觀記曰：「光武讀之，勑言卷大，令皆別爲上下，凡二十九篇。」

〔三〕東觀記曰：「琴道未畢，但有發首一章。」

元和中，肅宗行東巡狩，至沛，使使者祠譚冢，鄉里以爲榮。

馮衍字敬通，京兆杜陵人也。〔一〕祖野王，元帝時爲大鴻臚。〔二〕衍幼有奇才，年九歲，能誦詩，至二十而博通羣書。王莽時，諸公多薦舉之者，衍辭不肯仕。

〔一〕東觀記曰：「其先上黨潞人，曾祖父奉世徙杜陵。」

〔二〕野王字君卿，奉世之長子也。東觀記曰：「野王生座，襲父爵爲關內侯，座生衍。」華嶠書曰：「衍祖父立，生滿，年十七喪父，早卒，滿生衍。」

時天下兵起，莽遣更始將軍廉丹討伐山東。丹辟衍爲掾，與俱至定陶。莽追詔丹曰：「倉廩盡矣，府庫空矣，可以怒矣，可以戰矣。將軍受國重任，不捐身於中野，無以報恩塞責。」丹惶恐，夜召衍，以書示之。衍因說丹曰：「衍聞順而成者，道之所大也；逆而功者，權之所貴也。〔一〕是故期於有成，不問所由；論於大體，不守小節。昔逢丑父伏軾而使其君取飲，稱於諸侯；〔二〕鄭祭仲立突而出忽，終得復位，美於春秋。蓋以死易生，以存易亡，君子之道也。〔三〕詭於衆意，寧國存身，賢智之慮也。〔四〕故易曰『窮則變，變則通，通則久，是以自天祐之，吉，無不利』。〔五〕若夫知其不可而必行之，破軍殘衆，無補於主，身死之日，負義於時，〔六〕智者不爲，勇者不行。且衍聞之，得時無怠。〔七〕張良以五世相韓，椎秦始皇博浪之中，〔八〕勇冠乎賁、育，名高乎太山。〔九〕將軍之先，爲漢信臣。〔一〇〕新室之興，英俊不附。今海內潰亂，人懷漢德，甚於詩人思召公也，愛其甘棠，而況子孫乎？人所歌舞，天必從之。〔一一〕方今爲將軍計，莫若屯據大郡，鎭撫吏士，砥厲其節，百里之內，牛酒日賜，納雄桀之士，詢忠智之謀，要將來之心，待從横之變，興社稷之利，除萬人之害，則福祿流於無窮，功烈著於不滅。何與軍覆於中原，身膏於草野，〔一二〕功敗名喪，恥及先祖哉？聖人轉禍而爲福，智士因敗而爲功，願明公深計而無與俗同。」丹不能從。進及睢陽，復說丹曰：「蓋聞明者見於無形，智者慮於未萌，況其昭晳者乎？〔一三〕凡患生於所忽，禍發於細微，〔一四〕敗不可悔，時不可失。公孫鞅曰：『有高人之行，負非於世；有獨見之慮，見贅於人。』〔一五〕故信庸庸之論，破金石之策，〔一六〕襲當世之操，失高明之德。夫决者智之君也，疑者事之役也。〔一七〕時不重至，公勿再計。」丹不聽，遂進及無鹽，與赤眉戰死。〔一八〕衍乃亡命河東。〔一九〕

〔一〕於正道雖違逆而事有成功者，謂之權，所謂反經合義者也。

〔二〕左氏傳，齊晉戰于鞌，晉卿韓厥逐及齊侯，齊臣逢丑父乃與齊侯易位，使齊侯御車。韓厥將及齊侯，丑父令齊侯如華泉取飲，韓厥乃獻丑父於郤克。郤克將戮之，呼曰：「自今無有代其君任患者；有一於此，將爲戮矣！」郤子曰：「人不難以死免其君，我戮之不祥，赦之以勸事君者。」

〔三〕祭仲，鄭大夫，突及忽皆鄭莊公子也。莊公薨，太子忽當立。公子突，宋之出也，故宋人執鄭祭仲。公羊傳曰：「祭仲何以不名？賢也。何賢乎？以爲知權。其知權柰何？宋人執之，謂曰：『爲我出忽而立突』。祭仲不從其言，則君必死，國必亡；從其言，則君可以生易死，國可以存易亡。古人有權者，祭仲是也。權者反乎經，後有善者也。行權有道。殺人以自生，亡人以自存，君子不爲也。」

〔四〕詭，違也。

〔五〕皆周易下繫之詞。

〔六〕負猶失也。

〔七〕怠，懈也，言當急趨時。

〔八〕張良大父開地相韓昭侯、宣惠王、襄哀王，父平相釐王、悼惠王。五代相韓，謂良父及祖相韓之五王也。後秦滅韓，良家僮三百人，乃悉以家財求客刺秦王。得力士，爲鐵椎重百二十斤，擊始皇於博浪沙中。博浪，地名，在鄭州陽武縣南。椎音直追反，謂擊之也。

〔九〕孟賁、夏育，並古之勇士也。前書音義曰：「孟賁生拔牛角。夏育，衞人，力舉千鈞。」

〔一〇〕廉褒，襄武人，宣帝時爲後將軍，即丹之先。

〔一一〕詩小雅曰：「雖無德與汝，式歌且舞。」言漢氏之德，人歌舞之也。尙書曰：「人之所欲，天必從之。」

〔一二〕與猶如也。

〔一三〕晳，明也。商鞅謂秦孝公曰：「愚者闇於成事，智者見於未萌。」

〔四〕司馬相如曰「禍故多臧於隱微，而發於人之所忽」也。

〔五〕語見史記商君傳。贅猶惡也。史記「贅」作「疑」。

〔六〕庸，常也。金石以諭堅也。

〔七〕役猶賤也。

〔八〕無鹽，縣名，屬東平郡，故城在今鄆州須昌縣東。

〔九〕華嶠書曰：「丹死，衍西歸，吏以亡軍，下司命乘傳逐捕，故亡命。」

更始二年，遣尚書僕射鮑永行大將軍事，安集北方。〔一〕衍因以計說永曰：

〔一〕永字君長，司隸校尉宣之子。

衍聞明君不惡切愨之言，以測幽冥之論；忠臣不顧爭引之患，以達萬機之變。〔一〕是故君臣兩興，功名兼立，銘勒金石，令問不忘。今衍幸逢寬明之日，將值危言之時，〔二〕豈敢拱默避罪，而不竭其誠哉！

〔一〕愨，實也。幽冥諭深遠也。爭引謂引事與君爭也。事非一塗，故曰萬機之變也。書曰：「一日二日萬機。」東觀記：「衍更始時爲偏將軍，與鮑永相善。更始既敗，固守不以時下。建武初，爲揚化大將軍掾，辟鄧禹府，數奏記於禹，陳政言事。」自「明君」以下，皆是諫鄧禹之詞，非勸鮑永之說，不知何據，有此乖違。

〔二〕危猶高也。論語曰：「天下有道，危言危行。」

伏念天下離王莽之害久矣。始自東郡之師，〔一〕繼以西海之役，〔二〕巴、蜀沒於南夷，〔三〕緣邊破於北狄，〔四〕遠征萬里，暴兵累年，〔五〕禍挐未解，兵連不息，〔六〕刑法彌深，〔七〕賦斂愈重。衆彊之黨，橫擊於外，百僚之臣，貪殘於內，元元無聊，飢寒並臻，父子流亡，夫婦離散，廬落丘墟，田疇蕪穢，疾疫大興，災異蜂起。於是江湖之上，海岱之濱，風騰波涌，更相駘藉，〔八〕四垂之人，肝腦塗地，死亡之數，不啻太半，殃咎之毒，痛入骨髓，匹夫僮婦，咸懷怨怒。〔九〕皇帝以聖德靈威，龍興鳳舉，率宛、葉之衆，將散亂之兵，喢血昆陽，長驅武關，破百萬之陳，摧九虎之軍，〔一〇〕雷震四海，席卷天下，〔一一〕攘除禍亂，誅滅無道，一朞之閒，海內大定。繼高祖之休烈，修文武之絕業，社稷復存，炎精更輝，德冠往初，功無與二。〔一二〕天下自以去亡新，就聖漢，當蒙其福而賴其願。樹恩布德，易以周洽，其猶順驚風而飛鴻毛也。〔一三〕然而諸將虜掠，逆倫絕理，〔一四〕殺人父子，妻人婦女，燔其室屋，略其財產，飢者毛食，寒者裸跣，〔一五〕冤結失望，無所歸命。今大將軍以明淑之德，秉大使之權，統三軍之政，存撫并州之人，惠愛之誠，加乎百姓，高世之聲，聞乎羣士，故其延頸企踵而望者，非特一人也。且大將軍之事，豈得珪璧其行，束修其心而已哉？〔一六〕將定國家之大業，成天地之元功也。昔周宣中興之主，齊桓霸彊之君耳，猶有申伯、召虎、夷吾、吉甫〔一七〕攘其蝥賊，〔一八〕安其疆宇。況乎萬里之漢，明帝復興，而大將軍爲之梁棟，此誠不可以忽也。〔一九〕

〔一〕離，遭也。莽居攝元年，翟義起兵於東郡，莽發八將軍以擊之。東郡，今滑州也。

〔二〕莽居攝元年，西羌龐恬、傅幡等怨莽奪其地爲西海郡，攻西海太守程永，莽遣護羌校尉竇況擊之。

〔三〕莽篡位，貶西南夷昫町王爲侯，王邯怨恨，攻益州，殺大尹程隆。莽發巴、蜀吏士擊之，出入三年，死者十七八。

〔四〕莽〔始〕建國三年，烏珠單于遣左賢王入雲中，大殺吏人，大輩萬餘，中輩數千，殺鴈門、朔方太守，略吏人畜產不可勝數，緣邊虛耗也。

〔五〕暴，露也。

〔六〕拏謂相連引也。

〔七〕莽以地皇元年以後爲不須時令，自是春夏斬人於市。

〔八〕莽時江湖海澤麋沸，青、徐、荆、楚之地搔擾。前書音義曰：「跆，蹋也。」今此爲「駘」，古字通。

〔九〕僮猶賤也。

〔一〇〕莽末，下江兵鄧曄、（王）〔于〕匡攻武關，莽乃拜將軍九人，皆以虎爲號，以捍匡等。〔匡等〕擊破六虎，敗走三虎，乃保京師倉，鄧曄等乃開武關迎更始。

〔一一〕席卷言無餘也。

〔一二〕此上二句，司馬相如封禪書之詞。

〔一三〕言其易也。王褒聖主得賢臣頌曰「翼乎如鴻毛遇順風」也。

〔一四〕倫亦理也。

〔一五〕毛，草也。臣賢案：衍集「毛」字作「無」，今俗語猶然者，或古亦通乎？

〔一六〕言當恢廓規摹，不可空自清絜，徒約束修身而已。

〔一七〕申伯，周宣王之元舅也；召虎，召穆公也；吉甫謂尹吉甫也：皆周宣王臣，並見毛詩。夷吾，管仲之字也。

〔一八〕蟊賊，食禾稼蟲名，諭姦盜侵漁也。蟊音牟。

〔一九〕左傳子產謂子皮曰：「子於鄭國，棟也。棟折榱崩，僑將壓焉。」

且衍聞之，兵久則力屈，人愁則變生。今邯鄲之賊未滅，眞定之際復擾，〔一〕而大將軍所部不過百里，守城不休，戰軍不息，兵革雲翔，百姓震駭，柰何自怠，不爲深憂？夫幷州之地，東帶名關，北逼彊胡，〔二〕年穀獨孰，人庶多資，斯四戰之地，攻守之場也。如其不虞，何以待之？故曰「德不素積，人不爲用。備不豫具，難以應卒」。〔三〕今生人之命，縣於將軍，將軍所杖，必須良才，宜改易非任，更選賢能。夫十室之邑，必有忠信。〔四〕審得其人，以承大將軍之明，雖則山澤之人，無不感德，思樂爲用矣。然後簡精銳之卒，發屯守之士，三軍既整，甲兵已具，相其土地之饒，觀其水泉之利，制屯田之術，習戰射之教，則威風遠暢，人安其業矣。若鎮太原，撫上黨，收百姓之歡心，樹名賢之良佐，天下無變，則足以顯聲譽，一朝有事，則可以建大功。惟大將軍開日月之明，發深淵之慮，監六經之論，觀孫吳之策，〔五〕省羣議之是非，詳衆士之白黑，〔六〕以超周南之迹，垂甘棠之風，令夫功烈施於千載，富貴傳于無窮。伊、望之策，何以加茲！〔七〕

〔一〕邯鄲謂王郎也。眞定謂劉楊也。

〔二〕井陘關也。要害之塞，故曰名關。東觀記作「石陘關」。

〔三〕史記子貢說晉君曰：「慮不先定，不可以應卒。」卒音倉忽反。

〔四〕東觀記曰：「無謂無賢，路有聖人。」

〔五〕孫武，吳王闔廬將；吳起，魏文侯將：並著兵書也。

〔六〕白黑猶賢愚也。

〔七〕伊尹、呂望。

永既素重衍，爲且受使得自置偏裨，乃以衍爲立漢將軍，〔一〕領狼孟長，屯太原，〔二〕與上黨太守田邑等繕甲養士，扞衞并土。

〔一〕東觀記曰「時永得置偏裨將五人」也。

〔二〕狼孟，縣名，屬太原郡，故城在今并州陽曲縣東北。

及世祖即位，遣宗正劉延攻天井關，與田邑連戰十餘合，延不得進。邑迎母弟妻子，爲延所獲。〔一〕後邑聞更始敗，乃遣使詣洛陽獻璧馬，即拜爲上黨太守。〔二〕因遣使者招永、衍，永、衍等疑不肯降，而忿邑背前約，〔三〕衍乃遺邑書曰：

〔一〕東觀記曰：「鄧禹使積弩將軍馮愔將兵擊邑，愔悉得邑母弟妻子。」

〔二〕東觀記曰，遣騎都尉弓里游、諫大夫何叔武，即拜邑爲上黨太守。

〔三〕東觀記，衍與邑素誓刎頸，俱受重任。

蓋聞晉文出奔而子犯宣其忠，〔一〕趙武逢難而程嬰明其賢，〔二〕二子之義當矣。今三王背畔，赤眉危國，〔三〕天下蠭動，社稷顚隕，〔四〕是忠臣立功之日，志士馳馬之秋也。伯玉擢選剖符，專宰大郡。〔五〕夫上黨之地，有四塞之固，東帶三關，西爲國蔽，〔六〕柰何舉之以資彊敵，開天下之匈，假仇讎之刃？豈不哀哉！〔七〕

〔一〕晉文公重耳避驪姬之難出奔，狐偃勸令返國，遂爲霸主。子犯即狐偃字也。

〔二〕趙盾，晉卿，生趙朔，朔娶晉成公姊爲夫人。晉景公三年，大夫屠岸賈誅趙氏，殺趙朔，滅其族。朔妻有遺腹，走公宮。趙朔客程嬰、公孫杵臼。杵臼謂程嬰曰：「胡不死？」程嬰曰：「朔之婦有遺腹，若幸而生男，吾奉之；卽女也，吾徐死耳。」居無何，朔妻生男，屠岸賈聞之，乃索於宮中。夫人置兒於絝中，祝曰：「趙宗滅乎，若(號)〔嘑〕。卽不滅，若無聲。」及索兒，竟無聲。程嬰曰：「今一索不得，後必復索之。」杵臼乃取它嬰兒負之匿山中。諸將共攻殺杵臼并孤兒，然趙氏眞孤乃在程嬰所，卽趙武也。居十五年，晉景公乃立趙武爲卿，而復其田邑。事見史記。

〔三〕三王見更始傳。

〔四〕蠭動諭衆。

〔五〕文帝初，與郡守始爲銅虎符、竹使符，分持其一，以爲瑞信。剖卽分也。

〔六〕三關謂上黨關、壺口關、石陘關也。陘音形。

〔七〕張儀說楚王曰：「秦下甲攻衞陽晉，大開天下智。」李斯曰：「所謂借寇兵而齎盜糧也。」

衍聞之，委質爲臣，無有二心；〔一〕挈瓶之智，守不假器。〔二〕是以晏嬰臨盟，擬以曲戟，不易其辭；〔三〕謝息守郕，脅以晉、魯，不喪其邑。〔四〕由是言之，內無鉤頸之禍，外無桃萊之利，〔五〕而被畔人之聲，蒙降城之恥，竊爲左右羞之。且邾庶其竊邑畔君，以要大利，曰賤而必書；莒牟夷以土地求食，而名不滅。是以大丈夫動則思禮，行則思義，未有背此而身名能全者也。〔六〕爲伯玉深計，莫若與鮑尙書同情勠力，顯忠貞之節，立超世之功。如以尊親係累之故，能捐位投命，歸之尙書，大義既全，敵人紓怨，〔七〕上不損剖符之責，下足救老幼之命，申眉高談，無愧天下。若乃貪上黨之權，惜全邦之實，衍恐伯玉必懷周趙之憂，上黨復有前年之禍。〔八〕昔晏平仲納延陵之誨，終免欒高之難；〔九〕孫林父違穆子之戒，故陷終身之惡。〔一〇〕以爲伯玉聞此至言，必若刺心，自非嬰城而堅守，則策馬而不顧也。〔一一〕聖人轉禍而爲福，智士因敗以成勝，願自彊於時，無與俗同。

〔一〕委質猶屈膝也。左傳曰：「策名委質，貳乃辟也。臣無二心，古之制也。」

〔二〕解見左傳。

〔三〕晏子春秋曰：「齊大夫崔杼弒齊莊公，乃劫諸大夫盟。有敢不盟者，戟鉤其頸，劍承其心，曰：『不與崔氏而與公室者，盟神視之，言不疾，指不至血者死。』所殺者七人，而後及晏子。晏子奉血仰天曰：『崔氏無道而殺其君，若有能復崔氏而嬰不與，盟〔神〕視之。』遂仰而飲血。崔氏曰：『晏子與我，則齊國吾與共之；不與我，則戟在脰，劍在心，子圖之。』晏子曰：『劫吾以刃而失其意，非勇也。留吾以利而背其君，非義也。詩云：「愷悌君子，求福不回。」嬰可回而求福乎？劍刃鉤之，直兵推之，嬰不革矣。』崔子遂釋之。」

〔四〕左傳，孟孫之家臣謝息。孟孫從魯昭公如楚，謝息爲孟孫守郕邑。晉人來理杞田，季孫將以郕邑與之。謝息不可，曰：「夫子從君而守臣喪邑，雖吾子亦有猜焉。」季孫曰：「君之在楚，於晉罪也。又不聽晉，魯罪重矣。晉師必至，吾無以待之。」謝息曰：「古人有言，『挈瓶之智，守不假器。』」季孫曰：「吾與子桃。」辭以無山，與之萊、柞，乃遷於桃。杜預注曰：「挈瓶，汲器，諭小智也。魯國（下）〔卞〕縣東南有桃虛。」萊、柞，二山名。

〔五〕臣賢案：謝息得桃邑萊山，故言「無桃萊之利」也。但爲「萊」字似「棗」，文又連「桃」，後學者以「桃棗」易明，「桃萊」難悟，不究始終，輒改「萊」爲「棗」。衍集又作「桒」，或改作「乘」，展轉乖僻爲謬矣。

〔六〕庶其，邾大夫，以邾邑漆、閭丘奔魯，故言竊邑畔君以要利也。牟夷，莒大夫，竊牟婁及防茲來奔；昭公三十一年，邾黑肱以濫來奔。左傳曰：「以地畔，求食而已，不求其名。賤而必書，以名其人，終爲不義，不可滅已。是故君子動則思禮，行則思義。或求名而不得，或欲蓋而名彰。此所謂三畔人名者也。

〔七〕紓，緩。音舒。

〔八〕史記曰，趙孝成王時，韓上黨（太）守馮亭使人至趙曰：「韓不守上黨，入之於秦，其吏人皆安爲趙，不欲爲秦。有城市邑十七，願再拜入之趙。」趙王大喜，召平陽君豹告曰：「馮亭入城市邑十七，受之何如？」豹曰：「聖人甚惡無故之利。夫秦蠶食韓氏，地中絕不令相通，韓氏所以不入於秦者，欲嫁其禍於趙，必勿受也。」趙王不聽，遂發兵取上黨，於是秦人圍趙，阬其卒四十萬。秦又圍邯鄲。又攻西周，拔之。故言懷周趙之憂。前年猶往時。

〔九〕延陵，邑名，吳公子季札所封，故以號焉。左傳魯襄二十九年，季札聘齊，見晏平仲。曰：「子速納邑與政。無邑無政，乃免於難。」晏子因陳桓子以納邑與政，是以免於欒高之難。欒謂子雅，高謂子尾，皆齊大夫。左氏魯昭公八年，欒高作難，晏子無罪。

〔一〇〕孫林父，衞大夫孫文子也。穆子，魯大夫叔孫豹也。左傳，衞侯使孫林父聘魯，且尋盟。公登亦登，叔孫穆子相儀，趨進曰：「諸侯之會，寡君未嘗後衞君。今吾子不後寡君，未知所過。」孫子無詞，亦無悛容。穆子曰：「孫子必亡。爲臣而君，過而不悛，亡之本也。」至襄十四年，孫林父逐出衞獻公。獻公復入國，林父遂以戚邑畔。是陷於終身之惡。

〔一一〕言不過爲二塗而已。

邑報書曰：

僕雖駑怯，亦欲爲人者也，豈苟貪生而畏死哉！曲戟在頸，不易其心，誠僕志也。閒者，老母諸弟見執於軍，而邑安然不顧者，豈非重其節乎？若使人居天地，壽如金石，要長生而避死地可也。今百齡之期，未有能至，老壯之閒，相去幾何。誠使故朝尚在，忠義可立，雖老親受戮，妻兒橫分，邑之願也。閒者，上黨黠賊，大衆圍城，義兵兩輩，入據井陘。邑親潰敵圍，拒擊宗正，〔一〕自試智勇，非不能當。誠知故朝爲兵所害，新帝司徒已定三輔，〔二〕隴西、北地從風響應。

其事昭昭，日月經天，河海帶地，不足以比。〔三〕死生有命，富貴在天。〔四〕天下存亡，誠云命也。邑雖沒身，能如命何？

〔一〕即劉延。
〔二〕謂鄧禹也。
〔三〕言明白也。
〔四〕論語子夏之詞。

夫人道之本，有恩有義，義有所宜，恩有所施。君臣大義，母子至恩。今故主已亡，義（無）〔其〕誰爲；老母拘執，恩所當留。而厲以貪權，誘以策馬，抑其利心，必其不顧，何其愚乎！

邑年三十，歷位卿士，性少嗜慾，情厭事爲。況今位尊身危，財多命殆，鄙人知之，何疑君子？

君長、敬通〔一〕揭節垂組，自相署立。〔二〕蓋仲由使門人爲臣，孔子譏其欺天。〔三〕君長據位兩州，加以一郡，〔四〕而河東畔國，兵不入彘，〔五〕上黨見圍，不窺大谷，〔六〕宗正臨境，莫之能援。兵威屈辱，國權日損，三王背畔，赤眉害主，未見兼行倍道之赴，若墨翟累繭救宋，申包胥重胝存楚，衞女馳歸唁兄之志。〔七〕主亡一歲，莫知定所，盧冀妄言，苟肆鄙塞。未能事生，安能事死？未知爲臣，焉知爲主？豈厭爲臣子，思爲君父乎！欲搖太山而蕩北海，〔八〕事敗身危，要思邑言。

〔一〕君長，鮑永字也。

〔二〕揭音其謁反，謂負也。

〔三〕孔子有疾，仲由欲使門人爲臣，以大夫之禮葬孔子。孔子謂曰：「由之行詐也！吾誰欺，欺天乎？」事具論語。

〔四〕衍集，鮑永行將軍事，安集幷州，擁兵屯太原，與太原李仲房同心幷力。

〔五〕聞更始敗，故諸國畔也。不入彘，言不征之也。彘，縣名，屬河東郡，順帝改曰永安。

〔六〕卽上所謂黠賊所圍城者也。大谷自太原趣上黨之道。不窺言不來救也。今幷州大谷縣西有大谷是也。

〔七〕衞女，衞宣公庶子頑之女，爲許穆公夫人，其兄卽戴公。弔失國曰唁。衞懿公爲狄所滅，戴公乃立廬于曹邑。許穆夫人閔衞亡，思歸唁之，不得，乃賦載馳之詩。事見左傳。

〔八〕言不可也。孟子曰「挾太山而超北海」也。

衍不從。或訛言更始隨赤眉在北，〔一〕永、衍信之，故屯兵界休，〔二〕方移書上黨，云皇帝在雍，以惑百姓。永遣弟升及子壻張舒誘降涅城，〔三〕舒家在上黨，邑悉繫之。又書勸永降，永不荅，〔四〕自是與邑有隙。邑字伯玉，馮翊人也，後爲漁陽太守。〔五〕永、衍審知更始已歿，乃共罷兵，幅巾降於河內。〔六〕

〔一〕訛，僞也。

〔二〕界休，縣，屬太原郡，今汾州縣。

〔三〕東觀記曰：「升及舒等謀使營尉李匡先反涅城，開門內兵，殺其縣長馮晏，立故謁者祝回爲涅長。」涅，縣名，屬上黨郡，故城在今潞州鄉縣西。涅音奴結反。

〔四〕東觀記載邑書曰：「愚聞丈夫不釋故而改圖，哲士不徼幸而出危。今君長故主敗不能死，新帝立不肯降，擁衆而據壁，欲襲六國之從。與邑同事一朝，內爲刎頸之盟，興兵背畔，攻取涅城。破君長之國，壞父母之鄉，首難結怨，輕弄凶器。人心難知，何意君長當爲此計。昔者韓信將兵，無敵天下，功不世出，略不再見，威執項羽，名出高帝，不知天時，就亨於漢。知伯分國，既有三晉，欲大無已，身死地分，頭爲飲器。君長銜命出征，擁帶徒士，上黨阸不能救，河東畔不能取，朝有顛沛之憂，國有分崩之禍，上無仇牧之節，下無不占之志。天之所壞，人不能支。君長將兵不與韓信同日而論，威行得衆不及智伯萬分之半，不見天時，不知厭足。欲明人臣之義，當先知故主之未然；欲貪天下之利，宜及新主之未爲。今故主已敗，新主既成，四海爲羅網，天下爲敵人，舉足遇害，動搖觸患，履深泉之薄冰不爲嗁，涉千鈞之發機不知懼，何如其知也？絕鮑氏之姓，廢子都之業，誦堯之言，服桀之行，悲夫命也。張舒內行邪孽，不遵孝友，疏其父族，外附妻黨，已收三族，將行其法。能逃不自詣者舒也，能夷舒宗者予也。」永邑遂結怨焉。

〔五〕東觀記曰：「邑，馮翊蓮芍人也。其先齊諸田，父豐，爲王莽著威將軍。邑有大節，涉學藝，能善屬文。爲漁陽太守，未到官，道病，徵還爲諫議大夫，病卒。」

〔六〕不加冠幘，但以一幅巾飾首而已。

帝怨衍等不時至，永以立功得贖罪，遂任用之，〔一〕而衍獨見黜。永謂衍曰：「昔高祖賞季布之罪，誅丁固之功。〔二〕今遭明主，亦何憂哉！」衍曰：「記有之，人有挑其鄰人之妻者，挑其長者，長者詈之，挑其少者，少者報之，後其夫死而取其長者。或謂之曰：『夫非罵爾者邪？』曰：『在人欲其報我，在我欲其罵人也。』〔三〕夫天命難知，人道易守，守道之臣，何患死亡？」頃之，帝以衍爲曲陽令，〔四〕誅斬劇賊郭勝等，降五千餘人，論功當封，以讒毀，故賞不行。

〔一〕立功謂說下懷。

〔二〕季布，項羽將。數窘漢王。漢王卽位，赦布以爲郎中。丁固，季布母弟。爲項羽將，亦窘高祖，高祖急，顧謂丁固曰：「兩賢豈相戹哉！」丁公引還。高祖卽位，丁固謁見。高祖曰：「使項王失天下者丁公也。」遂斬之。

〔三〕此並陳軫對秦王之詞也。見戰國策。引之者，言已爲故主守節，亦冀新帝重之也。挑音徒了反。

〔四〕曲陽，縣名，屬常山郡，故城在今定州（彭）〔鼓〕城縣西也。

建武六年日食，〔一〕衍上書陳八事：其一曰顯文德，二曰褒武烈，三曰修舊功，四曰招俊傑，五曰明好惡，六曰簡法令，七曰差秩祿，八曰撫邊境。書奏，帝將召見。初，衍爲狼孟長，以罪摧陷大姓令狐略，是時略爲司空長史，讒之於尚書令王護、尚書周生豐曰：「衍所以求見者，欲毀君也。」〔二〕護等懼之，卽共排閒，衍遂不得入。

〔一〕續漢志曰：「建武六年九月丙寅晦，日有食之，史官不見，郡以聞。」

〔三〕風俗通曰：「周生，姓也。」豫章舊志曰：「豐字偉防，太山南武陽人也。建武七年爲豫章太守，淸約儉惠。」

後衞尉陰興、新陽侯陰就以外戚貴顯，深敬重衍，衍遂與之交結，由是爲諸王所聘請，〔一〕尋爲司隸從事。帝懲西京外戚賓客，故皆以法繩之，大者抵死徙，其餘至貶黜。衍由此得罪，嘗自詣獄，有詔赦不問。〔二〕西歸故郡，閉門自保，不敢復與親故通。

〔一〕興及就並光烈皇后母弟也。衍集與陰就書曰：「衍聞神龍驤首，幽雲景蒸，明聖修德，志士思名。是以意同情合，聲比（則）〔相〕應也。伏見君侯忠孝之性，慈仁殷勤，論議周密，思慮深遠。顧以微賤，數蒙聖恩，被侯大惠。衍年老被病，恐一旦無祿，命先犬馬，懷抱不報，齎恨入冥，思剖肝膽，有以塞責。方今天下安定，四海咸服，蒙恩更生之臣，無所効其死力。側聞東平、山陽王壯當之國，擇除官屬，衍不自量，願侯白以衍備門衞。鄙語曰：『水不激不能破舟，矢不激不能飲羽。』不念舊惡，名賢所高。負責之臣，欲言不敢，惟侯哀憐，深留聖心，則闔棺之日，魂復何恨。」

〔二〕時衍又與就書曰：「奏曹掾馮衍叩頭死罪：衍材素愚駑，行義汙穢，外無鄉里之譽，內無汗馬之勞，猥蒙明府天覆之德，華寵重疊。間者，掾史疑衍之罪，衆煦飄山，當爲灰土。賴蒙明察，揆其素行，復保首領。倍知厚德篤於慈父，霑淫肌膚，滲漉骨髓，德重山岳，澤深河海。前送妻子還淄縣，遭雨逢暑，以七月還。至陽武，聞詔捕諸王賓客，惶怖詣闕，冀先事自歸。十一日到，十二日書報歸田里。卽日束手詣洛陽詔獄，十五日夜詔書勿問。得出，遭雨，又疾，大困。冀高世之德，施以田子老馬之惠，贈以秦穆駿馬之恩，使長有依歸，以効忠心。」

校勘記

九五五頁五行　性嗜倡樂　按：「嗜」原譌「著」，逕據汲本、殿本改正。

九五五頁五行　由是多見排抵　「抵」汲本、殿本作「抵」，注同。按：注云音紙，則字當作「抵」。

九五六頁一行　殆將有子夫之變　按：「變」原譌「父」，逕據汲本、殿本改正。

九五六頁五行　遂逮后弟侍中喜　刊誤謂傅喜非后弟，「喜」當作「嘉」。按：何焯謂董賢求傅氏罪事與前書參差不合。高武侯傅喜，孔鄉侯晏之從兄弟，安得復有后弟名喜為侍中者也？大抵范史事未核。沈家本謂按前書傅喜傳、董賢傳、外戚傳並無此事，又別無傅嘉其人，劉氏亦肊揣之詞，何說得之。

九五八頁三行　請削諸侯(之)〔支〕郡　張森楷校勘記謂「之」當作「支」，前書可證。今按：張說是。前書顏注「支郡，在國之四邊者也」。之與支聲近而譌。今據改。

九五八頁一二行　多放錢貨　汲本「錢」作「田」。按：今聚珍本東觀記作「多收田貨」。

九六一頁三行　胄兜鍪也　按：「鍪」原作「鍪」，譌字，逕據汲本、殿本改正。

九六一頁六行　吾欲〔以〕讖決之　按：校補引錢大昭說，謂閩本「欲」下有「以」字；又謂今案東觀記、袁紀、通鑑均有「以」字。又張森楷校勘記謂治要「欲」下有「以」字。今據補。

九六一頁七行　譚叩頭流血　按：「譚」字原脫，逕據汲本、殿本補。

九六二頁八行　出爲六安郡丞　按：袁紀作「六安太守丞」。

九六二頁九行　陽衒之洛陽記曰　按：汲本、殿本作「楊衒之」。

九六三頁五行　莫若屯據大郡　按：集解引惠棟說，謂「屯據」袁宏紀作「先據」。

九六三頁一〇行　見贅於人　按：集解引惠棟說，謂袁宏紀「贅」作「疑」。

九六三頁一五行　將爲戮矣　按：殿本、集解本「矣」作「乎」，疑後人依左傳改。

九六六頁六行　唾血昆陽　刊誤謂唾血是盟時唾血，此當作「喋」。按：唾喋古通用，劉說泥。

九六六頁一〇行　寒者裸跣　按：「跣」原譌「洗」，逕據汲本、殿本改正。

九六六頁一四行　猶有申伯召虎夷吾吉甫　按：惠棟補注引吳仁傑補遺，謂「吉甫」當作「成父」，謂王子成父也。若尹吉甫，不應序於夷吾之下。

九六七頁四行　莽〔始〕建國三年　按：「建」上當脫「始」字，今補。

九六七頁一一行　(王)〔于〕匡攻武關　按：張森楷校勘記謂「王匡」當依前書莽傳作「于匡」，各本並誤。今據改。

九六七頁一一行　以捍匡等〔匡等〕擊破六虎　按：張森楷校勘記謂「匡等」下當更有「匡等」二字，文義乃明。今據補。

九六八頁一〇行　雖則山澤之人　按：刊誤謂「雖則」當作「則雖」。

九七〇頁九行　趙宗滅乎若（唬）〔虒〕　據汲本改。按：殿本「虒」作「嗁」，乃虒之俗字；原本作「唬」，則譌字矣。

九七一頁九行　必懷周趙之憂　集解引何焯說，謂「周」疑「禍」字之誤，注非。校補引錢大昭說，謂「周」當是「害」字之誤。按：校補謂害周形近易誤，錢說爲勝。

九七二頁二行　盟（神）〔祌〕視之　據汲本、殿本補。今按：「盟」疑「明」之譌。

九七二頁七行　吾無以待之　按：「待」原譌「侍」，逕改正。

九七三頁八行　魯國（下）〔卞〕縣東南有桃虛　按：下卞形近而譌，各本同，今據左昭七年杜注改正。

九七三頁一五行　韓上黨（太）守馮亭　據史記趙世家删。按：漢以前無太守也。

九七四頁八行　義（無）〔其〕誰爲　據汲本、殿本改。

九七五頁一三行　永遣弟升　按：「升」原譌「叔」，逕據汲本、殿本改正。注同。

九七六頁一一行　履深泉之薄冰　汲本、殿本「泉」作「淵」。按：章懷避唐諱，於引文亦皆改易，後人又多回改，此其一例也。

九七七頁一〇行　今定州（彭）〔鼓〕城縣西也　據刊誤改。

九七八頁六行　礕比（則）〔相〕應也　據汲本、殿本改。

後漢書卷二十八下

馮衍傳第十八下

建武末，上疏自陳曰：

臣伏念高祖之略而陳平之謀，毁之則疏，譽之則親。〔一〕以文帝之明而魏尚之忠，繩之以法則爲罪，施之以德則爲功。〔二〕逮至晚世，董仲舒言道德，見妒於公孫弘，〔三〕李廣奮節於匈奴，見排於衞青，〔四〕此忠臣之常所爲流涕也。臣衍自惟微賤之臣，上無無知之薦，下無馮唐之說，乏董生之才，寡李廣之埶，而欲免讒口，濟怨嫌，豈不難哉！

〔一〕史記曰，魏無知薦陳平於高祖，高祖以平爲將。絳、灌等咸譖平曰：「雖美丈夫，如冠玉耳，居家盜嫂。今大王令護軍，諸將金多者得善處，金少者得惡處。」高祖讓魏無知。無知曰：「臣所言者能也，陛下所問者行也。楚漢相拒，臣進奇謀之士。盜嫂受金，又何足疑。」高祖乃令平盡護諸將也。

〔二〕魏尚，槐里人，文帝時爲雲中守，匈奴不近雲中。後坐上首虜差六級，下之吏，罰作之。馮唐諫文帝曰：「臣愚以爲陛下法太明，罰太重，賞太輕。」帝悅。是日令唐持節赦尚，復以爲雲中守也。

〔三〕史記曰：董仲舒爲人廉直，公孫弘習春秋不如董生。弘希時用事，位至公卿，仲舒以弘爲從諛，弘嫉之。時膠西王帝兄，驕縱，弘乃言於上曰：「獨仲舒可使相膠西。」膠西王素聞仲舒〔有行〕，亦善待之。

〔四〕史記曰：李廣，隴西成紀人也。爲前將軍，從衞青討匈奴。青不使當匈奴，廣乃失道後期，青令對簿，廣乃引刀自刎。知與不知，莫不流涕。

臣衍之先祖，以忠貞之故，成私門之禍。〔一〕而臣衍復遭擾攘之時，值兵革之際，不敢回行求時之利，〔二〕事君無傾邪之謀，將帥無虜掠之心。衞尉陰興，敬愼周密，內自修勑，外遠嫌疑，故敢與交通。興知臣之貧，數欲本業之。〔三〕臣自惟無三益之才，不敢處三損之地，固讓而不受之。〔四〕昔在更始，太原執貨財之柄，居蒼卒之閒，據位食祿二十餘年，而財產歲狹，居處日貧，家無布帛之積，出無輿馬之飾。於今遭清明之時，飭躬力行之秋，〔五〕而怨讎叢興，譏議橫世。蓋富貴易爲善，貧賤難爲工也。疏遠壠畝之臣，無望高闕之下，惶恐自陳，以救罪尤。

〔一〕衍之祖馮參忠正，不屈節於王氏五侯。參姊爲中山王太后，後爲哀帝祖母，傅太后陷以大逆，參自殺，親族死者十七人。見前書。

〔二〕回，邪也。

〔三〕欲遺其財，爲立基本生業也。

〔四〕論語載孔子言曰「益者三友，損者三友」，故衍引以爲言也。

〔五〕力行謂盡力行善道也。禮記曰「好問近於智，力行近乎仁」也。

書奏，猶以前過不用。

衍不得志，退而作賦，又自論曰：

馮子以爲夫人之德，不碌碌如玉，落落如石。〔一〕風興雲蒸，一龍一蛇，與道翱翔，與時變化，夫豈守一節哉？〔二〕用之則行，舍之則臧，進退無主，屈申無常。故曰：「有法無法，因時爲業，有度無度，與物趣舍。」〔三〕常務道德之實，而不求當世之名，闊略杪小之禮，蕩佚人閒之事。〔四〕正身直行，恬然肆志。顧嘗好俶儻之策，時莫能聽用其謀，〔五〕喟然長歎，自傷不遭。〔六〕久棲遲於小官，不得舒其所懷。〔七〕抑心折節，意悽情悲。夫伐冰之家，不利雞豚之息；〔八〕委積之臣，不操市井之利。〔九〕況歷位食祿二十餘年，而財產益狹，居處益貧。惟夫君子之仕，行其道也。慮時務者不能興其德，爲身求者不能成其功。〔一〇〕去而歸家，復羇旅於州郡，身愈據職，家彌窮困，卒離飢寒之災，有喪元子之禍。

〔一〕老子道德經之詞也。言可貴可賤，皆非道眞。玉貌碌碌，爲人所貴，石形落落，爲人所賤，賤既失矣，貴亦未得。言當處才不才之閒。

〔二〕風興雲蒸，言相須也。東方朔誡子書曰：「聖人之道，一龍一蛇，形見神藏，與物變化，隨時之宜，無有常處。」化音協韻音花。

〔三〕史記司馬談之詞也。言法度是非，皆隨時俗。物所趨則向之，所舍則違之，所謂隨時之義也。

〔四〕放蕩縱逸，不拘恆俗也。

〔五〕顧猶及也。俶儻，卓異貌也。

〔六〕遭，遇也。

〔七〕棲遲猶偃息也。

〔八〕言食厚祿不當求小利也。禮記曰：「畜馬（千）乘，不察於雞豚。伐冰之家不畜牛羊。」伐冰謂卿大夫以上，以其喪祭得賜冰，故言伐冰也。韓詩外傳曰「天子不言多少，諸侯不言利害，大夫不言委積，四馬之家不恃雞豚之息，伐冰之家不恃牛羊之入」也。

〔九〕韓詩外傳曰「千乘之君不通貨財，委積之臣不操市井之利，是以貧窮有所勸，而孤寡有所措」也。

〔10〕言不可兼也。

先將軍葬渭陵，哀帝之崩也，營之以爲園。〔一〕於是以新豐之東，鴻門之上，壽安之中，〔二〕地埶高敞，四通廣大，南望酈山，北屬涇渭，東瞰河華，龍門之陽，三晉之路，〔三〕西顧酆鄗，周秦之丘，宮觀之墟，〔四〕通視千里，覽見舊都，遂定塋焉。〔五〕退而幽居。蓋忠臣過故墟而歔欷，孝子入舊室而哀歎。〔六〕每念祖考，著盛德於前，垂鴻烈於後，遭時之禍，墳墓蕪穢，春秋蒸嘗，昭穆無列。〔七〕年衰歲暮，悼無成功，將西田牧肥饒之野，殖生產，修孝道，營宗廟，廣祭祀。然後闔門講習道德，觀覽乎孔老之論，庶幾乎松喬之福。〔八〕上隴阪，陟高岡，游精宇宙，流目八紘。〔九〕歷觀九州山川之體，追覽上古得失之風，愍道陵遲，傷德分崩。夫覩其終必原其始，故存其人而詠其道。疆理九野，經營五山，眇然有思陵雲之意。〔一○〕乃作賦自厲，命其篇曰顯志。顯志者，言光明風化之情，昭章玄妙之思也。其辭曰：

〔一〕奉世爲右將軍，即衍之曾祖，故言「先將軍」。渭陵，元帝陵，在長安北五十里。哀帝義陵在長安北四十六里。奉世墓入義陵塋中，所以衍不得入葬而別求也。

〔二〕太上皇思東歸，乃遷豐邑人於此立縣，故曰新豐。鴻門，阪名。前書音義曰：「在新豐東十七里，舊大道北下阪口。」

〔三〕龍門，河所經，今絳州縣也。三晉謂韓、趙、魏也。

〔四〕酆、鄗，二水名，周文王都酆，武王都鄗。秦本封在隴西秦縣，周平王東遷以後，秦始有岐周之地，故總言周秦之丘。丘亦墟也。

〔五〕衍墓在今新豐縣南四里。

〔六〕史記曰，箕子朝周過殷墟，咸生禾黍，箕子傷之，欲哭則不可，欲泣爲其近婦人，乃作麥秀之詩。殷人聞之，皆爲流涕。禮記檀弓曰「反哭升堂，反諸其所作也。入室，反諸其所養也。反而亡焉，失之，哀於是爲甚」也。

〔七〕司馬相如賦曰：「墳墓蕪穢而不修。」父爲昭，子爲穆，昭南面，穆北面也。

〔八〕列仙傳，赤松子，神農時雨師也。服水玉，能入火不燒。常止西王母石室中，能隨風上下。王子喬，周靈王太子晉也。好吹笙，作鳳鳴，游伊洛之閒，道人浮丘公接以上嵩高山，遂仙去也。

〔九〕尹文子曰：「四方上下曰宇。」蒼頡篇曰：「舟輿所屆曰宙。」淮南子曰「九州之外乃有八貪，八貪之外乃有八紘」也。

〔一〇〕疆，界也。理，正也。詩曰：「我疆我理。」九野謂九州之野。經營猶往來。五山即五岳也。

開歲發春兮，百卉含英。〔一〕甲子之朝兮，汨吾西征。〔二〕發軔新豐兮，裴回鎬京。〔三〕陵飛廉而太息兮，登平陽而懷傷。〔四〕悲時俗之險阸兮，哀好惡之無常。〔五〕棄衡石而意量兮，隨風波而飛揚。〔六〕紛綸流於權利兮，親靁同而妒異；獨耿介而慕古兮，豈時人之所憙？〔七〕沮先聖之成論兮，藐名賢之高風；忽道德之珍麗兮，務富貴之樂耽。〔八〕遵大路而裴回兮，履孔德之窈冥；固衆夫之所眩兮，孰能觀於無形？〔九〕行勁直以離尤兮，羌前人之所有；內自省而不慙兮，遂定志而弗改。〔一〇〕欣吾黨之唐虞兮，愍吾生之愁勤；聊發憤而揚情兮，將以蕩夫憂心。〔一一〕往者不可攀援兮，來者不可與期；病沒世之不稱兮，願橫逝而無由。〔一二〕

〔一〕開、發，皆始也。爾雅曰：「春爲發生。」卉，草也。楚詞曰：「獻歲發春兮。」

〔二〕君子舉事尙早，故以朝言之。汨，行貌。楚詞曰：「汨吾南征。」汨音于筆反。

〔三〕軔，止車木也。將行，故發之。

〔四〕飛廉，觀名。武帝元封二年立於長安，上有銅飛廉，因以名焉。前書音義曰：「飛廉，神禽，能致風氣，有角而蛇尾文如豹文。」平陽，縣名，故城在今岐州岐山縣西南。

〔五〕時既險薄，所以好惡不同。楚詞曰「悲時俗之迫阸」也。

〔六〕衡，秤衡也。三十斤爲鈞，四鈞爲石。言時人棄衡石以意測量，諭背法度也。隨風波而飛揚，言無志操也。

〔七〕言時俗溺於權利也。同己則親之，異己則妒之，今己不與之同，所以見惡也。

〔八〕沮，敗也。懇，陵也。耽亦樂也。言時人之行如此。

〔九〕遵，循也。大路，大道也。老子曰：「大道泛兮。」又曰：「孔德之容，窈兮冥兮，其中有精。」又曰：「大象無形。」孔之爲言空也。窈冥謂幽玄也。道以空爲主，故無物而不容。時俗眩於名利，孰能觀大象無形(矣)〔哉〕？

〔一〇〕離，遭也。尤，過也。羌，語發聲也。言古人有爲勁直行而遭尤過者，有之矣，即屈原、賈誼之流也。衍內自省察，不慙於古人，遂守志不改也。

〔一一〕傷己不逢堯舜也。蕩，散也。

〔一二〕言唐虞往，不可攀援而及，將來賢哲，又不可豫期。所病終身之後，名譽不稱；又願縱橫遠逝，而其路無由也。論語孔子曰：「君子疾沒世而名不稱焉。」

陟雍時而消搖兮，超略陽而不反。念人生之不再兮，悲六親之日遠。〔一〕陟九嵕而臨嵳嶭兮，聽涇渭之波聲。〔二〕顧鴻門而歔欷兮，哀吾孤之早零。何天命之不純兮，信吾罪之所生；傷誠善之無辜兮，齎此恨而入冥。〔三〕嗟我思之不遠兮，豈敗事之可悔？雖九死而不眠兮，恐余殃之有再。淚汍瀾而雨集兮，氣滂浡而雲披；心怫鬱而紆

結兮，意沈抑而內悲。〔四〕

〔一〕雍，縣名，屬右扶風，故城在今岐州雍縣南。時者止也，神靈之所止也。史記曰，秦并天下，祠雍四時，漢加黑帝，謂之五時。消搖猶觀望也。超，過也。略陽，縣名，屬天水郡，今隴州隴城縣也。六親，夫婦、父子、兄弟也。

〔二〕嵳嶭，山，一名嵳峩，在今三原縣北。嵳音才結反，嶭音五結反。

〔三〕零，落也。吾孤早零，即上所謂「喪元子」者也。子既早殀，未有邪僻，故云誠善。辜，罪也。冥謂地也。齎恨入冥，言死有餘恨也。

〔四〕言已往者託於貴戚之權，幾陷誅戮之罪，此由我思慮不深遠。已敗之事，悔之無及，雖復九死而目不瞑，言怨恨之深也。楚詞曰：「雖九死其猶未悔。」眠即瞑也。今縱飭躬自勗，又恐殃禍至再，所以淚落意沈，氣憤心結也。

瞰太行之嵳峩兮，觀壺口之崢嶸；悼丘墓之蕪穢兮，恨昭穆之不榮。〔一〕歲忽忽而日邁兮，壽冉冉其不與；恥功業之無成兮，赴原野而窮處。〔二〕昔伊尹之干湯兮，七十說而乃信；皋陶釣於靁澤兮，賴虞舜而後親。無二士之遭遇兮，抱忠貞而莫達；率妻子而耕耘兮，委厥美而不伐。〔三〕韓盧抑而不縱兮，騏驥絆而不試；獨慷慨而遠覽兮，非庸庸之所識。〔四〕卑衛賜之阜貨兮，高顏回之所慕；重祖考之洪烈兮，故收功於此路。〔五〕循四時之代謝兮，分五土之刑德；相林麓之所產兮，嘗水泉之所殖。修神農之本業兮，採軒轅之奇策；追周棄之遺教兮，軼范蠡之絕迹。〔六〕陟隴山以踰望兮，眇然覽於八荒；風波飄其並興兮，情惆悵而增傷。〔七〕覽河華之泱漭兮，望秦晉之故國。憤馮亭之不遂兮，慍去疾之遭惑。〔八〕

〔一〕太行山在上黨南，壺口山在上黨東。衍之遠祖馮亭爲韓上黨守，以上黨降趙，趙封亭三萬戶，號華陽君。死因葬上黨，其墓在今潞州上黨縣西。衍在關中，遙相望之，即序所謂「通視千里，覽見舊都」者也。嵳峩，高大貌。崢嶸，深邃貌。

〔二〕與猶待也。楚詞曰：「日忽忽其將暮。」又曰：「老冉冉其將至。」功業無成，情多憂憤，故赴原野而竆居。

〔三〕伊尹名摯，負鼎俎以干湯。七十說而乃信，謂年七十說湯乃得信也。皇甫謐帝王記曰：「伊摯豐下兌上，色黑而短，僂身而下聲，年七十而不遇。湯聞其賢，設朝禮而見之，摯乃說湯致於王道。」信音申。呂氏春秋曰：「舜陶於河濱，漁於靁澤。」今言臯陶，未詳。靁澤在今濮州靁澤縣東也。

〔四〕戰國策曰，齊欲伐魏，淳于髠謂齊王曰：「韓盧，天下之壯犬也。」淮南子曰：「絆騏驥而求千里。」衍喻已有高才而不申，所以獨慷慨遠覽，非庸庸之徒所能識也。識，叶韻音志。

〔五〕卑，賤也。阜，積也。衍賤子貢貨殖，慕顏回樂道，所以不從流俗，專心貞固者，以其祖考功業隆大；若苟求富貴，恐致點辱，故於此路收功也。

〔六〕周禮五土，一曰山林，二曰川瀆，三曰丘陵，四曰墳衍，五曰原隰。家語曰：「地東西爲緯，南北爲經。山爲積德，川爲積刑。」穀梁傳曰：「林屬於山曰麓。」周禮曰：「山林動物宜毛，植物宜阜。」淮南子曰：「汾水濁宜麻，濟水和宜麥，河水調宜菽，洛水輕利宜禾，渭水多力宜黍，江水肥宜稻。」管子曰：「四七二十八尺而至於泉，其水白而甘，宜黍秫。三七二十一尺而至於泉，其水黃而有臭，宜大菽與麥。二七一十四尺至於泉，其味鹹，宜稻與麥。」此皆水泉之所殖也。周易曰：「神農氏斲木爲耜，揉木爲耒，耒耜之利以教天下，蓋取諸益。」周書曰：「神農之時，天雨粟，神農耕而種之。」軒轅，黃帝也。大戴禮曰：「黃帝時播百穀草木，節用水火財物，人得其利。」周棄，帝嚳之子。爲兒之時，其游戲好種樹麻菽，及成人，遂好耕農，相地之宜，人皆法則之。帝堯聞之，舉棄爲農師，天下得其利，故言遺敎。軼，過也。范蠡，南陽人，事越王句踐，苦身勠力，竟滅吳報恥。旣而以爲大名之下，難以久居，乃與其私屬乘舟浮海以行，變姓名，適齊爲鴟夷子皮，之陶爲朱公，終身不返。是絕迹也。

〔七〕踰猶遙也，古字通。八荒，八方荒遠之地。

〔八〕馮亭以上黨降趙，秦破趙於長平而亭死，故言不遂。慍，怨也。馮去疾爲秦丞相，胡亥元年，用趙高計，始皇大臣咸見誅戮，無遺脫者，是遭惑也。亭及去疾皆衍之先，故遠懷憤怨也。泱音烏朗反。漭音莽。

流山岳而周覽兮，徇碣石與洞庭；浮江河而入海兮，泝淮濟而上征。〔一〕瞻燕齊之舊居兮，歷宋楚之名都；哀羣后之不祀兮，痛列國之爲墟。〔二〕馳中夏而升降兮，路紆軫而多艱；講聖哲之通論兮，心惛憒而紛紜。〔三〕惟天路之同軌兮，或帝王之異政；堯舜煥其蕩蕩兮，禹承平而革命。〔四〕并日夜而幽思兮，終悇憛而洞疑；高陽邈其超遠兮，世孰可與論茲？〔五〕訊夏啓於甘澤兮，傷帝典之始傾；頌成康之載德兮，詠南風之歌聲。〔六〕思唐虞之晏晏兮，揖稷契與爲朋；苗裔紛其條暢兮，至湯武而勃興。〔七〕昔三后之純粹兮，每季世而窮禍；弔夏桀於南巢兮，哭殷紂於牧野。〔八〕詔伊

尹於亳郊兮，享呂望於酆洲；功與日月齊光兮，名與三王爭流。〔九〕

〔一〕碣石，海畔山也，在今平州東。洞庭，湖名也，中有洞庭山，在今岳州西南。衍既不同流俗，情多憤怨，故假言涉歷江山，周流河海。屈原云「吾將遠逝以自適，路脩遠以周流」之類也。

〔二〕燕都〔薊〕，今薊縣也。齊都營丘，今臨淄縣也。宋都睢陽，今宋州也。楚初都丹陽，在歸州；後都郢，在今荆州；至考烈王爲秦所逼，又徙都壽春，今壽州也。不祀言皆絕也，臧文仲曰「咎陶、庭堅不祀」也。

〔三〕紆軫猶盤曲也。愊憶猶鬱結也。紛紜猶瞀亂也。愊音普逼反。

〔四〕惟，思也。言思上天之路，軌躅則同，而帝王政教參差有異。班固曰：「仰天路而同軌。」白虎通曰：「德合天者稱帝，仁義合者稱王。」故言異政也。煥，文章貌。蕩蕩，政化平暢貌。論語孔子曰：「唯天爲大，唯堯則之，煥乎其有文章，蕩蕩乎人無能名焉。」堯舜同道，故兼言之。舜禪位於禹，禹承堯舜之後而改制度，禪子，故曰承平革命也。

〔五〕孔子曰：「吾嘗終日不食，終夜不寢，以思。」楚詞云：「心悇憛而懷惑。」廣蒼云：「悇憛，禍福未定也。」悇音它乎反，憛音它紺反。本或作「侘憏」，侘音丑加反，憏音丑制反，未定也。高陽，帝顓頊之號也。洞亦不定也。史記曰：「(盡)〔虛〕愊洞疑。」又曰：「高陽氏沈深而有謀，疏通而知事。」以有其謀而疏通，故欲與之論事。

〔六〕訊，問也。啓，禹子也。尚書曰：「啓與有扈戰于甘之野。」孔安國注云：「有扈與夏同姓，恃親而不恭，故啓征之於甘野。」甘野在今鄠縣。啓既德薄，同姓相攻，故傷帝典之傾也。易曰：「德積載。」史記曰：「成康之際，天下安寧，刑錯三十餘年而不用。」周南、召南，謂國風之首篇。歌文王之德，故詠之也，非舜南風之歌。

〔七〕尚書考靈耀曰：「放勛欽明文塞晏晏。」鄭玄注曰：「寬容覆載謂之晏。」稷名棄，爲堯后稷。契爲堯司徒。契十四葉孫號湯，滅夏桀而王有天下。后稷十六葉孫周武王，滅殷紂而王天下。勃，盛貌也。左傳曰：「其興也勃焉。」

〔八〕三后，夏、殷、周也。惜其不能始終純茂，每至末代，必窮其災禍。湯放桀於南巢，武王滅紂於牧野，周之季葉，幽王爲西戎所殺也。離騷曰：「昔三后之純粹，何桀紂之昌披！」南巢，地名，廬州巢縣也。孔安國曰「牧野，紂近郊三十里地名」也，在今衞州也。

〔九〕詔，召也。亳，湯都。呂望，周太師，翼周滅殷者也。酆，文王所都，在京兆杜陵亭。水中可居曰洲也。

楊朱號乎衢路兮，墨子泣乎白絲；知漸染之易性兮，怨造作之弗思。〔一〕美關雎之識微兮，愍王道之將崩；拔周唐之盛德兮，捃桓文之譎功。〔二〕忿戰國之遘禍兮，憎權臣之擅彊；黜楚子於南郢兮，執趙武於溴梁。〔三〕善忠信之救時兮，惡詐謀之妄作；聘申叔於陳蔡兮，禽荀息於虞虢。〔四〕誅犂鉏之介聖兮，討臧倉之愬知；䠣子反於彭城兮，爵管仲於夷儀。〔五〕疾兵革之寖滋兮，苦攻伐之萌生；沈孫武於五湖兮，斬白起於長平。〔六〕惡叢巧之亂世兮，毒從橫之敗俗；流蘇秦於洹水兮，幽張儀於鬼谷。〔七〕澄德化之陵遲兮，烈刑罰之峭峻；燔商鞅之法術兮，燒韓非之說論。〔八〕誚始皇之跋扈兮，投李斯於四裔；滅先王之法則兮，禍寖淫而弘大。〔九〕援前聖以制中兮，矯二主之驕奢；饁女齊於絳臺兮，饗椒舉於章華。〔一〇〕摛道德之光耀兮，匡衰世之眇風；褒宋襄於泓谷兮，表季札於延陵。〔一一〕撫仁智之英華兮，激亂國之末流；觀鄭僑於溱洧兮，訪晏嬰於營丘。〔二〕日曀曀其將暮兮，獨於邑而煩惑；夫何九州之博大兮，迷不知路之南北。〔三〕駟素虯而馳騁兮，乘翠雲而相佯；就伯夷而折中兮，得務光而愈明。〔四〕欵子高於中野兮，遇伯成而定慮；欽眞人之德美兮，淹躊躇而弗去。〔五〕意斟愖而不澹兮，俟回風而容與；求善卷之所存兮，遇許由於負黍。軔吾車於箕陽兮，秣吾馬於潁滸；聞至言而曉領兮，還吾反乎故宇。〔六〕

〔一〕淮南子曰：「楊子見逵路而哭之，爲其可以南，可以北，傷其本同而末異也。」墨子曰「墨子見染絲，歎曰，染於蒼則蒼，染於黃則黃，五入之則爲五色，故染不可不愼。非獨絲也，國亦有染，湯染伊尹，紂染惡來」也。先王正道，規摹有常，苟生穿鑿，則岐路競起，故墨子知漸染之易性，楊朱悲造作之弗思。

〔二〕薛夫子韓詩章句曰：「詩人言雎鳩貞絜，以聲相求，必於河之洲，蔽隱無人之處。故人君動靜，退朝入于私宮，妃后御見，去留有度。今人君內傾於色，大人見其萌，故詠關雎，說淑女，正容儀也。」方言曰：「挌，取也。譎，詐也。」齊桓公、晉文公俱有霸功。孔子曰：「晉文公譎而不正，齊桓公正而不譎。」時周衰政亂，桓文能統率諸侯，翼戴天子，故取其一切之功也。

〔三〕周室衰微，七國交爭，是爲戰國。時吳楚僭號皆稱王，孔子修春秋，以蠻夷大者不過子，故皆黜曰子。又春秋稱「公會晉、宋、衞、鄭、曹、莒、邾、薛、杞于溴梁，戊寅，大夫盟」。公羊傳曰：「諸侯皆在，言大夫盟何？信在大夫。何言乎信在大夫？徧刺天下之大夫也。曷爲徧刺天下之大夫？君若綴旒然。」趙武，晉卿趙文子也。時晉爲盟主，文子，晉之正卿，而爲不臣之行，故欲執之也。溴，水名，在河內軹縣東南，至溫入河。爾雅曰：「梁莫大於溴梁。」湨音古覓反。

〔四〕申叔，楚莊王時賢臣申叔時者也。左傳，陳夏徵舒弒靈公，楚莊王伐陳，殺夏徵舒，因滅陳爲縣。申叔時諫莊王曰：「夏徵舒弒其君，其罪大矣，討而戮之，君之義也。諸侯之從，曰討有罪也。今縣陳，貪其富也。以討召諸侯而以貪終之，無乃不可乎？」王曰：「善哉，吾未之聞也。」乃復封陳。聘謂問之也。時惟在陳，而兼言蔡者，蓋以陳蔡相近，因連言之也。荀息，晉大夫。左傳曰，晉荀息請以屈產之乘，垂棘之璧，假道於虞以伐虢。公曰：「是吾寶也。」對曰：「若得道於虞，猶外府也。」乃假道於虞以滅虢，師還遂襲虞，滅之。

〔五〕犂鉏，齊大夫。介猶閒也。韓子曰：「仲尼爲政於魯，道不拾遺，齊景公患之。犂鉏曰：『去仲尼猶吹毛耳。君何不遺魯公以女樂，以驕其意。魯君樂之，必怠於政，仲尼必諫，諫而不聽，必輕絕魯。』景公曰：『善。』乃令犂鉏以女樂遺魯，哀公樂之，果怠於政，仲尼諫不聽，遂去之。」孟子曰：「魯平公將出，嬖人臧倉請曰：『它日君出，必命有司所之。今已駕矣，敢請。』公曰：『吾將見孟子。』倉曰：『君（何）〔所〕爲輕身以先於匹夫者。以爲賢乎？禮義由賢者出，孟子後喪踰前喪，君無見焉。』公曰：『諾。』樂正子見孟子曰：『君將來見，嬖人有臧倉者沮君，是以不來。』孟子曰：『吾之不遇魯侯，天也。臧氏之子焉能使予不遇（哉）！』」愬猶譖也。知謂明於事也。子反，楚大夫也，名側。案「⿰女巽」字呂忱音什眷反，勉也。東觀記作「譏」字。此雖作「⿰女巽」，蓋亦譏刺之意也。春秋經書「宋人及楚人平」。公羊傳曰：「外平不書，此何以書？貶。曷爲貶？平者在下。」何休注云：「譏子反、華元專盟不受君命，故貶之。」然則子反違命盟，蓋以平宋城下而言。彭城者，彭城宋之邑，故舉以言之。左傳，宋大夫魚石等出奔楚。楚伐宋，取彭城以封魚石。宋人圍彭城，楚子重救彭城伐宋。此言子反，蓋衍誤也。如曰不然，或別有所據。管仲，齊桓公之相，名夷吾。夷儀，邢邑也。翟人滅邢，管仲輔齊桓公築夷儀以封邢，邢遷如歸，於是天下諸侯知桓公之不爲己勤也，是故天下歸之。唯能用管夷吾而霸功立。事見國語。以其能輔主成業，故就夷儀而爵賞也。

〔六〕寖，漸也。孫武，吳王闔廬將也。善用兵。越絕書曰：「太湖周三萬六千頃。」虞翻云：「太湖有五道，故謂之五湖。」（隔）〔滆〕湖、洮湖、射湖、貴湖及太湖爲五湖，並太湖之小支，俱連太湖，故太湖兼得五湖之名，在今湖州東也。史記曰，白起，郿人也。事秦昭王，以上將軍擊趙於長平，前後阬斬首虜四十五萬。長平，地名，在今澤州也。

〔七〕蕞，細也。毒，恨也。關東爲從，關西爲橫。蘇秦，洛陽人也。師事鬼谷先生。爲從說，說關東六國爲從親以畔秦，會於洹水之上，刳白馬而盟。張儀，魏人也。與蘇秦同師。爲關西橫說，說關（西）〔東〕六國令事秦。皆尙誣詐，不遵道德。洹水出汲郡林慮縣。鬼谷，谷名，即鬼谷先生所居地，在今洛州洛陽城北。「蕞」或作「聚」，義亦通。

〔八〕陵遲言積替也。澄猶清也。烈，慘也。商鞅姓公孫氏。好刑名之學。事秦孝公，變法令，使人什伍相司，犯禁相連坐，不告姦者要斬，告姦者與斬敵同賞，匿姦者與降敵同罰，人有二男以上不分異者倍其罰。行之四年，秦人富彊。韓非，韓之諸公子也，亦好刑名法術之學。口吃不能言，著書作孤憤、五蠹、內外儲、說難，十餘萬言，皆尙法術，少仁恩。並見史記。

〔九〕誚，責也。跋扈猶彊梁也。李斯，上蔡人。爲秦丞相，上書曰：「今諸生不師今而學古，惑亂黔首，臣請非秦記皆燒之，天下敢有臧詩、書、百家語者皆燒之。令下三十日不燒，黥爲城旦。」制曰：「可。」是滅先王之法則。

〔一〇〕援，引也。矯，正也。饁，餉也。女齊，晉大夫司馬侯也。絳，晉國所都。國語曰：「晉平公爲九層之臺。」又曰：「叔向見司馬侯之子，撫而泣曰：『自其父之死，吾蔑與事君矣。昔者其父始之我終之，我始之夫子終之，無不可者。』」是女齊事君必有規諫，必諫作臺，但書典散亡，無以言耳。椒舉，楚大夫伍舉也。饗，宴也。章華，臺名，在南郡華容縣。楚語曰：「靈王爲章華之臺，與椒舉升。王曰：『臺美乎？』對曰：『臣聞國君服寵以爲美，安人以爲樂，不聞其以土木之崇高爲美。先君莊王爲匏居之臺，高不過望國（氣）〔氛〕，大不過容宴豆，用不煩官府，人不廢時務。今君爲此臺，國人疲焉，財用盡焉，臣不知其美。』」二主謂晉楚之君。「二」或作「亡」。

〔一一〕摛，布也。眇，微也。公羊傳曰：「宋公及楚戰于泓之陽，楚人濟泓而來。有司曰：『迨其未畢濟而擊之。』宋公曰：『不可。吾聞之也，君子不厄人於險。吾雖亡國之餘，寡人不忍行也。』既濟未畢陳，有司復曰：『請擊之。』宋公曰：『不可。吾聞君子不鼓不成列。』已陳，然後擊之，宋師大敗。故君子大其不鼓不成列，臨大事而不忘大禮，以爲文王之戰亦不過此。」季札，吳王壽夢之少子也，封於延陵。昆弟四人，札最少而賢。壽夢卒，諸兄欲立之，札棄其室而耕，乃捨之。泓音烏萌反。

〔一二〕撫，拾也。鄭僑，鄭大夫公孫僑也。溱、洧，鄭二水名。鄭詩曰：「溱與洧瀏其清矣。」晏嬰，齊大夫晏平仲也。爾雅曰：「水出其左曰營丘。」齊有營丘。周衰政亂，子產、晏嬰皆有賢行輔其君也。事見左傳、國語。

〔一三〕曀曀，陰晦貌也。詩曰：「曀曀其陰。」楚詞曰：「回朕車以復路，及行迷之未遠。」

〔一四〕四馬曰駟。虯，龍之無角者也。楚詞曰：「駟玉虯以乘鷖兮。」爾雅曰：「馬高八尺爲龍。」司馬相如曰：「駟蒼螭兮六素虯。」相佯猶逍遙也。伯夷，孤竹君之子，周武王時義士，不食周粟，隱於首陽山。楊雄反騷曰：「將折中乎重華。」列仙傳曰：「務光者，夏時人也。殷湯伐桀，因光而謀，光曰：『非吾事也。』至殷武丁時，武丁欲以爲相，光不從，遂投於梁山。」衍退不仕，與務光辭相佯，事相得，故曰愈明。愈猶益也。

〔一五〕莊子曰：「伯成子高，唐虞時爲諸侯，至禹爲天子，乃去而耕。禹往見之，曰：『堯理天下，吾子立爲諸侯。堯授舜，舜授予，子去而耕，其故何也？』子高曰：『昔堯理天下，至公無私，不賞而人勸，不罰而人畏。今子賞而不勸，罰而不威，德自此衰，刑自此作。夫子盍行，無留吾事。』耕而不顧。」欸，誠也。眞人即謂子高。躊躇猶躊躕也。東觀記（曰）「高」字作「喬」，謂仙人王子喬也，義亦通。

〔一六〕斟愖猶遲疑也。澹，定也。俟，待也。容與猶從容也。莊子曰：「舜以天下讓善卷，善卷曰：『吾日出而作，日入而息，逍遙天地之閒，吾何以天下爲哉？』遂入深山，莫知所終。」許由字武仲。堯時高士，隱居箕山。堯以天下讓由，由不受，惡聞其言，遂洗耳於潁水。負黍，亭名，在洛州陽城縣西南，許由墓在其南。秣謂食馬以粟。字林曰：「濟，水涯也。」愖音市林反，或作「堪」字。

覽天地之幽奧兮，統萬物之維綱；究陰陽之變化兮，昭五德之精光。〔一〕躍青龍於滄海兮，豢白虎於金山；鑿巖石而爲室兮，託高陽以養仙。神雀翔於鴻崖兮，玄武潛於嬰冥；伏朱樓而四望兮，採三秀之華英。〔二〕纂前修之夸節兮，曜往昔之光勳；披綺季之麗服兮，揚屈原之靈芬。〔三〕高吾冠之岌岌兮，長吾佩之洋洋；飲六醴之清液兮，食五芝之茂英。〔四〕

〔一〕自此以下，既反故宇，乃欲尋覽天地，究極陰陽。幽奧謂深邃也。維綱猶宗指也。五德，五行之德也。施之於物，則爲金、木、水、火、土；施之於人，則爲仁、義、禮、智、信也。

〔二〕天有二十八宿，成龍虎龜鳳之形。在地爲四靈，東方爲青龍，西方爲白虎，南方爲朱雀，北方爲龜蛇。豢，養也。金山，西方之精也。神雀謂鳳也。玄武謂龜蛇。位在北方，故曰玄；身有鱗甲，故曰武。嬰冥猶晦昧，所謂幽都也。衍既反故宇，欲鑿巖石爲室，託高明之處以養神仙，又假言龍虎之嚋在於四面，爲其威援也。前書曰：「仙人好樓居。」故云伏朱樓而四望也。楚詞曰：「採三秀於山閒。」王逸曰：「謂芝草也。」東觀記及衍集「秀」字作「奇」，「英」字作「靈」。〔次〕〔按〕下云「食五芝之茂英」，此若是「芝」，不宜重說，但不知三奇是何草也。范改「奇」爲「秀」，恐失之矣。

〔三〕纂，繼也。前修猶前賢也。夸，大也。楚詞曰：「謇吾法夫前修。」又曰：「紛獨有此夸節。」往昔光勳謂衍之先人有功勞於前代，去疾、子明之類也。己今繼往賢之高節，所以光曜也。綺季，四皓之一也。前書曰，四皓隨太子入侍，鬚眉皓白，衣冠甚偉。楚漢春秋曰「四人冠韋冠，佩銀環，衣服甚鮮」，故言麗服也。楚詞曰：「畦留夷與揭車，雜杜衡與芬芷。」屈原皆喻身有令德，故衍欲揚其靈芬也。

〔四〕岌岌，高貌。洋洋，美也。楚詞曰：「高余冠之岌岌，長吾佩之陸離。」王逸注云：「傷己懷德不用，故高冠長佩，會其威儀，整斯服飾，以異於衆也。」六醴，蓋六氣也。楚詞曰：「餐六氣而飲沆瀣。」茅君內傳曰：「句曲山上有神芝五種：一曰龍仙芝，似交龍之相負，服之爲太極仙卿。第二名參成芝，赤色有光，其枝葉如金石之音，折而續之即復如故，服之爲太極大夫。第三名燕胎芝，其色紫，形如葵，葉上有燕象，光明洞澈，服一株拜爲太清龍虎仙君。第四名夜光芝，其色青，其實正白如李，夜視其實如月，光照洞一室，服一株爲太清仙官。第五名曰玉芝，剖食拜三官正眞御史。」

揵六枳而爲籬兮，築蕙若而爲室；播蘭芷於中廷兮，列杜衡於外術。〔一〕攢射干雜蘼蕪兮，構木蘭與新夷；光扈扈而煬燿兮，紛郁郁而暢美；華芳曄其發越兮，時恍忽而莫貴；非惜身之埳軻兮，憐衆美之憔悴。〔二〕游精神於大宅兮，抗玄妙之常操；處清靜以養志兮，實吾心之所樂。〔三〕山峨峨而造天兮，林冥冥而暢茂；鸞回翔索其羣兮，鹿哀鳴而求其友。〔四〕誦古今以散思兮，覽聖賢以自鎮；嘉孔丘之知命兮，大老明之貴玄；德與道其孰寶兮？名與身其孰親？陂山谷而閒處兮，守寂寞而存神。〔五〕夫莊周之釣魚兮，辭卿相之顯位；於陵子之灌園兮，似至人之髣髴。蓋隱約而得道兮，羌窮悟而入術；離塵垢之窈冥兮，配喬、松之妙節。〔六〕惟吾志之所庶兮，固與俗其不同；既俶儻而高引兮，願觀其從容。〔七〕

〔一〕自此以下，說離宇廷除，皆樹芬芳卉木，喻己立身行道，依仁履義，猶屈原「扈江離與辟芷，紉秋蘭以爲佩」之類也。揵，立也。枳，芬木也。晏子曰：「江南爲橘，江北爲枳。」枳之爲木，芳而多刺，可以爲籬。此云「六枳」，東觀記作「八枳」。案：周書小開篇曰「嗚呼！汝何敬非時？何擇非德？德枳維大人，大人枳維公，公枳維卿，卿枳維大夫，大夫枳維士，登登皇皇，（維在）〔君枳維國〕，國枳維都，都枳維邑，邑枳維家，家枳維欲無疆」。言上下相維，遞爲藩蔽也。其數有八，與東觀記同，此爲六。蕙，香草也。杜，杜若也。蘭即澤蘭也。芷，白芷也，一名苻離，一名葯。杜衡，其狀若葵，其臭如蘼蕪。術，路也。

〔二〕攢，聚也。射干，烏翼也。蘼蕪似蛇牀而香，其根即芎藭也。木蘭，樹也。香味俱似桂而皮薄。新夷亦樹也，其花甚香。扈扈，光彩盛也。暢，通也。郁郁，香氣也。曄，盛也。發越，氣傍射也。司馬相如曰：「煌煌扈扈，照曜巨野。」又曰：「郁郁菲菲，衆香發越。」恍忽猶輕忽也。楚詞曰：「然埳軻而留滯。」王逸曰：「埳軻，不遇也。」衍被擯斥沈淪，猶草木之漚鬱芬芳，遇風霜而零落也。夷音協韻異。美音協韻媚。

〔三〕大宅謂天地。抗，舉也。老子曰：「玄之又玄，衆妙之門。」樂音五孝反。

〔四〕此言所居之處，山林飛走之狀也。索，求也。詩曰「求其友聲」也。

〔五〕鎮，重也。古之聖賢，多固窮以守道，故覽之以自鎮也。孔子曰：「五十而知天命。」又曰：「不知命無以爲君子。」玄者，幽寂之謂也。老子曰：「萬物莫不尊道而貴德。」又曰：「道者萬物之奧也，善人之所寶。」又曰：「名與身孰親？」陂謂傍其邊側也。陂音兵義反。史記曰「陂山通道」是也。道以寂寞爲主，神不外營，故常存也。鎮，協韻竹人反。閒音閑。

〔六〕莊子曰：「莊子釣於濮水，楚王使大夫二人往見焉。曰：『願以境內累也。』莊子持竿不顧。曰：『吾聞楚有神龜，死已三千歲矣，王以巾笥而藏之廟堂之上。爲此龜者，寧死留骨而貴乎？寧其生而曳尾塗中乎？』使者曰：『寧生曳尾塗中。』莊子曰：『往矣，吾將曳尾於塗中。』」列女傳曰：「於陵子終賢，楚王欲以爲相，使使者往迎之。子終出謝使者，遂與妻俱逃而爲人灌園。」孟子曰，客居於陵，故曰於陵子也。至人守眞養志，言髣髴似之也。二子雖病一時，而聲流萬古。蓋隱居困約，而反得道之精。窮棲悟理，入賢人之術，離塵垢之窈冥也。超然高邁，配松、喬之妙節也。

〔七〕庶幾守道，與俗不同。俶儻猶卓異也。凡言觀者，非在己之旨。從容猶在後也。衍雖擯斥當年，身窮志沮，而令問期於不朽，聲芳縣諸日月，故曰願觀其從容。

顯宗卽位，又多短衍以文過其實，遂廢於家。

衍娶北地(女)任氏〔女〕爲妻，悍忌，不得畜媵妾，〔一〕兒女常自操井臼，老竟逐之，遂埳壈於時。〔二〕然有大志，不戚戚於賤貧。居常慷慨歎曰：「衍少事名賢，經歷顯位，懷金垂紫，揭節奉使，〔三〕不求苟得，常有陵雲之志。三公之貴，千金之富，不得其願，不槩於懷。〔四〕貧而不衰，賤而不恨，年雖疲曳，猶庶幾名賢之風。〔五〕修道德於幽冥之路，以終身名，爲後世法。」居貧年老，卒于家。所著賦、誄、銘、說、問交、德誥、愼情、〔六〕書記說、自序、官錄說、策五十篇，〔七〕肅宗甚重其文。子豹。

〔一〕悍，急也。

〔二〕衍集載衍與婦弟任武達書曰：「天地之性，人有喜怒，夫婦之道，義有離合。先聖之禮，士有妻妾，雖宗之眇微，尚欲踰制。年衰歲暮，恨入黃泉，遭遇嫉妒，家道崩壞，五子之母，足尙在門。五年已來，日甚歲劇，以白爲黑，以非爲是，造作端末，妄生首尾，無罪無辜，讒口嗷嗷。亂匪降天，生自婦人。青蠅之心，不重破國，妒嫉之情，不憚喪身。牝雞之晨，唯家之索，古之大患，今始於衍。醉飽過差，輒爲桀紂，房中調戲，布散海外，張目抵掌，以有爲無。痛徹蒼天，毒流五臧，愁令人不賴生，忿令人不顧禍。入門著牀，繼嗣不育，紡績織紝，了無女工，家貧無僮，賤爲匹夫，故舊見之，莫不悽愴，曾無悯惜之恩。唯一婢，武達所見，頭無釵澤，面無脂粉，形骸不蔽，手足抱土。不原其窮，不揆其情，跳梁大叫，呼若入冥，販糖之妾，不忍其態。計婦當去久矣，念兒曹小，家無它使，哀憐姜、豹，當爲奴婢。惆悵焦心，事事腐腸，訩訩籍籍，不可聽聞。暴虐此婢，不死如髮，半年之閒，膿血橫流。婢病之後，姜竟舂炊，豹又觸冒泥塗，心爲愴然。縑縠放散，冬衣不補，端坐化亂，一縷不貫。既無婦道，又無母儀，忿見侵犯，恨見狼藉，依倚鄭令，如居天上。持質相劫，詞語百車，劍戟在門，何暇有讓？百弩環舍，何可彊復？舉宗達人解說，詞如循環，口如布穀，縣幡竟天，擊鼓動地，心不爲惡，身不爲搖。宜詳居錯，且自爲計，無以上書告訴相恐。狗吠不驚，自信其情。不去此婦，則家不寧；不去此婦，則家不清；不去此婦，則福不生；不去此婦，則事不成。自恨以華盛時不早自定，至於垂白家貧身賤之日，養癰長疽，自生禍殃。衍以室家紛然之故，捐棄衣冠，側身山野，絕交游之路，杜仕宦之門，闔門不出，心專耕耘，以求衣食，何敢有功名之路哉！」

〔三〕金謂印也，紫謂綬也。揭，持也，音求謁反。

〔四〕槩猶屑也。金或作乘。

〔五〕曳猶頓也。

〔六〕衍集有問交一篇，愼情一篇。

〔七〕衍集見有二十八篇。

豹字仲文，年十二，母爲父所出。後母惡之，嘗因豹夜寐，欲行毒害，豹逃走得免。敬事愈謹，而母疾之益深，時人稱其孝。〔一〕長好儒學，以詩、春秋教麗山下。〔二〕鄉里爲之語曰：「道德彬彬馮仲文。」〔三〕舉孝廉，拜尙書郎，忠勤不懈。每奏事未報，常俯伏省閤，或從昏至明。肅宗聞而嘉之，使黃門持被覆豹，勑令勿驚，由是數加賞賜。是時方平西域，以豹有才謀，拜爲河西副校尉。和帝初，數言邊事，奏置戊己校尉，城郭諸國復率舊職。遷武威太守，視事二年，河西稱之，復徵入爲尙書。永元十四年，卒於官。

〔一〕衍與宣孟書曰：「居室之義，人之大倫。思厚歡和之節，樂定金石之固。又自傷前遭不良，比有去兩婦之名。事誠不得不然，豈中心之所好哉！」觀其書意，似此妻又見出之。

〔二〕麗音力之反。

〔三〕論語曰：「文質彬彬，然後君子。」鄭玄注：「彬彬，雜半貌也。」

論曰：夫貴者負埶而驕人，才士負能而遺行，其大略然也。二子不其然乎！〔一〕馮衍之引挑妻之譬，得矣。夫納妻皆知取詈己者，而取士則不能。何也？豈非反妒情易，而恕義情難。光武雖得之於鮑永，猶失之於馮衍。〔二〕夫然，義直所以見屈於既往，守節故亦彌阻於來情。嗚呼！〔三〕

〔一〕史記曰：「魏太子擊逢文侯之師田子方，引車下道。子方不爲禮。太子擊曰：『富貴者驕人乎？貧賤者驕人乎？』子方曰：『貧賤者驕人耳。夫諸侯驕人則失其國，大夫驕人則失其家。貧賤者行不合，言不用，則去之楚、越，若脫躧然，柰何同之哉？』」士負能而遺行也。負，恃也。

〔二〕自此已上皆華嶠之詞。

〔三〕衍爲更始舉哀，既降，執義守直。既行之於己，光武屈而不用，故言義直所以見屈於既往也。則守節之人，見衍被黜，彌阻難於將來。

贊曰：譚非讖術，衍晚委質。道不相謀，詭時同失。〔一〕體兼上才，榮微下秩。

〔一〕詭，違也，言二人之道不相同，俱以違時咸被擯斥也。

校勘記

九六四頁三行　膠西王素聞仲舒〔有行〕　按：校補謂據史記儒林傳「仲舒」下脫「有行」二字。今據補。

九六四頁一〇行　出無輿馬之飾　按：「出」原譌「年」，逕據汲本、殿本改正。

九六五頁一〇行　不操市井之利　按：「操」原譌「探」，逕據汲本、殿本改正。

九六五頁一四行　老子〔道〕德經之詞也　據汲本、殿本補。

九六六頁八行　畜馬（千）乘　按：殿本依監本「千」作「十」。校補謂今案禮記文本作「畜馬乘」，乘固四馬也。「千」乃涉下「乘」字誤衍，「十」又改訂之誤。今據刪。

九六七頁一五行　反而亡焉失之哀於是爲甚　按：今禮記注疏本「哀」作「矣」，屬上「失之」爲句。

九六八頁一二行　將以蕩夫憂心　按：「蕩」原譌「蕩」，逕據汲本、殿本改正。注同。

九六九頁一行　平陽縣名　按：集解引錢大昕說，謂兩漢三輔無「平陽縣」，史記秦本紀寧公徙居平陽，正義云岐山縣有平陽鄉，鄉內有平陽聚。又引洪頤煊說，謂前書郊祀志「雍大雨，壞平陽宮垣」，三輔黃圖秦有「平陽宮」，故與「飛廉觀」對言之，注誤。

九六九頁七行　孰能觀大象無形（矣）〔哉〕　據汲本、殿本改。

九六九頁一六行　恐余殃之有再　按：汲本、殿本「余」作「餘」。

九九一頁一五行　植物宜阜　汲本「阜」作「早」。按：今本周禮亦作「早」，釋文云「早音阜，本或作『阜』」。阮元謂阜者草之俗字。説文「草者草斗，櫟實也」。自人用「草」爲艸木字，乃别製「皁」爲草斗字。唐石經、宋本、嘉靖本均作「阜」，今本作「早」者，後人依釋文改從正字也。

九九三頁一行　享呂望於酆洲　按：集解本依汲本「洲」作「州」，校補謂説文州下云「水中可居曰州」，並引詩「在河之州」，别無从水之「洲」。今毛詩作「在河之洲」，爾雅釋水作「水中可居曰洲」，皆非正字。

九九三頁四行　燕都〔薊〕今薊縣也　按：張森楷校勘記謂以下文「齊都營丘」，「宋都睢陽」例之，「都」下當有「薊」字。今據補。

九九三頁一一行　心悇憛而懷惑　按：殿本「惑」作「慼」。校補謂案楚辭七諫本作「心悇憛而煩寃」，王注「寃」一作「怨」。「懷惑」「懷慼」皆「煩怨」之譌。

九九三頁一三行　（盡）〔虚〕愒洞疑　據汲本、殿本改。按：汲本、殿本「愒」譌「惕」。

九九三頁一七行　欽明文塞晏晏　按：各本「塞」並作「思」，疑後人依書堯典改之。

九九四頁五行　在京兆杜陵亭　按：此六字原在「湯都」下，今據殿本移正。

九九四頁七行　披周唐之盛德兮　按：集解引何焯説，謂「周唐」疑「周康」之訛。

九九四頁九行　嫫子反於彭城兮　按：集解引錢大昕説，謂「嫫」當爲「鏌」，與下文「饁女齊」，「饗椒舉」

同義，言欲飲食之也。

九九六頁三行　夏徵舒弑其君　按：「弑」原譌「殺」，逕據汲本、殿本改正。

九九六頁一〇行　君（何）〔所〕爲輕身以先於匹夫者　據刊誤改，與孟子合。

九九六頁一二行　焉能使予不遇〔哉〕　據汲本、殿本補。

九九七頁三行　太湖有五道　按：各本「道」作「湖」，非。御覽地部三十一引亦作「道」。

九九七頁四行　（隔）〔滆〕湖　據汲本、殿本改。

九九七頁八行　說關（西）〔東〕六國令事秦　刊誤謂關西何緣有六國，明衍「關西」二字。今按：觀上下文語氣，「關西」明是「關東」之譌，劉說未諦，今改「西」作「東」。又按：汲本無「關西」二字。

九九八頁三行　高不過望國（氣）〔氛〕　據殿本改。

九九八頁一二行　及行迷之未遠　按：「及」原譌「反」，逕據殿本、集解本改正。

九九九頁三行　東觀記（曰）高字作喬　據殿本删。

一〇〇〇頁三行　（次）〔按〕下云　據校補說改。

一〇〇〇頁一三行　拜三官正眞御史　按：殿本「眞」作「員」。

一〇〇〇頁一六行　光扈扈而煬燿兮　按：汲本、殿本「煬」作「煬」。

一〇〇一頁八行　籬宇廷除　按：刊誤謂應作「籬室庭術」。又按：殿本「宇」作「室」。

一〇〇一頁八行　扈江蘺與薜芷　按：「蘺」原譌「䔿」，逕據汲本、殿本改正。

一〇〇一頁一一行　登登皇皇（維在）〔君枳維國〕國枳維都　按：校補謂「維在」殿本作「□維國」，今考朱右曾所校釋之足本周書，則作「登登皇皇，君枳維國，國枳維都」，並不闕字。今據改。

一〇〇一頁一三行　一名苻離　按：「苻」原譌「符」，逕據汲本、殿本改正。又按：汲本、殿本「離」作「蘺」。

一〇〇二頁一七行　衍娶北地（女）任氏〔女〕爲妻　王先謙謂東觀記作「北地任氏女」，是也，此誤倒。今據改。

一〇〇二頁一七行　兒女常自操井臼　按：「操」原譌「探」，逕改正。

一〇〇三頁一一行　了無女工　按：汲本、殿本「了」作「子」。

一〇〇五頁一行　似此妻又見出之　按：「之」疑當作「也」。

後漢書卷二十九

申屠剛鮑永郅惲列傳第十九

申屠剛字巨卿，扶風茂陵人也。七世祖嘉，文帝時爲丞相。剛質性方直，常慕史鰌、汲黯之爲人。〔一〕仕郡功曹。

〔一〕史記曰，史鰌字子魚，衞大夫也。論語孔子曰：「直哉史魚，邦有道如矢，邦無道如矢。」前書，汲黯字長孺。武帝時爲主爵都尉，好直諫，時人謂之「汲直」。

平帝時，王莽專政，朝多猜忌，遂隔絶帝外家馮衞二族，不得交宦，剛常疾之。〔一〕及舉賢良方正，因對策曰：

〔一〕馮謂馮昭儀，平帝祖母也。衞謂衞姬，平帝母也，號中山太后。王莽專政，馮衞二族皆不得至京師交通仕宦。見前書。

臣聞王事失則神祇怨怒，姦邪亂正，故陰陽謬錯。此天所以譴告王者，欲令失道之君，曠然覺悟，懷邪之臣，懼然自刻者也。〔一〕今朝廷不考功校德，而虛納毁譽，數下詔書，張設重法，抑斷誹謗，禁割論議，罪之重者，乃至腰斬。傷忠臣之情，挫直士之銳，殆乖建進善之旌，縣敢諫之鼓，〔二〕闢四門之路，明四目之義也。〔三〕

〔一〕懼，驚也，音紀住反。刻猶責也。

〔二〕旌，幡也。淮南子曰：「禹縣鐘鼓磬鐸，置鞀，以待四方之士。為幡曰：『教道寡人以道者擊鼓，喻以義者擊鐘，告以事者振鐸，語以憂者擊磬，有獄訟者搖鞀。』」帝王紀曰：「堯置敢諫之鼓。」

〔三〕孔安國注尚書曰，闢四方之門未開者，謂廣致衆賢也。明四目，謂廣視於四方，使下無壅塞也。

臣聞成王幼少，周公攝政，聽言下賢，均權布寵，無舊無新，唯仁是親，〔一〕動順天地，舉措不失。然近則召公不悅，遠則四國流言。〔二〕夫子母之性，天道至親。今聖主幼少，始免繈褓，〔三〕即位以來，至親分離，外戚杜隔，恩不得通。且漢家之制，雖任英賢，猶援姻戚。親疏相錯，杜塞閒隙，誠所以安宗廟，重社稷也。今馮、衞無罪，久廢不錄，或處窮僻，不若民庶，誠非慈愛忠孝承上之意。夫為人後者，自有正義，至尊至卑，其埶不嫌，是以人無賢愚，莫不為怨，姦臣賊子，以之為便，不諱之變，誠難其慮。今之保傅，非古之周公。周公至聖，猶尚有累，何況事失其衷，不合天心者哉？昔周公先遣伯禽守封於魯，以義割恩，寵不加後，〔四〕故配天郊祀，三十餘世。〔五〕霍光秉政，輔翼少主，修善進士，名為忠直，而尊〔崇〕其宗黨，摧抑外戚，〔六〕結貴據權，至堅至固，終沒之後，受禍滅門。〔七〕方今師傅皆以伊、周之位，據賢保之任，以此思化，則功何不至？不思其危，則禍何不到？損益之際，孔父攸歎，〔八〕持滿之戒，老氏所慎。〔九〕蓋功冠天下者不安，威震人主者不全。今承衰亂之後，繼重敝之世，公家屈竭，賦斂重數，苛吏奪其時，貪夫侵其財，百姓困乏，疾疫夭命。盜賊羣輩，且以萬數，軍行衆止，竊號自立，〔一〇〕攻犯京師，燔燒縣邑，〔一一〕至乃訛言積弩入宮，宿衞驚懼。自漢興以來，誠未有也。國家微弱，姦謀不禁，六極之效，危於累卵。〔一二〕王者承天順地，典爵主刑，不敢以天官私其宗，不敢以天罰輕其親。陛下宜遂聖明之德，昭然覺悟，遠述帝王之迹，近遵孝文之業，〔一三〕差五品之屬，納至親之序，〔一四〕亟遣使者徵中山太后，置之别宮，令時朝見。又召馮、衞二族，裁與冗職，〔一五〕使得執戟，親奉宿衞，以防未然之符，以抑患禍之端。上安社稷，下全保傅，內和親戚，外絕邪謀。

〔一〕尚書大傳曰：「武王入殷，周公曰：『各安其宅，各田其田，無故無新，唯仁之親。』」

〔二〕尚書曰：「召公爲保，周公爲師，相成王爲左右，召公不悅。」言周公既還政成王，宜其自退，今復爲相，故不悅也。四國謂管、蔡、商、奄也。成王幼小，周公攝政，四國流言曰：「公將不利於孺子。」

〔三〕免，離也。平帝即位時年九歲，故云始免繈緥。前書音義曰：「繈，落也。緥，被也。」「緥」或作「褓」也。

〔四〕伯禽，周公旦之子也。周公相成王，先封伯禽於魯，令就國守封。後謂伯禽也。周公身既尊寵，不令伯禽復加榮貴，以自挹損也。東觀記曰：「昔周公豫防禍首，先遣伯禽守封於魯，離斷至親，以義割恩，使已尊寵，不加其後。」

〔五〕自伯禽至頃公，爲楚考烈王所滅，凡三十四公。魯以周公大聖之後，故郊祀配天，一如天子之禮。

〔六〕昭帝時霍光輔政，其子禹及兄孫雲、山等皆中郎將、奉車都尉，昆弟諸壻皆奉朝請，給事中，唯昭帝外家趙氏無一在位者。

〔七〕霍光薨後，其子禹，宣帝時爲大司馬，謀反發覺，禹要斬，母顯及諸女昆弟皆棄市。

〔八〕說苑曰：「孔子讀易至損、益，則喟然而歎。子夏問曰：『夫子何爲歎？』孔子曰：『夫自損者益，自益者缺，吾是以歎之矣。』」

〔九〕老子曰：「持而盈之，不如其已。」已，止也，言執滿必傾，不如止也。

〔一〇〕興軍而行，擁衆而止，無畏憚於危亡也。

〔一一〕謂平帝元始三年，陽陵人任橫等自稱將軍，盜武庫兵，攻官寺，出囚徒也。

〔一二〕尚書大傳曰「貌之不恭厥極惡，言之不從厥極憂，視之不明厥極疾，聽之不聰厥極貧，心之不睿厥極凶短折，皇極不建厥極弱」也。

〔一三〕文帝卽位，使將軍薄昭迎薄太后於代。剛欲使平帝迎中山太后至京師者也。

〔一四〕五品，五常之教也。尚書舜命契曰：「汝作司徒，敬敷五教。」左傳史克曰：「舜舉八元，使布五教于四方：父義，母慈，兄友，弟恭，子孝。」

〔一五〕宂，散也。

書奏，莽令元后下詔曰：「剛所言僻經妄說，〔一〕違背大義。其罷歸田里。」

〔一〕元后，元帝后，王莽之姑也。

後莽篡位，剛遂避地河西，轉入巴蜀，往來二十許年。及隗囂據隴右，欲背漢而附公孫述。剛說之曰：「愚聞人所歸者天所與，人所畔者天所去也。伏念本朝〔一〕躬聖德，舉義兵，龔行天罰，所當必摧，誠天之所福，非人力也。將軍本無尺土，孤立一隅，宜推誠奉順，與朝并力，上應天心，下酬人望，爲國立功，可以永年。〔二〕嫌疑之事，聖人所絕。以將軍之威重，遠在千里，動作舉措，可不慎與？今璽書數到，委國歸信，欲與將軍共同吉凶。布衣相與，尚有沒身不負然諾之信，況於萬乘者哉！〔三〕今何畏何利，久疑如是？卒有非常之變，上負忠孝，下愧當世。〔四〕夫未至豫言，固常爲虛，及其已至，又無所及，是以忠言至諫，希得爲用。誠願反覆愚老之言。」囂不納，遂畔從述。

〔一〕謂光武也。

〔二〕今文尚書曰「立功立事，可以永年」也。

〔三〕烈士傳曰：「羊角哀、左伯桃二人爲死友，欲仕於楚，道阻，遇雨雪不得行，飢寒，自度不俱生。伯桃謂角哀曰：『俱死之後，骸骨莫收，內手捫心，知不如子。生恐無益而棄子之能，我樂在樹中。』角哀聽之，伯桃入樹中而死。楚平王愛角哀之賢，以上卿禮葬伯桃。角哀夢伯桃曰：『蒙子之恩而獲厚葬，正苦荊將軍冢相近。今月十五日，當大戰以決勝負。』角哀至期日，陳兵馬詣其冢，作三桐人，自殺，下而從之。」此歿身不負然諾之信也。

〔四〕言從漢何畏，附蜀何利，而久疑不決。

建武七年，詔書徵剛。剛將歸，與囂書曰：「愚聞專己者孤，拒諫者塞，孤塞之政，亡國之風也。雖有明聖之姿，猶屈己從衆，故慮無遺策，舉無過事。夫聖人不以獨見爲明，而以萬物爲心。順人者昌，逆人者亡，此古今之所共也。將軍以布衣爲鄉里所推，廊廟之計，既不豫定，〔一〕動軍發衆，又不深料。今東方政教日睦，百姓平安，而西州發兵，人人懷憂，騷動惶懼，莫敢正言，羣衆疑惑，人懷顧望。非徒無精鋭之心，其患無所不至。夫物窮則變生，事急則計易，其埶然也。夫離道德，逆人情，而能有國有家者，古今未有也。將軍素以忠孝顯聞，是以士大夫不遠千里，慕樂德義。今苟欲決意徼幸，此何如哉？夫天所祐者順，人所助者信。〔二〕如未蒙祐助，令小人受塗地之禍，毁壞終身之德，敗亂君臣之節，汚傷父子之恩，〔三〕衆賢破膽，可不慎哉！」囂不納。剛到，拜侍御史，遷尙書令。

〔一〕廊，殿下屋也；廟，太廟也。國事必先謀於廊廟之所也。

〔二〕易繫詞之言也。

〔三〕不從光武，是亂君臣之節也。遣子恂入質而背之，是傷父子之恩也。

光武嘗欲出游，剛以隴蜀未平，不宜宴安逸豫。諫不見聽，遂以頭軔乘輿輪，帝遂爲止。〔一〕

〔一〕軔，謂以頭枝車輪也。王逸注楚詞曰：「軔，止輪木也。」

時內外羣官，多帝自選舉，加以法理嚴察，職事過苦，尚書近臣，至乃捶撲牽曳於前，羣臣莫敢正言。剛每輒極諫，又數言皇太子宜時就東宮，簡任賢保，以成其德，帝並不納。以數切諫失旨，數年，出爲平陰令。復徵拜太中大夫，以病去官，卒於家。

鮑永字君長，上黨屯留人也。〔一〕父宣，哀帝時任司隸校尉，爲王莽所殺。〔二〕永少有志操，習歐陽尚書。〔三〕事後母至孝，妻嘗於母前叱狗，而永卽去之。〔四〕

〔一〕屯留，今潞州縣也。

〔二〕莽輔政，誅不附已者，故殺宣。

〔三〕歐陽生字和伯，千乘人。受尚書於伏生。見前書。

〔四〕去音丘呂反。

初爲郡功曹。莽以宣不附己，欲滅其子孫。都尉路平承望風旨，規欲害永。太守苟諫擁護，召以爲吏，常置府中。永因數爲諫陳興復漢室，翦滅篡逆之策。諫每戒永曰：「君長幾事不密，禍倚人門。」永感其言。及諫卒，自送喪歸扶風。路平遂收永弟升。太守趙興到，聞乃歎曰：「我受漢茅土，〔一〕不能立節，而鮑宣死之，豈可害其子也！」勑縣出升，復署永功曹。時有矯稱侍中止傳舍者，興欲謁之。永疑其詐，諫不聽而出，興遂駕往，永乃拔佩刀截馬當匈，乃止。〔二〕後數日，莽詔書果下捕矯稱者，永由是知名。舉秀才，不應。

〔一〕王者封五色土爲社，封諸侯則各割其方面土與之，燾以黄土，苴以白茅，使歸立社也。

〔二〕當匈，以韋爲之也。

更始二年徵，再遷尚書僕射，行大將軍事，持節將兵，安集河東、并州、朔部，得自置偏裨，輒行軍法。永至河東，因擊青犢，大破之，更始封爲中陽侯。〔一〕永雖爲將率，而車服敝素，爲道路所識。〔二〕

〔一〕中陽，縣，屬西河郡，今汾州孝義縣也。

〔二〕東觀記曰：「永好文德，雖行將軍，常衣皁襜褕，路稱鮑尚書兵馬。」俗本或有「爲」上加「不」者，誤也。

時赤眉害更始，三輔道絕。光武卽位，遣諫議大夫儲大伯〔一〕，持節徵永詣行在所。永疑不從，乃收繫大伯，〔二〕遣使馳至長安。既知更始已亡，乃發喪，出大伯等，封上將軍列侯印綬，悉罷兵，但幅巾與諸將及同心客百餘人詣河內。〔三〕帝見永，問曰：「卿衆所在？」永離席叩頭曰：「臣事更始，不能令全，誠慙以其衆幸富貴，故悉罷之。」〔四〕帝曰：「卿言大！」而意不悅。時攻懷未拔，帝謂永曰：「我攻懷三日而兵不下，關東畏服卿，可且將故人自往城下譬之。」卽拜永諫議大夫。至懷，乃說更始河內太守，於是開城而降。帝大喜，〔五〕賜永洛陽商里宅，〔六〕固辭不受。

〔一〕風俗通曰：「儲姓，齊大夫儲子之後也。」

〔二〕東觀記曰「封大伯所持節於晉陽傳（合）〔舍〕壁中，遣信人馳至長安」也。

〔三〕幘巾謂不著冠，但幘巾束首也。

〔四〕幸，希也。

〔五〕東觀記曰：「永說下懷，上大喜，與永對食。」

〔六〕東觀記曰：「賜洛陽上商里宅。」陸機洛陽記曰：「上商里在洛陽東北，本殷頑人所居，故曰上商里宅也。」

時董憲裨將屯兵於魯，侵害百姓，乃拜永爲魯郡太守。永到，擊討，大破之，降者數千人。唯別帥彭豐、虞休、皮常等各千餘人，稱「將軍」，不肯下。頃之，孔子闕里無故荊棘自除，〔一〕從講堂至于里門。永異之，謂府丞及魯令曰：「方今危急而闕里自開，斯豈夫子欲令太守行禮，助吾誅無道邪？」乃會人衆，修鄉射之禮，請豐等共會觀視，欲因此禽之。豐等亦欲圖永，乃持牛酒勞饗，而潛挾兵器。永覺之，手格殺豐等，禽破黨與。帝嘉其略，封爲關內侯，遷楊州牧。時南土尚多寇暴，永以吏人痍傷之後，乃緩其銜轡，〔二〕示誅彊橫而鎭撫其餘，百姓安之。會遭母憂，去官，悉以財產與孤弟子。

〔一〕闕里解見明紀。

〔二〕銜轡，喻法律以控御人也。說苑曰：「理國譬若張琴，大絃急則小絃絕矣，故急於其銜轡者，非千里之御也。」

建武十一年，徵爲司隸校尉。帝叔父趙王良尊戚貴重，永以事劾良大不敬，〔一〕由是朝廷肅然，莫不戒慎。乃辟扶風鮑恢爲都官從事，恢亦抗直不避彊禦。帝常曰：「貴戚且宜斂手，以避二鮑。」其見憚如此。

〔一〕東觀記曰「時良從送中郎將來歙喪還，入夏城門中，與五官將（軍）〔車〕相逢，道迫，良怒，召門候岑尊，叩頭馬前。永劾奏良曰『今月二十七日，車駕臨故中郎將來歙喪還，車駕過，須臾趙王良從後到，與右中郎將張邯相逢城門中，道迫狹，叱邯旋車，又召候岑尊詰責，使前走數十步。案良諸侯藩臣，蒙恩入侍，（宜）知尊帝城門候吏六百石，而肆意加怒，令叩頭都道，奔走馬頭前。無藩臣之禮，大不敬』」也。

永行縣到霸陵，路經更始墓，引車入陌，〔一〕從事諫止之。永曰：「親北面事人，寧有過墓不拜！雖以獲罪，司隸所不避也。」遂下拜，哭盡哀而去。西至扶風，椎牛上苟諫冢。帝聞之，意不平，問公卿曰：「奉使如此何如？」太中大夫張湛對曰：「仁者行之宗，忠者義之主也。仁不遺舊，忠不忘君，行之高者也。」帝意乃釋。

〔一〕墓在今萬年縣東北。南北爲阡，東西爲陌。

後大司徒韓歆坐事，〔一〕永固請之不得，以此忤帝意，出爲東海相。坐度田事不實，被徵，諸郡守多下獄。永至（城）〔成〕皐，詔書逆拜爲兗州牧，便道之官。〔二〕視事三年，病卒。子昱。

〔一〕建武十五年歆坐直言免也。

〔二〕東觀記詔書迎下永曰「君晨夜冒犯霜露，精神亦已勞矣。以君帷幄近臣，其以永爲兗州牧」也。

論曰：鮑永守義於故主，斯可以事新主矣。恥以其衆受寵，斯可以受大寵矣。若乃言之者雖誠，而聞之未譬，〔一〕豈苟進之悅，易以情納，持正之忤，難以理求乎？〔二〕誠能釋利以循道，居方以從義，〔三〕君子之槩也。

〔一〕譬猶曉也。

〔二〕言諂曲則易入，剛直則難進也。

〔三〕方，直也。

昱字文泉。少傳父學，客授於東平。建武初，太行山中有劇賊，太守戴涉聞昱鮑永子，有智略，乃就謁，請署守高都長。〔一〕昱應之，遂討擊羣賊，誅其渠帥，道路開通，由是知名。後爲沘陽長，政化仁愛，境內清淨。〔二〕

〔一〕高都，縣，屬上黨郡，故城在今澤州也。

〔二〕東觀記曰：「沘陽人趙堅殺人繫獄，其父母詣昱，自言年七十餘唯有一子，適新娶，今繫獄當死，長無種類，涕泣求哀。昱憐其言，令將妻入獄，解械止宿，遂任身有子。」

荊州刺史表上之，再遷，中元元年，拜司隸校尉。詔昱詣尚書，使封胡降檄。〔一〕光武遣小黃門問昱有所怪不？對曰：「臣聞故事通官文書不著姓，又當司徒露布，〔二〕怪使司隸下書而著姓也。」帝報曰：「吾故欲令天下知忠臣之子復爲司隸也。」昱在職，奉法守正，有父風。永平五年，坐救火遲，免。

〔一〕檄，軍書也，若今之露布也。

〔二〕漢官儀曰「羣臣上書，公卿校尉諸將不言姓。凡制書皆璽封，尚書令重封。唯赦贖令司徒印，露布州郡」也。

後拜汝南太守。郡多陂池，歲歲決壞，年費常三千餘萬。昱乃上作方梁石洫，〔一〕水常饒足，溉田倍多，人以殷富。

〔一〕洫，渠也。以石爲之，猶今之水門也。

十七年，代王敏爲司徒，賜錢帛什器帷帳，除子得爲郎。建初元年，大旱，穀貴。肅宗召昱問曰：「旱既太甚，將何以消復災眚？」對曰：「臣聞聖人理國，三年有成。〔一〕今陛下始踐天位，刑政未著，如有失得，何能致異？但臣前在汝南，典理楚事，〔二〕繫者千餘人，恐未能盡當其罪。先帝詔言，大獄一起，冤者過半。又諸徙者骨肉離分，孤魂不祀。一人呼嗟，王政爲虧。宜一切還諸徙家屬，蠲除禁錮，興滅繼絕，死生獲所。如此，和氣可致。」帝納其言。〔三〕

〔一〕論語孔子曰：「如有用我者，朞月而已可也，三年乃有成功。」

〔二〕永平十三年，楚王英謀反，連坐者在汝南，昱時主劾之也。

〔三〕東觀記曰：「時司徒辭訟久者至十數年，比例輕重，非其事類，錯雜難知。昱奏定辭訟七卷，決事都目八卷，以齊同法令，息遏人訟也。」

四年，代牟融爲太尉。六年，薨，年七十餘。

子德，修志節，有名稱，累官爲南陽太守。時歲多荒災，唯南陽豐穰，吏人愛悅，號爲神父。時郡學久廢，德乃修起横舍，〔一〕備俎豆黻冕，行禮奏樂。又尊饗國老，宴會諸儒。百姓觀者，莫不勸服。在職九年，徵拜大司農，卒于官。

〔一〕横，學也，字又作「黌」。

子昂，字叔雅，有孝義節行。初，德被病數年，昂俯伏左右，衣不緩帶；及處喪，毁瘠三年，抱負乃行；服闋，遂潛于墓次，不關時務。舉孝廉，辟公府，連徵不至，卒於家。

郅惲字君章，汝南西平人也。〔一〕年十二失母，居喪過禮。及長，理韓詩、嚴氏春秋，〔二〕明天文歷數。

〔一〕潛夫論曰：「周先姑氏封於燕，河東有郅都，汝南有郅君章。」音與古姑同，而其字異。然前書音義郅音之日反。

〔二〕韓，韓嬰也。作詩內外傳。嚴，嚴彭祖也。受公羊於眭孟，專門教授。見儒林傳。

王莽時，寇賊羣發，惲乃仰占玄象，歎謂友人曰：「方今鎮、歲、熒惑並在漢分翼、軫之域，〔一〕去而復來，漢必再受命，福歸有德。如有順天發策者，必成大功。」時左隊大夫逯並素好士，〔二〕惲說之曰：「當今上天垂象，智者以昌，愚者以亡。昔伊尹自鬻輔商，立功全人。〔三〕惲竊不遜，敢希伊尹之蹤，應天人之變。明府儻不疑逆，俾成天德。」並奇之，使署爲吏。惲不謁，曰：「昔文王拔呂尚於渭濱，高宗禮傅說於巖築，桓公取管仲於射鉤，故能立弘烈，就元勳。未聞師相仲父，而可爲吏位也。〔四〕非闚天者不可與圖遠。君不授驥以重任，驥亦俛首裹足而去耳。」〔五〕遂不受署。

〔一〕爾雅曰：「中央鎮星，東方歲星，南方熒惑。」翼、軫者，南方鶉尾之宿，楚之分野。（孔）演〔孔〕圖曰：「卯金刀，名爲劉，中國東南出荊州。」故爲漢分也。

〔二〕王莽以潁川爲左隊，郡守爲大夫。逯，姓；並，名也。風俗通曰：「逯，秦邑也，其大夫氏焉。」逯音錄。

〔三〕鬻，自衒賣也。史記曰，伊尹欲干湯而無因，乃爲有莘氏媵臣，負鼎俎以滋味說湯，乃任以國政也。

〔四〕師，呂望也。相，傅說也。仲父，管仲也。

〔五〕惲以驥自喻，因自稱驥。史記曰，吳兵入郢，申包胥走秦求救，晝夜馳驅，足腫蹠盭，裂裳裹足，鵠立秦庭。盭音戾。

西至長安，乃上書王莽曰：「臣聞天地重其人，惜其物，故運機衡，垂日月，〔一〕含元包一，甄陶品類，〔二〕顯表紀世，圖錄豫設。〔三〕漢歷久長，孔爲赤制，〔四〕不使愚惑，殘人亂時。智者順以成德，愚者逆以取害，神器有命，不可虛獲。上天垂戒，欲悟陛下，令就臣位，轉禍爲福。〔五〕劉氏享天永命，陛下順節盛衰，〔六〕取之以天，還之以天，可謂知命矣。若不早圖，是不免於竊位也。〔七〕且堯舜不以天顯自與，故禪天下，〔八〕陛下何貪非天顯以自累也？天爲陛下嚴父，臣爲陛下孝子。父教不可廢，子諫不可拒，惟陛下留神。」莽大怒，即收繫詔獄，劾以大逆。猶以惲據經讖，難即害之，使黃門近臣脅惲，令自告狂病恍忽，不覺所言。惲乃瞋目詈曰：「所陳皆天文聖意，非狂人所能造。」遂繫須冬，會赦得出，乃與同郡鄭敬南遁蒼梧。〔九〕

〔一〕機衡，北斗也。

〔二〕前書志曰：「太極元氣，合三爲一。」謂三才未分，包而爲一（也）。甄（也）者，陶人旋轉之輪也。言天地造化品物，如陶匠之成衆品者也。

〔三〕表，明也。紀，年也。言天豫設圖錄之書，顯明帝王之年代也。

〔四〕言孔丘作緯，著歷運之期，爲漢家之制。漢火德尙赤，故云爲赤制，即春秋感精符云「墨、孔生爲赤制」是也。

〔五〕上天垂戒，謂鎭、歲、熒惑並在漢分也。

〔六〕享，受也。永，長也。漢家受天長命，運祚未絕，勸莽當順其時之盛衰，衰則取之，盛則還之。

〔七〕竊，盜也。孔子曰：「臧文仲其竊位者歟？」

〔八〕堯舜盛德，天之所顯，猶不自與，以位禪人。言堯之禪舜，舜禪於禹也。

〔九〕湞，隱也。蒼梧，山名也。山海經曰，南方蒼梧之丘，蒼梧之川，其中有九疑山焉，舜之所葬也。在今永州唐興縣東南。

建武三年，又至廬江，因遇積弩將軍傅俊東徇揚州。俊素聞惲名，乃禮請之，上為將兵長史，授以軍政。惲乃誓眾曰：「無掩人不備，窮人於阨，不得斷人支體，裸人形骸，放淫婦女。」俊軍士猶發冢陳尸，掠奪百姓。惲諫俊曰：「昔文王不忍露白骨，〔一〕武王不以天下易一人之命，〔二〕故能獲天地之應，剋商如林之旅。〔三〕將軍如何不師法文王，而犯逆天地之禁，多傷人害物，虐及枯尸，取罪神明？今不謝天改政，無以全命。願將軍親率士卒，收傷葬死，哭所殘暴，以明非將軍本意也。」從之，百姓悅服，所向皆下。

〔一〕解見順紀。

〔二〕呂氏春秋曰：「武王伐紂，至鮪水，紂使膠鬲候周，問武王曰：『何日至？』武王曰：『將以甲子日至。』膠鬲行，天大雨，日夜不休，武王疾行不輟。軍吏諫之。武王曰：『吾疾行以救膠鬲之死也。』」

〔三〕天地之應，謂夜雨止、畢陳、白魚入舟之類。剋，勝也。商，殷號也。旅，眾也。如林，言眾多。尚書曰：「武王伐紂，紂率其旅若林，會於牧野。」

七年，俊還京師，而上論之。〔一〕惲恥以軍功取位，遂辭歸鄉里。縣令卑身崇禮，請以爲門下掾。惲友人董子張者，父先爲鄉人所害。〔二〕及子張病，將終，惲往候之。子張垂歿，視惲，歔欷不能言。惲曰：「吾知子不悲天命，而痛讎不復也。子在，吾憂而不手；子亡，吾手而不憂也。」〔三〕子張但目擊而已。〔四〕惲卽起，將客遮仇人，取其頭以示子張。子張見而氣絕。惲因而詣縣，以狀自首。令應之遲，〔五〕惲曰：「爲友報讎，吏之私也。奉法不阿，君之義也。虧君以生，非臣節也。」趨出就獄。令跣而追惲，不及，遂自至獄，令拔刃自向以要惲曰：「子不從我出，敢以死明心。」〔六〕惲得此乃出，因病去。

〔一〕上音時掌反。

〔二〕東觀記曰「子張父及叔父爲鄉里盛氏一時所害」也。

〔三〕言子在，吾憂子仇未能報，而不須手自揮鋒；子若亡，吾直爲子手刃仇人，更不須心懷憂也。

〔四〕目擊謂執視之也。莊子曰「目擊而道存」也。

〔五〕縣令不欲其自首詣獄，故應對之緩也。

〔六〕惲若不去，欲自刺以明心也。

久之，太守歐陽歙請爲功曹。汝南舊俗，十月饗會，百里內縣皆齎牛酒到府讌飲。時臨饗禮訖，歙敎曰：「西部督郵繇延，〔一〕天資忠貞，稟性公方，摧破姦凶，不嚴而理。今與衆儒共論延功，顯之于朝。太守敬嘉厥休，牛酒養德。」主簿讀(書)教，戶曹引延受賜。惲於下坐愀然前曰：「司正舉觥，〔二〕以君之罪，告謝于天。案延資性貪邪，外方內員，〔三〕朋黨搆姦，罔上害人，所在荒亂，怨慝並作。明府以惡為善，股肱以直從曲，此既無君，又復無臣，惲敢再拜奉觥。」歙色慙動，不知所言。門下掾鄭敬進曰：「君明臣直，功曹言切，明府德也，可無受觥哉？」歙意少解，曰：「實歙罪也，敬奉觥。」〔四〕惲乃免冠謝曰：「昔虞舜輔堯，四罪咸服，〔五〕讒言弗庸，孔任不行，〔六〕故能作股肱，帝用有歌。〔七〕惲不忠，孔任是昭，〔八〕豺虎從政，〔九〕既陷誹謗，又露所言，〔一〇〕罪莫重焉。請收惲、延，以明好惡。」歙曰：「是重吾過也。」〔一一〕遂不讌而罷。惲歸府，稱病，延亦自退。

〔一〕繇姓，咎繇之後。繇音遙。

〔二〕愀，變色貌。司正，主禮儀者。觥，罰爵也，以角為之。詩小雅曰：「兕觥其觩，旨酒思柔。」觥音古橫反。

〔三〕言延外示方直而內實柔弱也。孔子曰：「色厲而內荏。」

〔四〕遂受罰也。

〔五〕左傳曰：「舜臣堯，乃流四凶族。」尚書曰「乃流共工于幽州，放驩兜于崇山，竄三苗于三危，殛鯀于羽山，四罪而天下咸服」也。

〔六〕庸，用也。孔，甚也。任，佞也。

〔七〕尚書曰：「股肱喜哉！元首起哉！」

〔八〕昭，顯也。惲自責不忠，故使甚佞之人昭顯也。

〔九〕豻虎，貪獸，以比繇延也。

〔一〇〕露，顯也。又對衆顯言（於）繇延之罪也。

〔一一〕重，再也。

鄭敬素與惲厚，見其言忤歙，乃相招去，曰：「子廷爭繇延，君猶不納。延今雖去，其執必還。〔一〕直心無諱，誠三代之道。〔二〕然道不同者不相爲謀，吾不能忍見子有不容君之危，盍去之乎！」惲曰：「孟軻以彊其君之所不能爲忠，量其君之所不能爲賊。〔三〕惲業已彊之矣。障君於朝，〔四〕既有其直，而不死職，罪也。延退而惲又去，不可。」敬乃獨隱於弋陽山中。〔五〕居數月，歙果復召延，惲於是乃去，從敬止，漁釣自娛，留數十日。惲志在從政，既乃喟然而歎，謂敬曰：「天生俊士，以爲人也。鳥獸不可與同羣，〔六〕子從我爲伊呂乎？將爲巢許，而父老堯舜乎？」〔七〕敬曰：「吾足矣。初從生步重華於南野，〔八〕謂來歸爲松子，〔九〕今幸得全軀樹類，〔一〇〕還奉墳墓，盡學問道，〔一一〕雖不從政，施之有政，是亦爲政也。〔一二〕吾年耄矣，安得從子？子勉正性命，勿勞神以害生。」惲於是告別而去。敬字次都，清志高世，光武連徵不到。〔一三〕

〔一〕言歙後必召延也。

〔二〕三代，夏、殷、周也。論語曰：「三代之所以直道而行也。」

〔三〕孟子對齊宣王曰：「力足以舉百鈞，而不足以舉一羽，明足以察秋毫之末，而不見輿薪，則王許之乎？」曰：「不。」孟子曰：「今恩足以及禽獸，而功不至於百姓者，獨何歟？然則一羽之不舉，爲不用力焉，輿薪之不見，爲不用明焉，百姓之不見保，爲不用恩焉。故王之不王，弗爲也，非不能也。」曰：「不爲者與不能者之形何以異？」曰：「挾太山以（趨）〔超〕北海，語人曰我不能，是誠不能也。爲（少）〔長〕者折枝，語人曰我不能，是（誠不能也爲長者折枝語人曰我）不爲也，非不能也。」此彊其君之所不能爲也。又曰：「惻隱之心，仁之端也；（善）〔羞〕惡之心，義之端也；辭讓之心，禮之端也；是非之心，智之端也。人之有是四端也，猶其有四體也。有是四端自謂不能者，自賊者也；謂其君不能者，賊其君者也。」

〔四〕障，蔽也。君謂歙也。言歙將以牛酒賞縣延，而憚障蔽不聽之。

〔五〕弋陽，縣，屬汝南郡，前書云弋陽山在縣西北也。

〔六〕論語孔子之言。

〔七〕若爲巢父、許由，則以堯、舜爲父老之人也。

〔八〕步猶尋也。重華，舜字也。南野，謂蒼梧也。

〔九〕赤松子也。敬以歸鄉隱逸，自謂同之。劉向列仙傳曰「赤松子，神農時雨師，至崑崙山，常止西王母石室，隨風上下。炎帝少女追之，得仙俱去」也。

〔一〇〕樹類謂有胤嗣。

〔一一〕敬汝南人，今隱弋陽，不離墳墓。

〔一二〕論語孔子之言也。言隱遁好道，在家孝悌，亦從政之義也。

〔一三〕謝沈書曰：「敬閑居不脩人倫，新遷都尉逼爲功曹。廳事前樹時有清汁，以爲甘露。敬曰：『明府政未能致甘露，此清木汁耳。』辭病去，隱處精學蝦陂中。陰就、虞延並辟，不行。同郡鄧敬因折芰爲坐，以荷薦肉，瓠瓢盈酒，言談彌日，蓬廬蓽門，琴書自娛。光武公車徵，不行。」案：王莽改新蔡縣爲新遷也。

惲遂客居江夏教授，郡舉孝廉，爲上東城門候。〔一〕帝嘗出獵，車駕夜還，惲拒關不開。帝令從者見面於門閒。惲曰：「火明遼遠。」遂不受詔。帝乃迴從東中門入。〔二〕明日，惲上書諫曰：「昔文王不敢槃于游田，以萬人惟憂。〔三〕而陛下遠獵山林，夜以繼晝，其如社稷宗廟何？暴虎馮河，未至之戒，誠小臣所竊憂也。」書奏，賜布百匹，貶東中門候爲參封尉。〔四〕

〔一〕洛陽城東面北頭門也。

〔二〕東面中門也。

〔三〕槃，樂也。尚書無逸曰「文王不敢槃于游田，以萬人惟政之共」也。

〔四〕參封，縣，屬琅邪郡。

後令惲授皇太子韓詩，侍講殿中。及郭皇后廢，〔一〕惲乃言於帝曰：「臣聞夫婦之好，父不能得之於子，〔二〕況臣能得之於君乎？是臣所不敢言。雖然，願陛下念其可否之計，無令天下有議社稷而已。」帝曰：「惲善恕己量主，知我必不有所左右而輕天下也。」〔三〕后既廢，而太子意不自安，惲乃說太子曰：「久處疑位，上違孝道，下近危殆。昔高宗明君，吉甫賢臣，及有纖介，放逐孝子。〔四〕春秋之義，母以子貴。太子宜因左右及諸皇子引愆退身，奉養母氏，以明聖教，不背所生。」太子從之，帝竟聽許。

〔一〕建武十七年廢。

〔二〕得猶制御也。司馬遷曰：「妃匹之愛，君不能得之臣，父不能得之子，況卑下乎？」

〔三〕左右猶向背也。言其齊等。

〔四〕家語曰：「曾參妻爲梨蒸不熟，因出之，終身不娶。其子請焉。曾參曰：『高宗以後妻殺孝子，尹吉甫以後妻放伯奇，吾上不及高宗，中不比吉甫，知其得免於非乎！』遂不娶。」

惲再遷長沙太守。先是長沙有孝子古初，遭父喪未葬，鄰人失火，初匍匐柩上，以身扞火，火爲之滅。惲甄異之，以爲首舉。後坐事左轉芒長，〔一〕又免歸，避地教授，〔二〕著書八篇。以病卒。子壽。

〔一〕芒，縣，屬沛國，故城在今亳州永城縣北，一名臨睢城。東觀記曰「坐前長沙太守張禁多受遺送千萬，以惲不推劾，故左遷」也。

〔二〕避地謂隱遁也。東觀記曰：「芒守丞韓龔受大盜丁仲錢，阿擁之，加笞八百，不死，入見惲，稱仲健。惲怒，以所杖鐵杖捶龔。龔出怨懟，遂殺仲，惲故坐免。」

壽字伯考，善文章，以廉能稱，舉孝廉，稍遷冀州刺史。時冀部屬郡多封諸王，賓客放縱，類不檢節，〔一〕壽案察之，無所容貸。乃使部從事專住王國，又徙督郵舍王宮外，〔二〕動靜失得，卽時騎驛言上奏王罪及劾傅相，於是藩國畏懼，並爲遵節。視事三年，冀土肅清。三遷尚書令。朝廷每有疑議，常獨進見。肅宗奇其智策，擢爲京兆尹。郡多彊豪，姦暴不禁。三輔素聞壽在冀州，皆懷震竦，各相檢敕，莫敢干犯。壽雖威嚴，而推誠下吏，皆願効死，莫有欺者。以公事免。

〔一〕類猶皆也。

〔二〕近王宮置督郵舍，以察王得失。

復徵爲尚書僕射。是時大將軍竇憲以外戚之寵，威傾天下。憲嘗使門生齎書詣壽，有所請託，壽卽送詔獄。前後上書陳憲驕恣，引王莽以誡國家。是時憲征匈奴，海內供其役費，而憲及其弟篤、景並起第宅，驕奢非法，百姓苦之。壽以府臧空虛，軍旅未休，遂因朝會譏刺憲等，厲音正色，辭旨甚切。憲怒，陷壽以買公田誹謗，下吏當誅。侍御史何敞上疏理之曰：「臣聞聖王闢四門，開四聰，延直言之路，下不諱之詔，立敢諫之旗，聽歌謠於路，〔一〕爭臣七人，以自鑒照，〔二〕考知政理，違失人心，輒改更之，故天人並應，傳福無窮。臣伏見尚書僕射郅壽坐於臺上，與諸尚書論擊匈奴，言議過差，及上書請買公田，遂繫獄考劾大不敬。臣愚以爲壽機密近臣，匡救爲職。若懷默不言，其罪當誅。今壽違衆正議，以安宗廟，豈其私邪？又臺閣平事，分爭可否，雖唐虞之隆，三代之盛，猶謂諤諤以昌，不以誹謗爲罪。〔三〕請買公田，人情細過，可裁隱忍。壽若被誅，臣恐天下以爲國家横罪忠直，賊傷和氣，忤逆陰陽。臣所以敢犯嚴威，不避夷滅，觸死瞽言，非爲壽也。〔四〕忠臣盡節，以死爲歸。臣雖不知壽，度其甘心安之。誠不欲聖朝行誹謗之誅，以傷晏晏之化，〔五〕杜塞忠直，垂譏無窮。臣敞謬豫機密，言所不宜，罪名明白，當塡牢獄，先壽僵仆，萬死有餘。」書奏，壽得減死，論徙合浦。〔六〕未行，自殺，家屬得歸鄉里。

〔一〕歌謠謂詩也。禹置敢諫之幡，解已見上。禮記王制曰：「命太師陳詩觀民風。」鄭玄注云：「陳詩謂采其詩而示之。」

〔二〕孔子曰，天子有爭臣七人。

〔三〕史記趙良謂商君曰：「千人之諾諾，不如一士之諤諤。武王諤諤以昌，殷紂嘿嘿以亡。」

〔四〕論語曰「侍於君子有三愆，未見顏色而言謂之瞽」也。

〔五〕鄭玄注尙書考靈耀云：「道德純備謂之塞，寬容覆載謂之晏。」

〔六〕今〔廣〕〔廉〕州縣。

贊曰：鮑永沈吟，晚乃歸正。志達義全，先號後慶。〔一〕申屠對策，郅惲上書。有道雖直，無道不愚。

〔一〕易曰「先號咷而後笑」，謂初凶後吉也。

校勘記

一〇二二頁七行　王莽專政朝多猜忌　按：「政」字原脫，逕據汲本、殿本補。

一〇二三頁六行　使下無壅塞也　按：「壅」原譌「擁」，逕據汲本、殿本改正。

一〇二三頁一五行　而尊〔崇〕其宗黨　殿本「尊」下有「崇」字。校補引錢大昭說，謂閩本「尊」下有「崇」字。今據補。

一〇二三頁三行　〔召公爲保〕周公爲師　刊誤謂按文少「召公爲保」四字。按：下有「爲左右」之文，如無召公，則「左右」字無著矣。劉說是，今據補。

一〇二六頁一行　建武七年詔書徵剛　按：集解引通鑑考異，謂七年囂已臣公孫述，必不用詔書，「七年」當作「六年」。

一〇二六頁一三行　遂以頭軔乘輿輪帝遂爲止　按：上「遂」字御覽四五二引作「乃」。

一〇二六頁一五行　軔謂以頭枝車輪也　汲本、殿本「枝」作「止」。按：集解引惠棟說，謂「止」本作「支」，或作「搘」。

一〇二七頁二行　簡任賢保　按：何焯謂「保」下當有「傅」字。

一〇二八頁九行　路稱鮑尚書兵馬　按：「馬」原譌「焉」，逕據汲本、殿本改正。

一〇一九頁三行　封大伯所持節於晉陽傳(合)〔舍〕壁中　刊誤謂「合」當作「舍」。今據改。

一〇二〇頁四行　入夏城門中　按：集解本依汲本「入」作「大」。校補謂錢大昭云「大」當作「入」，洛陽十二城門，夏門位在亥。今案錢説雖與東觀記合，然書鈔六十一引續漢書則與此注同，又陶弘景眞誥郎宗占知京師大火，燒大夏門，則似作「大」亦非誤。

一〇二〇頁四行　與五官將(軍)〔車〕相逢　刊誤謂五官無將軍之稱，蓋「軍」字本是「車」字。今據改。

一〇二〇頁六行　〔宜〕知尊帝城門候吏六百石　據東觀記補。

一〇二〇頁一四行　永至(城)〔成〕皐　據集解本改。

一〇二一頁九行　昱字文泉　按：東觀記「泉」作「淵」，王先謙謂此避唐高祖諱改。又按：王先謙謂書鈔六十一引續漢書，云「字守文」。

一〇二三頁三行　吾故欲令天下知忠臣之子復爲司隸也　按：汲本、殿本「故」作「固」。

一〇二三頁一〇行　除子得爲郎　刊誤謂「得」字後皆作「德」，義無兩子名得、德者，知此字誤。今按：得德古通作，非字誤，特前後不一致耳。

一〇二三頁一三行　先帝詔言大獄一起冤者過半　按：查明帝紀無此詔，通鑑作「夫大獄一起，冤者過半」。

一〇二三頁一四行　宜一切還諸徙家屬　按：「屬」字原脫，逕據汲本、殿本補。

一〇三三頁三行　時司徒辟訟久者至十數年　按：「徒」原譌「徙」，逕改正。「辟」汲本作「例」，東觀記同。「十數年」汲本作「數十年」，東觀記同。

一〇三三頁七行　備俎豆黻冕　按：「黻」汲本、殿本作「黼」。

一〇三三頁八行　莫不勸服　按：「勸」疑「歎」之譌。

一〇三四頁三行　並在漢分翼軫之域　按：「在」字原脫，逕據汲本、殿本補。

一〇三四頁四行　時左隊大夫逯並素好士　按：沈家本謂前書王莽傳作「逯竝」，恩澤侯表作「逯普」，普本作普，普竝形近，未詳孰是。竝爲莽大司馬，封同風侯，後策免就侯位。此云左隊大夫，殆策免之後復居是官歟？

一〇三四頁一〇行　（孔）演〔孔〕圖曰　據汲本改。

一〇三五頁六行　父敎不可廢　按：殿本「可」作「敢」。

一〇三五頁一一行　合三爲一　按：殿本、集解本「合」作「含」。

一〇三五頁一二行　包而爲一〔也〕甄（也）者　據刊誤改。

一〇三六頁七行　窮人於戹　按：汲本、集解本「於」作「屈」。校補引錢大昭說，謂閩本作「於」。

一〇三六頁一五行　武王伐〔紂〕紂率其旅若林　刊誤謂案文「伐」下少一「殷」字。今按：御覽三二六引重「紂」字，今依御覽補。

一〇二七頁一三行　惲若不去　汲本、殿本「去」作「出」。今按：去謂離去，作「去」亦通。

一〇二八頁一行　主簿讀(書)教　集解引惠棟說，謂袁紀及風俗通皆云主簿讀教，衍「書」字。今據刪。

一〇二九頁三行　又對衆顯言(於)繇延之罪也　據殿本刪。按：汲本「於」作「夫」，疑皆衍文。

一〇二九頁一〇行　將爲巢許而父老堯舜乎　按：汲本、殿本作「將爲巢許乎，而父老堯舜也」。王先謙謂東觀記「父老」二字作「去」。

一〇三〇頁四行　挾太山以(趍)〔超〕北海　據汲本、殿本改，與今本孟子合。

一〇三〇頁五行　爲(少)〔長〕者折枝語人曰我不能是(誠不能也爲長者折枝語人曰我)不爲也　據汲本、殿本改刪。按：章懷引孟子，往往與今本孟子異，或其所見本不同也。然此節文字衍譌，幾不可句讀，張晧王龔傳論注亦引孟子荅齊宣王語，雖多刪節，大致與今本孟子合，足證此爲傳寫之誤也。

一〇三〇頁六行　(善)〔羞〕惡之心　據汲本、殿本改，與今本孟子合。

一〇三二頁二行　此清木汁耳　按：汲本、殿本「淸」作「青」。

一〇三二頁六行　火明遼遠　按：王先謙謂東觀記「遼」作「燎」。

一〇三二頁六行　帝乃迴從東中門入　按：「東中門」續志作「中東門」。校補謂錢大昭云此與何湯事略同，湯事在謝承書，桓榮傳注引之。今案桓榮傳注引作「更從中東門入」，與續志合。

一〇三二頁七行　以萬人惟憂　按：注引書無逸「以萬民惟政之共」，則「憂」似當作「政」，袁紀正作「萬民惟正」，正與政同也。又按：殿本「惟」作「爲」。

一〇三三頁一五行　壽字伯考　汲本、殿本「伯考」作「伯孝」。按：古人名字相應，作「伯孝」者，譌也。

一〇三四頁四行　以傷晏晏之化　按：集解本依汲本改「晏晏」爲「塞晏」，取與鄭注合。殿本考證謂第五倫、何敞、陳寵傳皆有「晏晏」二字，依鄭注改「塞晏」，非是。

一〇三四頁一〇行　侍於君子有三愆　按：「子」字原脫，逕據汲本、殿本補。

一〇三四頁一三行　今(㢘)〔廉〕州縣　據刊誤改。

後漢書卷三十上

蘇竟楊厚列傳第二十上

蘇竟字伯況，扶風平陵人也。平帝世，竟以明易爲博士講書祭酒。〔一〕善圖緯，能通百家之言。王莽時，〔與〕劉歆等共典校書，拜代郡中尉。時匈奴擾亂，北邊多罹其禍，竟終完輯一郡。光武卽位，就拜代郡太守，使固塞以拒匈奴。建武五年冬，盧芳略得北邊諸郡，帝使偏將軍隨弟屯代郡。〔二〕竟病篤，以兵屬弟，詣京師謝罪。拜侍中，數月，以病免。

〔一〕王莽置六經祭酒，秩上卿，每經各一人，竟爲講尙書祭酒。

〔二〕隨姓，弟名也。弟音悌。

初，延岑護軍鄧仲況擁兵據南陽陰縣爲寇，〔一〕而劉歆兄子龔爲其謀主。〔二〕竟時在南陽，與龔書曉之曰：

〔一〕陰，縣名，屬南陽郡，故城在今襄州穀城縣界北。

〔二〕臣賢案：前書及三輔決錄並云向曾孫，今言歆兄子，則不同也。

君執事無恙。〔一〕走昔以摩研編削之才，〔二〕與國師公從事出入，校定祕書，〔三〕竊自依依，末由自遠。蓋聞君子愍同類而傷不遇。人無愚智，莫不先避害然後求利，先定志然後求名。昔智果見智伯窮兵必亡，故變名遠逝，〔四〕陳平知項王爲天所棄，故歸心高祖，皆智之至也。〔五〕聞君前權時屈節，北面延牙，〔六〕乃後覺悟，棲遲養德。〔七〕先世數子，又何以加。〔八〕君處陰中，土多賢士，若以須臾之閒，研考異同，揆之圖書，測之人事，則得失利害，可陳於目，何自負畔亂之困，不移守惡之名乎？與君子之道，何其反也？

〔一〕執事猶言左右也。敬前人，故呼其執事者。爾雅曰：「恙，憂也。」

〔二〕走謂馳走之人，謙稱也，猶司馬遷與任少卿書云「牛馬走」之類也。說文曰：「編，次也。」削謂簡也，一曰削書刀也。研音午見反。

〔三〕劉歆爲王莽國師公也。

〔四〕智果，智伯臣也。逝，去也。戰國策曰，智伯與韓、魏共圍趙，智伯之臣智果說智伯曰：「韓魏二主色動而喜，必背君矣。不如殺之。」智伯曰：「晉陽旦暮將拔之，而饗其利，乃有它心，不可，子勿復言。」智果見言之不聽，出，更其姓爲輔氏，遂去不見。其後韓、魏乃反殺智伯，三分其地。「果」或作「過」。

〔五〕陳平初事項羽，後知羽必敗，乃仗劍度河歸漢，見前書也。

〔六〕延岑字牙。屈節謂臣事也。

〔七〕爾雅曰「棲遲，息偃也」，言後息偃養德，不復事延牙也。詩小雅曰：「或棲遲偃仰。」

〔八〕謂智果、陳平也。

世之俗儒末學，醒醉不分，而稽論當世，疑誤視聽。或謂天下迭興，未知誰是，稱兵據土，可圖非冀。或曰聖王未啓，宜觀時變，倚彊附大，顧望自守。二者之論，豈其然乎？夫孔丘祕經，爲漢赤制，〔一〕玄包幽室，文隱事明。〔二〕且火德承堯，雖昧必亮，〔三〕承積世之祚，握無窮之符，王氏雖乘閒偸篡，而終嬰大戮，支分體解，宗氏屠滅，非其効歟？〔四〕皇天所以眷顧踟蹰，憂漢子孫者也。〔五〕論者若不本之於天，參之於聖，猥以師曠雜事輕自眩惑，說士作書，亂夫大道，焉可信哉？〔六〕

〔一〕祕經，幽祕之經，即緯書也。赤制，解見郅惲傳。

〔二〕包，臧也。言緯書玄祕，臧於幽室，文雖微隱，事甚明驗。

〔三〕昧，暗也。亮，明也。言漢承唐堯、劉累之後，以火德王，雖遭王莽篡奪，一時闇昧，今光武中興，必盛明也。

〔四〕王莽傳曰：「校尉公賓就斬莽首，軍人分裂莽身，支節肌肉臠分。」三輔舊事曰：「臠切千段。」

〔五〕踟蹰猶裴回也。

〔六〕師曠雜事，雜占之書也。前書曰陰陽書十六家，有師曠八篇也。

諸儒或曰：今五星失晷，天時謬錯，〔一〕辰星久而不効，〔二〕太白出入過度，熒惑進退見態，鎭星繞帶天街，歲星不舍氐、房。〔三〕以爲諸如此占，歸之國家。蓋災不徒設，皆應之分野，各有所主。夫房、心卽宋之分，東海是也。〔四〕尾爲燕分，漁陽是也。〔五〕東海董憲迷惑未降，漁陽彭寵逆亂擁兵，王赫斯怒，命將並征，故熒惑應此，憲、寵受殃。太白、辰星自亡新之末，失行筭度，以至于今，或守東井，或沒羽林，〔六〕或裴回藩屛，或躑躅帝宮，〔七〕或經天反明，或潛臧久沈，或衰微闇昧，或煌煌北南，或盈縮成鉤，或偃蹇不禁，〔八〕皆大運蕩除之祥，聖帝應符之兆也。賊臣亂子，往往錯互，指麾妄說，傳相壞誤。由此論之，天文安得遵度哉！

〔一〕五星謂東方歲星，南方熒惑星，西方太白〔星〕，北方辰星，中央鎭星。失晷，失於常度。

〔二〕不効謂出入失度也。

〔三〕前書曰：「昴、畢閒爲天街。」氐、房，東方之宿。歲星，歲舍一次，當次舍於氐、房，今不舍之，是變常也。

〔四〕前書天文志曰：「卯爲房、心，宋之分也。」

〔五〕前書天文志曰：「寅爲尾、箕，燕之分也。」

〔六〕東井，南方之宿。天官書曰：「北宮虛、危，南方有衆星曰羽林天軍。」「筭」或作「舛」。

〔七〕帝宮，北辰也。藩屛，兩傍之星也。裴回謂縈繞淹留。躑躅謂上下不去也。

〔八〕盈縮猶進退，曲如鉤形也。偃蹇，高而明大無禁制。

乃者，五月甲申，天有白虹，自子加午，廣可十丈，長可萬丈，正臨倚彌。倚彌卽黎丘，秦豐之都也。〔一〕是時月入于畢。畢爲天網，〔二〕主網羅無道之君，故武王將伐紂，上祭于畢，求助天也。〔三〕夫仲夏甲申爲八魁。〔四〕八魁，上帝開塞之將也，主退惡攘逆。流星狀似蚩尤旗，或曰營頭，或曰天槍，出奎而西北行，至延牙營上，散爲數百而滅。奎爲毒螫，主庫兵。〔五〕此二變，郡中及延牙士衆所共見也。是故延牙遂之武當，〔六〕託言發兵，實避其殃。今年比卦部歲，坤主立冬，坎主冬至，水性滅火，南方之兵受歲禍也。〔七〕德在中宮，刑在木，木勝土，刑制德，今年兵事畢已，中國安寧之效也。五七之家三十五姓，彭、秦、延氏不得豫焉。〔八〕如何怪惑，依而恃之？葛纍之詩，「求福不回」，其若是乎！〔九〕

〔一〕蓋秦豐黎丘一名倚彌也。

〔二〕畢，西方宿也。

〔三〕史記曰，周武王即位九年，上祭于畢，東觀兵于孟津也。

〔四〕歷法，春三月己巳、丁丑，夏三月甲申、壬辰，秋三月己亥、丁未，冬三月甲寅、壬戌，爲八魁。

〔五〕春秋合誠圖曰「奎主武庫之兵」也。

〔六〕今均州縣也。

〔七〕比卦，坤下坎上，坎爲水也。

〔八〕春秋運斗樞曰：「五七三十五，人皆共一德。」

〔九〕詩大雅曰：「莫莫葛藟，施于條枚，愷悌君子，求福不回。」注云：「葛延蔓於木之枝而茂盛，喻子孫依緣先人之功而起也。回，違也。言不違先祖之道。」

圖讖之占，衆變之驗，皆君所明。善惡之分，去就之決，不可不察。無忽鄙言！夫周公之善康叔，以不從管蔡之亂也；〔一〕景帝之悅濟北，以不從吳濞之畔也。〔二〕自更始以來，孤恩背逆，歸義向善，臧否粲然，可不察歟！良醫不能救無命，彊梁不能與天爭，〔三〕故天之所壞，人不得支。〔四〕宜密與太守劉君共謀降議。仲尼棲棲，墨子遑遑，憂人之甚也。〔五〕屠羊救楚，非要爵祿；〔六〕茅焦干秦，豈求報利？〔七〕盡忠博愛之誠，憤滿不能已耳。

〔一〕史記曰，周公以成王命伐殷，殺管叔，放蔡叔，以殷餘人封康叔爲衞君。

〔二〕濟北王志，高帝孫，齊王肥之子也。吳楚反時，堅守不從，景帝賢之，徙封爲淄川王也。

〔三〕扁鵲之見桓侯，項王之敵漢祖也。

〔四〕支，持也。左傳曰，晉汝叔寬曰：「天之所壞，不可支也；衆之所爲，不可干也。」

〔五〕班固曰「棲棲遑遑，孔席不煖，墨突不黔」也。

〔六〕莊子曰「楚昭王失國，屠羊說走而從於王。昭王反國，將賞從亡者，及屠羊說。屠羊說曰：『大王失國，說失屠羊；大王反國，說亦反屠羊。臣之爵祿已復矣，又何賞之有？』遂不受」也。

又與仲況書諫之，文多不載，於是仲況與龔遂降。

〔七〕秦始皇遷太后於咸陽宮，又撲殺兩弟。齊人茅焦解衣伏質入諫，始皇乃迎太后歸於咸陽，爵茅焦爲上卿，焦辭不受。事見說苑也。

龔字孟公，長安人，善論議，扶風馬援、班彪並器重之。〔一〕竟終不伐其功，潛樂道術，作記誨篇及文章傳於世。年七十，卒于家。

〔一〕三輔決錄注曰：「唯有孟公論可觀者。」班叔皮與京兆丞郭季通書曰：「劉孟公臧器於身，用心篤固，實瑚璉之器，宗廟之寶也。」

楊厚字仲桓，廣漢新都人也。祖父春卿，善圖讖學，爲公孫述將。漢兵平蜀，春卿自殺，臨命戒子統曰：「吾綈袠中〔一〕有先祖所傳祕記，爲漢家用，爾其修之。」統感父遺言，服闋，辭家從犍爲周循學習先法，又就同郡鄭伯山受河洛書及天文推步之術。〔二〕建初中爲彭城令，一州大旱，統推陰陽消伏，縣界蒙澤。太守宗湛使統爲郡求雨，亦卽降澍。〔三〕自是朝廷災異，多以訪之。統作家法章句及內讖二卷解說，位至光祿大夫，爲國三老。年九十卒。

〔一〕說文曰：「綈，厚繒也。」綈音提。

〔二〕益部耆舊傳曰：「統字仲通。曾祖父仲續舉河東方正，拜祁令，甚有德惠，人爲立祠。樂益部風俗，因留家新都，代修儒學，以夏侯尚書相傳。」

〔三〕袁山松書曰「統在縣，休徵時序，風雨得節，嘉禾生於寺舍，人庶稱神」也。

統生厚。厚母初與前妻子博不相安，厚年九歲，思令和親，乃託疾不言不食。母知其旨，懼然改意，〔一〕恩養加篤。博後至光祿大夫。

〔一〕懼音九具反。

厚少學統業，精力思述。初，安帝永初〔二〕〔三〕年，太白入〔北〕斗，洛陽大水。〔一〕時統爲侍中，厚隨在京師。朝廷以問統，統對年老耳目不明，子厚曉讀圖書，粗識其意。鄧太后使中常侍承制問之，厚對以爲「諸王子多在京師，容有非常，宜亟發遣各還本國」。〔二〕太后從之，星尋滅不見。又剋水退期日，皆如所言。除爲中郎。太后特引見，問以圖讖，厚對不合，免歸。〔三〕復習業犍爲，不應州郡、三公之命，方正、有道、公車特徵皆不就。

〔一〕續漢志曰，時正月己亥，太白入北斗中，以爲貴相凶也。又京師及郡國四十一雨水，鄧太后專政也。

〔二〕亟音紀力反。

〔三〕袁山松書曰：「鄧太后問厚曰：『大將軍鄧騭應輔臣（以）〔星〕不？』對曰：『不應。』以此不合其旨。」

永建二年，順帝特徵，詔告郡縣督促發遣。厚不得已，行到長安，以病自上，因陳漢三百五十年之戹，〔一〕宜蠲法改憲之道，〔二〕及消伏災異，凡五事。制書褒述，有詔太醫致藥，太官賜羊酒。及至，拜議郎，三遷爲侍中，特蒙引見，訪以時政。四年，厚上言「今夏必盛寒，當有疾疫蝗蟲之害」。是歲，果六州大蝗，疫氣流行。後又連上「西北二方有兵氣，宜備邊寇」。車駕臨當西巡，感厚言而止。至陽嘉三年，西羌寇隴右，明年，烏桓圍度遼將軍耿曄。永和元年，復上「京師應有水患，又當火災，三公有免者，蠻夷當反畔」。是夏，洛陽暴水，殺千餘人；至冬，承福殿災，太尉龐參免；荆、交二州蠻夷賊殺長吏，寇城郭。又言「陰臣、近戚、妃黨當受禍」。〔三〕明年，宋阿母與宦者褒信侯李元等遘姦廢退，〔四〕後二年，中常侍張逵等復坐誣罔大將軍梁商專恣，悉伏誅。每有災異，厚輒上消救之法，而閹宦專政，言不得信。

〔一〕春秋命歷序曰：「四百年之閒，閉四門，聽外難，羣異並賊，官有孽臣，州有兵亂，五七弱，暴漸之効也。」宋均注云：「五七三百五十歲，當順帝漸微，四方多逆賊也。」

〔二〕蠲，明也。

〔三〕陰，私也。

〔四〕阿母，順帝乳母山陽君宋娥也。

時大將軍梁冀威權傾朝，遣弟侍中不疑以車馬、珍玩致遺於厚，欲與相見。厚不荅，固稱病求退。帝許之，賜車馬錢帛歸家。修黄老，教授門生，上名錄者三千餘人。太尉李固數薦言之。(太)〔本〕初元年，梁太后詔備古禮以聘厚，〔一〕遂辭疾不就。建和三年，太后復詔徵之，經四年不至。年八十二，卒於家。策書弔祭。鄉人謚曰文父。門人爲立廟，郡文學掾史春秋饗射常祠之。

〔一〕古禮謂以東帛加璧，安車蒲輪等。

校勘記

一〇四二頁四行　〔與〕劉歆等共典校書　刊誤謂案文「劉歆」上少一「與」字。今據補。

一〇四二頁九行　劉歆兄子龔　集解引惠棟說，謂東觀記云劉歆子恭，「恭」與「龔」古文通。按：聚珍本東觀記作「劉歆兄子恭」。

一〇四三頁一行　摩研編削之才　按：東觀記「削」作「簡」。

一〇四三頁二行　末由自遠　按：「末」原譌「未」，逕據殿本、集解本改正。

一〇四三頁六行　不移守惡之名乎　按：集解引惠棟說，謂「守惡」當作「首惡」。校補謂「守惡」誠誤，但首惡之名見史記，惟爲人君父者當之，龔但爲仲況謀主，亦不應卽斥爲首惡，或爲「同惡」之譌。

一〇四四頁七行　傳相壞誤　按：刊誤謂「壞」當作「詿」，聲相近而誤。

一〇四四頁八行　西方太白〔星〕　據汲本、殿本補。

一〇四五頁二行　求助天也　按：集解引王鳴盛說，謂「助天」當作「天助」。

一〇四七頁七行　楊厚　按：集解引惠棟說，謂華陽國志作「序」。

一〇四八頁一行　拜祁令　按：張森楷校勘記謂舊本「祁」作「郫」。祁縣屬太原郡，而此下云「樂益部風俗，因留家新都」，則當作「郫」爲是。又按：張氏所謂「舊本」，據張氏自云「似是坊刻，稱通行本，一稱舊本」，未確言何本。

一〇四八頁七行　安帝永初(二)〔三〕年太白入(北)斗　集解引錢大昕說，謂五星行道皆在黃道左右，無緣得入北斗，史言入斗者，皆南斗也。續志太白入斗中凡再見，俱無「北」字，知爲後人妄增。且太白入斗在永初三年，此云「二年」，亦誤。今按：續志書永初三年正月己亥，太白入斗中。查永初三年正月壬辰朔，有己亥，二年正月戊辰朔，無己亥。錢說是，今據改。

一〇四八頁一四行　大將軍鄧騭應輔臣(以)〔星〕不　據集解本改。按：校補謂「星」原譌「以」，據袁書改。

一〇四九頁八行　而閹宦專政　按：「宦」原作「官」，逕據汲本、殿本改。

一〇四九頁一〇行　官有孽臣　按：「孽」原譌「糵」，逕據汲本、殿本改正。

一〇五〇頁二行　(太)〔本〕初元年　集解引惠棟說，謂依華陽國志，當作「本初」。今據改。

後漢書卷三十下

郎顗襄楷列傳第二十下

郎顗字雅光，北海安丘人也。父宗，字仲綏，學京氏易，善風角、星筭、六日七分，〔一〕能望氣占候吉凶，常賣卜自奉。〔二〕安帝徵之，對策爲諸儒表，後拜吳令。〔三〕時卒有暴風，宗占知京師當有大火，記識時日，遣人參候，果如其言。諸公聞而表上，以博士徵之。宗恥以占驗見知，聞徵書到，夜縣印綬於縣廷而遁去，遂終身不仕。

〔一〕京氏，京房也，作易傳。風角謂候四方四隅之風，以占吉凶也。星筭謂善天文筭數也。易稽覽圖曰：「甲子卦氣起中孚，六日八十分日之七。」鄭玄注云：「六以候也。八十分爲一日之七者，一卦六日七分也。」

〔二〕奉音扶用反。

〔三〕吳，縣名，屬會稽郡，今蘇州縣也。

顗少傳父業，兼明經典，隱居海畔，延致學徒常數百人。晝研精義，夜占象度，勤心銳思，朝夕無倦。州郡辟召，舉有道、方正，不就。

順帝時，災異屢見，陽嘉二年正月，公車徵，顗乃詣闕拜章曰：

臣聞天垂妖象，地見災符，所以譴告人主，責躬脩德，使正機平衡，流化興政也。易內傳曰：「凡災異所生，各以其政。變之則除，消之亦除。」〔一〕伏惟陛下躬日昃之聽，溫三省之勤，〔二〕思過念咎，務消祇悔。〔三〕

〔一〕易稽覽圖曰：「凡異所生，災所起，各以其政，變之則除，其不可變，則施之亦除。」鄭玄注云：「改其政者，謂失火令則行水令，失土令則行木令，失金令則行火令，則災除去也。不可變謂殺賢者也。施之者，死者不可復生，封祿其子孫，使得血食，則災除也。」

〔二〕論語曾子曰「吾日三省吾身」也。

〔三〕祇，大也。易復卦初九曰：「無祇悔元吉。」

方今時俗奢佚，淺恩薄義。夫救奢必於儉約，拯薄無若敦厚，安上理人，莫善於禮。修禮遵約，蓋惟上興，革文變薄，事不在下。故周南之德，關雎政本。〔一〕本立道生，風行草從，澄其源者流清，溷其本者末濁。天地之道，其猶鼓籥，以虛爲德，自近及遠者也。〔二〕伏見往年以來，園陵數災，〔三〕炎光熾猛，驚動神靈。易天人應曰：「君子不思遵利，茲謂無澤，厥災孽火燒其宮。」又曰：「君高臺府，犯陰侵陽，厥災火。」又曰：「上不儉，下不節，炎火並作燒君室。」自頃繕理西苑，修復太學，〔四〕宮殿官府，多所搆飾。昔盤庚遷殷，去奢卽儉，〔五〕夏后卑室，盡力致美。〔六〕又魯人爲長府，閔子騫曰：「仍舊貫，何必改作。」〔七〕臣愚以爲諸所繕修，事可省減，稟卹貧人，賑贍孤寡，此天之意也，人之慶也，仁之本也，儉之要也。焉有應天養人，爲仁爲儉，而不降福者哉？

〔一〕周南詩序曰：「關雎，風之始也，所以風化天下而正夫婦也。」故夫婦爲政本也。

〔二〕籥如笛，六孔。鼓籥，其形內虛而氣無窮。老子曰：「天地之閒其猶橐籥，虛而不屈，動而愈出。」

〔三〕陽嘉元年冬，恭陵百丈廡災。永建元年秋，茂陵園寢災。

〔四〕永建六年修太學也。

〔五〕帝王紀曰：「盤庚以耿在河北，迫近山川，自祖辛以來奢淫不絕，乃度河將徙都亳之殷地。人吝嗟相怨，不欲徙，盤庚乃作書三篇以告喻之。」今尚書盤庚三篇是也。亳在偃師。

〔六〕論語孔子曰：「禹惡衣服而致美乎黻冕，卑宮室而盡力乎溝洫。」

〔七〕長府，魯之府名也。仍，因也。貫，事也。言因舊事則可，何必更作。見論語。

土者地祇，陰性澄靜，宜以施化之時，敬而勿擾。竊見正月以來，陰闇連日。易內傳曰：「久陰不雨，亂氣也，蒙之比也。蒙者，君臣上下相冒亂也。」〔一〕又曰：「欲德不用，厥異常陰。」夫賢者化之本，雲者雨之具也。得賢而不用，猶久陰而不雨也。又頃前數日，寒過其節，冰既解釋，還復凝合。夫寒往則暑來，暑往則寒來，〔二〕此言日月相推，寒暑相避，以成物也。今立春之後，火卦用事，當溫而寒，違反時節，由功賞不至，而刑罰必加也。宜須立秋，順氣行罰。

〔一〕易稽覽圖曰：「日食之比，陰（得）〔覆〕陽（也）。蒙之比也，陰冒陽也。」鄭玄注云：「蒙，氣也。比非一也。邪臣謀覆冒其君，先霧從夜昏起，或從夜半或平旦。君不覺悟，日中不解，遂成蒙；君復不覺悟，下爲霧也。」比音庇。

〔二〕易繫詞之文也。

臣伏案飛候，參察衆政，〔一〕以爲立夏之後，當有震裂涌水之害。又比熒惑失度，盈縮往來，涉歷輿鬼，環繞軒轅。〔二〕火精南方，夏之政也。政有失禮，不從夏令，則熒惑失行。〔三〕正月三日至乎九日，三公卦〔也〕。〔四〕三公上應台階，下同元首。〔五〕政失其道，則寒陰反節。「節彼南山」，詠自周詩；〔六〕「股肱良哉」，著於虞典。而今之在位，競託高虛，納累鐘之奉，忘天下之憂，〔七〕棲遲偃仰，寢疾自逸，被策文，得賜錢，即復起矣。何疾之易而愈之速？以此消伏災眚，興致升平，其可得乎？今選舉牧守，委任三府。〔八〕長吏不良，既咎州郡，州郡有失，豈得不歸責舉者？而陛下崇之彌優，自下慢事愈甚，所謂大網疏，小網數。〔九〕三公非臣之仇，臣非狂夫之作，所以發憤忘食，懇懇不已者，誠念朝廷欲致興平，非不能面譽也。

〔一〕京房作易飛候。

〔二〕天官書曰，輿鬼，南方之宿。軒轅黃龍體，女主後宮之象也。

〔三〕熒惑，南方，主夏，爲禮爲視。禮虧視失，不行夏令，則熒惑逆行也。見天文志。

〔四〕凡卦法，一爲元士，二爲大夫，三爲三公，四爲諸侯，五爲王位，六爲宗廟。前書曰：「梁人焦延壽，字贛，長於災變，分六十四卦，更直日用事，以風、雨、寒、溫爲候。」音義云：「分卦直日之法，爻主一日，卽三日九日，並爲三公之(日)〔卦〕也。」

〔五〕春秋元命包曰：「魁下六星，兩兩而比，曰三台。」前書音義曰：「泰階，三台也。」又黃帝泰階六符經曰：「泰階者，天之三階也。上階爲天子，中階爲諸侯、公卿、大夫，下階爲士、庶人。三階平則陰陽和，風雨時。」尚書曰：「君爲元首，臣作股肱。」言三公上象天之台階，下與人君同體也。

〔六〕詩小雅曰：「節彼南山，維石巖巖，赫赫師尹，人具爾瞻。」注云：「節，高峻貌也。喻三公之位，人所高嚴也。赫赫，顯盛也。師尹，三公也。言三公之位，天下之人共瞻視之。」

〔七〕六斛四斗曰鍾，左傳曰四(斗)〔升〕爲豆，四豆爲區，四區爲釜，(四)〔十〕釜爲鍾也。

〔八〕三公也。

〔九〕謂綬於三公，切於州郡也。

臣生長草野，不曉禁忌，披露肝膽，書不擇言。伏鑕鼎鑊，死不敢恨。謹詣闕奉章，伏待重誅。

書奏，帝復使對尚書。〔一〕顗對曰：

〔一〕使就尚書更對也。

臣聞明王聖主好聞其過，忠臣孝子言無隱情。臣備生人倫視聽之類，而稟性愚愨，不識忌諱，故出死忘命，懇懇重言。〔一〕誠欲陛下修乾坤之德，開日月之明，披圖籍，案經典，覽帝王之務，識先後之政。如有闕遺，退而自改。本文武之業，擬堯舜之道，攘災延慶，號令天下。此誠臣頵區區之願，夙夜夢寤，盡心所計。謹條序前章，暢其旨趣，〔二〕條便宜七事，具如狀對：

〔一〕重，再也。

〔二〕謂前詣闕所上章也。

一事：陵園至重，聖神攸馮，而災火炎赫，迫近寢殿，魂而有靈，猶將驚動。尋宮殿官府，近始永平，歲時未積，便更修造。又西苑之設，禽畜是處，離房別觀，本不常居，而皆務精土木，營建無已，消功單賄，巨億爲計。易內傳曰：「人君奢侈，多飾宮室，其時旱，其災火。」是故魯僖遭旱，修政自敕，下鐘鼓之縣，休繕治之官，〔一〕雖則不寧，而時雨自降。〔二〕由此言之，天之應人，敏於景響。〔三〕今月十七日戊午，徵日也，〔四〕日加申，〔五〕風從寅來，丑時而止。丑、寅、申皆徵也，不有火災，必當爲旱。〔六〕願陛下校計繕修之費，永念百姓之勞，罷將作之官，減彫文之飾，損庖廚之饌，退宴私之樂。易中孚傳曰：「陽感天，不旋日。」〔七〕如是，則景雲降集，眚沴息矣。〔八〕

〔一〕春秋考異郵曰：「僖公三年春夏不雨，於是僖公憂閔，玄服避舍，釋更徭之逋，罷軍寇之誅，去苛刻峻文慘毒之教，所蠲浮令四十五事。曰：『方今天旱，野無生稼，寡人當死，百姓何（謗）〔罪〕？不敢煩人請命，願撫萬人害，以身塞無狀。』禱已，舍齊南郊，雨大澍也。」

〔二〕左傳僖公「六月雨」。

〔三〕敏，疾也。

〔四〕陽嘉二年正月。

〔五〕日在申時也。

〔六〕南方爲徵，故爲火及旱也。

〔七〕易中孚傳曰：「陽感天，不旋日，諸侯不旋時，大夫不過朞。」鄭玄注云：「陽者天子，爲善一日，天立應以善；爲惡一日，天立應以惡。諸侯爲善一時，天立應以善；爲惡一時，天立應以惡。大夫爲善一歲，天亦立應以善；爲惡一歲，天亦立應以惡。」一說云「不旋日，立應之；不過時，三辰閒；不過朞，從今旦至明日旦」也。陽卽指天子也。

〔八〕景雲，五色雲也，一曰慶雲。孝經援神契曰：「德至山陵則景雲出。」顗以陵園火災，故引之也。眚沴謂災氣。

二事：去年已來，兌卦用事，類多不効。易傳曰：「有貌無實，佞人也；有實無貌，道人也。」寒溫爲實，清濁爲貌。〔一〕今三公皆令色足恭，外厲內荏，以虛事上，無佐國之實，故清濁效而寒溫不效也，是以陰寒侵犯消息。〔二〕占曰：「日乘則有妖風，日蒙則有地裂。」如是三年，則致日食，陰侵其陽，漸積所致。立春前後溫氣應節者，詔令寬也。其後復寒者，無寬之實也。夫十室之邑，必有忠信，率土之人，豈無貞賢，未聞朝廷有所賞拔，非所以求善贊務，弘濟元元。宜採納良臣，以助聖化。

〔一〕易稽覽圖曰：「有實無貌，屈道人也；有貌無實，佞人也。」鄭玄注曰：「有寒溫，無貌濁清靜，此賢者屈道，仕于不肖君也。有貌濁清靜，無寒溫，此佞人以便巧仕於世也。」

〔二〕易稽覽圖曰：「侵消息者，或陰專政，或陰侵陽。」鄭玄注：「溫卦以溫侵，寒卦以寒侵。陽者君也，陰者臣也，專君政事亦陰侵陽也。

三事：臣聞天道不遠，三五復反。〔一〕今年少陽之歲，法當乘起，恐後年已往，將遂驚動，涉歷天門，災成戊己。〔二〕今春當旱，夏必有水，臣以六日七分候之可知。夫災眚之來，緣類而應。行有玷缺，則氣逆于天，精感變出，以戒人君。王者之義，時有不登，則損滋徹膳。數年以來，穀收稍減，家貧戶饉，歲不如昔。百姓不足，君誰與足？水旱之災，雖尚未至，然君子遠覽，防微慮萌。老子曰：「人之飢也，以其上食稅之多也。」故孝文皇帝綈袍革舄，木器無文，〔三〕約身薄賦，時致升平。今陛下聖德中興，宜遵前典，惟節惟約，天下幸甚。易曰：「天道無親，常與善人。」是故高宗以享福，〔四〕宋景以延年。〔五〕

〔一〕春秋合誠圖曰：「至道不遠，三五而反。」宋均注云：「三，三正也。五，五行也。三正五行，王者改代之際會也。能於此際自新如初，則通無窮也。」

〔二〕戊亥之間爲天門也。

〔三〕前書曰：「孝文帝身衣弋綈，足履革舄，兵木無刃，衣縕無文。」

〔四〕高宗，殷王武丁也。尙書大傳曰：「武丁祭成湯，有雉飛升鼎耳而雊，祖己曰：『雉者野鳥，升于鼎者，欲爲用也，無則遠方將有來朝者。』故武丁內反諸己，以思先王之道。三年，編髮重譯來朝者六國。孔子曰：『吾於高宗肜日見德之有報之疾也。』」帝王紀曰「高宗饗國五十有九年，年百歲」也。

〔五〕呂氏春秋曰「宋景公時，熒惑在心，召子韋問焉。子韋曰：『禍當君。雖然，可移宰相。』公曰：『宰相，寡人所與理國家也。』曰：『可移於人。』公曰：『人死，寡人將誰爲君？』曰：『可移於歲。』公曰：『歲飢人餓，誰以我爲君乎？』子韋曰：『君有至德之言三，天必三賞君，熒惑必退三舍。一舍行七星，星當一年，君延二十一年矣。』熒惑果退三舍」也。

四事：臣竊見皇子未立，儲宮無主，仰觀天文，太子不明。〔一〕熒惑以去年春分後十六日在婁五度，〔二〕推步三統，熒惑今當在翼九度，〔三〕今反在柳三度，〔四〕則不及五十餘度。〔五〕去年八月二十四日戊辰，熒惑歷輿鬼東入軒轅，出后星北，東去四度，北旋復還。軒轅者，後宮也。熒惑者，至陽之精也，天之使也，〔六〕而出入軒轅，繞還往來。易曰：「天垂象，見吉凶。」其意昭然可見矣。禮，天子一娶九女，嫡媵畢具。今宮人侍御，動以千計，或生而幽隔，人道不通，鬱積之氣，上感皇天，故遣熒惑入軒轅，理人倫，垂象見異，以悟主上。昔武王下車，出傾宮之女，表商容之閭，〔七〕以理人倫，以表賢德，故天授以聖子，成王是也。今陛下多積宮人，以違天意，故皇胤多夭，嗣體莫寄。詩云：「敬天之怒，不敢戲豫。」〔八〕方今之福，莫若廣嗣，廣嗣之術，可不深思？宜簡出宮女，恣其姻嫁，則天自降福，子孫千億。惟陛下丁寧再三，留神於此。左右貴倖，亦宜惟臣之言，以悟陛下。蓋善言古者合於今，善言天者合於人。〔九〕願訪問百僚，有違臣言者，臣當受苟言之罪。〔一〇〕

〔一〕洪範五行傳曰：「心之大星天王也，其前星太子也，後星庶子也。」

〔二〕婁，西方宿也。

〔三〕翼，南方宿也。

〔四〕柳，東方宿也。

〔五〕言熒惑行遲也。

〔六〕熒惑南方火，盛陽之精也。天文要集曰：「天有五帝，五星為之使。」

〔七〕尚書大傳曰：「武王入殷，表商容之閭，歸傾宮之女。」

〔八〕詩大雅板篇之文也。注云：「戲豫，逸豫也。」

〔九〕前書武帝詔曰：「善言天者必有徵於人，善言古者必有驗於今。」

〔一〇〕論語孔子曰：「君子於其言無所苟而已矣。」

五事：臣竊見去年閏(十)月十七日己丑夜，有白氣從西方天苑趨左足，入玉井，數日乃滅。〔一〕春秋曰：「有星孛于大辰。大辰者何？大火也。〔二〕大火爲大辰，伐又爲大辰，〔三〕北極亦爲大辰。」〔四〕所以孛一宿而連三宿者，言北辰王者之宮也。凡中宮無節，政教亂逆，威武衰微，則此三星以應之也。罰者白虎，其宿主兵，其國趙、魏，〔五〕變見西方，亦應三輔。凡金氣爲變，發在秋節。〔六〕臣恐立秋以後，趙、魏、關西將有羌寇畔戾之患。宜豫宣告諸郡，使敬授人時，輕徭役，薄賦斂，勿妄繕起，堅倉獄，備守衞，回選賢能，以鎮撫之。〔七〕金精之變，責歸上司。〔八〕宜以五月丙午，遣太尉服干戚，建井旟，〔九〕書玉板之策，引白氣之異，〔一0〕於西郊責躬求愆，謝咎皇天，消滅妖氣。蓋以火勝金，轉禍爲福也。〔一一〕

〔一〕續漢志曰：「時客星氣白，廣二尺，長五丈，起天苑西南。」天官書曰：「西有句曲九星，三處羅：一曰天旗，二曰天苑，三曰九游。」參星下四小星爲玉井，其外四星左右肩股也。

〔二〕春秋昭十七年：「有星孛于大辰。」爾雅曰：「大辰，房、心、尾也。」孫炎曰：「龍星明者可以爲時候，故曰大辰。」

〔三〕廣雅曰「罰謂之大辰」也。

〔四〕爾雅曰：「北極謂之北辰。」李巡曰：「北極，天心也，居北方，正四時，謂之北辰也。」

〔五〕天官書曰：「參爲白虎，下有三星曰罰，爲斬刈之事。」故主兵。昴、畢之閒，趙、魏之分也。

〔六〕西方白氣入玉井，是金氣之變也。

〔七〕回，易也。

〔八〕上司謂司馬也，建武二十七年改爲太尉。韓詩外傳曰：「司馬主天。陰陽不調，星辰失度，責之司馬。」故云責歸上司也。

〔九〕干，楯也。戚，斧也。西方主兵，故太尉執持楯斧，所以厭金氣也。井，南方火宿也。鳥隼曰旟也。以火勝金，故畫井星之文於旟而建之也。

〔一〇〕書祝辭於玉板也。

〔一一〕以五月丙午日，火勝金也。

六事：臣竊見今月十四日乙卯巳時，白虹貫日。凡日傍氣色白而純者名爲虹。貫日中者，侵太陽也；見於春者，政變常也。方今中官外司，各各考事，〔一〕其所考者，或非急務。又恭陵火災，主名未立，〔二〕多所收捕，備經考毒。尋火爲天戒，以悟人君，可順而不可違，可敬而不可慢。陛下宜恭己內省，以備後災。凡諸考案，并須立秋。又易傳曰：「公能其事，序賢進士，後必有喜。」反之，則白虹貫日。以甲乙見者，則譴在中台。〔三〕自司徒居位，陰陽多謬，〔四〕久無虛己進賢之策，天下興議，異人同咨。〔五〕且立春以來，金氣再見，〔六〕金能勝木，必有兵氣，宜黜司徒以應天意。陛下不早攘之，將負臣言，遺患百姓。

〔一〕考，劾也。

〔二〕立猶定也。時考問延火者姓名未定也。

〔三〕譴，責也。韓詩外傳曰：「三公者何？司空、司徒、司馬也。司馬主天，司空主地，司徒主人。故陰陽不調，星辰失度，責之司馬；山陵崩絕，川谷不流，責之司空；五穀不殖，草木不茂，責之司徒。」甲乙東方主春，生殖五穀之時也。而白虹以甲乙日見，明責在司徒也。

〔四〕時劉崎爲司徒，至陽嘉三年策免。

〔五〕咨，嗟歎也。

〔六〕謂元年閏十二月己丑夜，有白氣入玉井，二年正月乙卯，白虹貫日，此金氣再見。

七事：臣伏惟漢興以來三百三十九歲。於詩三基，高祖起亥仲二年，今在戌仲十年。〔一〕詩氾歷樞曰：「卯酉爲革政，午亥爲革命，神在天門，出入候聽。」〔二〕言神在戌亥，司候帝王興衰得失，厥善則昌，厥惡則亡。於易雄雌祕歷，今值困乏。凡九二困者，衆小人欲共困害君子也。經曰：「困而不失其所，其唯君子乎！」〔三〕唯獨賢聖之君，遭困遇險，能致命遂志，不去其道。〔四〕陛下乃者潛龍養德，幽隱屈厄，〔五〕即位之元，紫宮驚動，歷運之會，時氣已應。然猶恐妖祥未盡，君子思患而豫防之。臣以爲戌仲已竟，來年入季，文帝改法，除肉刑之罪，〔六〕至今適三百載。〔七〕宜因斯際，大蠲法令，官名稱號，輿服器械，事有所更，變大爲小，去奢就儉，機衡之政，除煩爲簡。改元更始，招求幽隱，舉方正，徵有道，博採異謀，開不諱之路。

〔一〕「基」當作「朞」，謂以三朞之法推之也。詩汜歷樞曰：「凡推其數皆從亥之仲起，此天地所定位，陰陽氣周而復始，萬物死而復蘇，大統之始，故王命一節爲之十歲也。」

〔二〕宋均注云：「神，陽氣，君象也。天門，戌亥之閒，乾所據者。」

〔三〕易困卦之辭也。

〔四〕易困卦曰：「澤無水，困，君子以致命遂志。」困卦坎下兌上。坎爲水，兌爲澤，水在澤下，是謂竭涸之象，故以喻困。致命遂志，謂君子委命固窮，不離於道也。

〔五〕謂順帝爲太子時，廢爲濟陰王。

〔六〕漢法肉刑三，謂黥也，劓也，左右趾也。文帝除之，當黥者髡鉗城旦舂，當劓者笞三百，當左右（指）〔趾〕者笞五百也。

〔七〕自文帝十三年除肉刑，至順帝陽嘉二年，合三百年也。

臣陳引際會，恐犯忌諱，書不盡言，未敢究暢。

臺詰顗曰：「對云『白虹貫日，政變常也』。朝廷率由舊章，何所變易而言變常？又言『當大蠲法令，革易官號』。或云變常以致災，或改舊以除異，何也？又陽嘉初建，復欲改元，據何經典？其以實對。」顗對曰：

方春東作，布德之元，陽氣開發，養導萬物。王者因天視聽，奉順時氣，宜務崇溫柔，遵其行令。〔一〕而今立春之後，考事不息，秋冬之政，行乎春夏，故白虹春見，掩蔽日曜。凡邪氣乘陽，則虹蜺在日，斯皆臣下執事刻急所致，殆非朝廷優寬之本。此其變常之咎也。又今選舉皆歸三司，非有周召之才，而當則哲之重，〔二〕每有選用，輒參之掾屬，〔三〕公府門巷，賓客塡集，送去迎來，財貨無已。其當遷者，競相薦謁，各遣子弟，充塞道路，開長姦門，興致浮僞，非所謂率由舊章也。尚書職在機衡，宮禁嚴密，〔四〕私曲之意，羌不得通，偏黨之恩，或無所用。選舉之任，不如還在機密。〔五〕臣誠愚戇，不知折中，斯固遠近之論，當今之宜。又孔子曰：「漢三百載，〔計〕〔斗〕歷改憲。」〔六〕三百四歲爲一德，五德千五百二十歲，五行更用。〔七〕王者隨天，譬猶自春徂夏，改青服絳者也。〔八〕自文帝省刑，適三百年，而輕微之禁，漸已殷積。王者之法，譬猶江河，當使易避而難犯也。故易曰：「易則易知，簡則易從，易簡而天下之理得矣。」今去奢卽儉，以先天下，改易名號，隨事稱謂。易曰：「君子之道，或出或處，同歸殊塗，一致百慮。」是知變常而善，可以除災，變常而惡，必致於異。今年仲竟，來年入季，仲終季始，歷運變改，故可改元，所以順天道也。

〔一〕禮記月令，孟春，天子命相布德和令，行慶施惠，下及兆人。仲春，安萌牙，養幼少，存諸孤，省囹圄，去桎梏，止獄訟。是遵其行令也。

〔二〕尚書曰：「知人則哲。」

〔三〕參，豫也。

〔四〕北斗魁星第三爲機，第五爲衡，於天文爲喉舌。李固對策曰：「陛下之有尚書，猶天有北斗，主爲喉舌，斟酌元氣，運平四時，出納王命也。」

〔五〕欲使尚書專掌選也。

〔六〕春秋保乾圖曰：「陽起於一，天帝爲北辰，氣成於三，以立五神，三五展轉，機以動運。」故三百歲斗歷改憲也。

〔七〕易乾鑿度孔子曰：「立德之數，先立木、金、水、火、土德，各三百四歲。」五德備凡千五百二十歲，太終復初，故曰五行更用。更猶變改也。

〔八〕禮記月令，孟春天子衣青衣，服倉玉，孟夏則衣朱衣，服赤玉也。

臣顗愚蔽，不足以荅聖問。

顗又上書薦黃瓊、李固，并陳消災之術曰：

臣前對七事，要政急務，宜於今者，所當施用。誠知愚淺，不合聖聽，人賤言廢，當受誅罰，〔一〕征營惶怖，靡知厝身。

〔一〕論語孔子曰：「不以人廢言。」

臣聞刳舟剡楫，將欲濟江海也；〔一〕聘賢選佐，將以安天下也。昔唐堯在上，羣龍爲用，〔二〕文武創德，周召作輔，是以能建天地之功，增日月之耀者也。詩云：「赫赫王命，仲山甫將之。邦國若否，仲山甫明之。」〔三〕宣王是賴，以致雍熙。陛下踐祚以來，勤心庶政，而三九之位，未見其人，〔四〕是以災害屢臻，四國未寧。〔五〕臣考之國典，驗之聞見，莫不以得賢爲功，失士爲敗。且賢者出處，翔而後集，〔六〕爵以德進，則其情不苟，然後使君子恥貧賤而樂富貴矣。若有德不報，有言不醻，來無所樂，進無所趨，〔七〕則皆懷歸藪澤，修其故志矣。夫求賢者，上以承天，下以爲人。不用之，則逆天統，違人望。逆天統則災眚降，違人望則化不行。災眚降則下呼嗟，化不行則君道虧。四始之缺，五際之戹，其咎由此。〔八〕豈可不剛健篤實，矜矜慄慄，以守天功盛德大業乎？〔九〕

〔一〕易曰：「黃帝刳木爲舟，剡木爲楫。」

〔二〕羣龍喻賢臣也。鄭玄注易乾卦云：「爻皆體乾，羣龍之象。」舜既受禪，禹與稷、契、咎繇之屬並在朝。

〔三〕詩大雅也。將，行也。若，順也。順否猶臧否，謂善惡也。言國有善惡，仲山甫能明之。

〔四〕三公九卿也。

〔五〕四方之國。

〔六〕論語：「色斯舉矣，翔而後集。」

〔七〕無爵賞也。

〔八〕四始謂關雎爲國風之始，鹿鳴爲小雅之始，文王爲大雅之始，清廟爲頌之始。缺猶廢也。翼奉傳曰：「易有陰陽五際。」孟康曰：「韓詩外傳云『五際，卯、酉、午、戌、亥也，陰陽終始際會之歲，於此則有變改之政。』」

〔九〕易繫詞曰：「日新之謂盛德，富有之謂大業。」

臣伏見光祿大夫江夏黃瓊，耽道樂術，清亮自然，被褐懷寶，含味經籍，〔一〕又果於從政，明達變復。〔二〕朝廷前加優寵，賓于上位。瓊入朝日淺，謀謨未就，因以喪病，致命遂志。老子曰：「大音希聲，大器晚成。」〔三〕善人爲國，三年乃立。〔四〕天下莫不嘉朝廷有此良人，而復怪其不時還任。陛下宜加隆崇之恩，極養賢之禮，徵反京師，以慰天下。又處士漢中李固，年四十，通游夏之藝，履顏閔之仁。絜白之節，情同皦日，忠貞之操，好是正直，卓冠古人，當世莫及。元精所生，王之佐臣，〔五〕天之生固，必爲聖漢，宜蒙特徵，以示四方。夫有出倫之才，不應限以官次。昔顏子十八，天下歸仁；〔六〕子奇稺齒，化阿有聲。〔七〕若還瓊徵固，任以時政，伊尹、傅說，不足爲比，則可垂景光，致休祥矣。臣顗明不知人，伏聽衆言，百姓所歸，臧否共歎。願汎問百僚，覈其名行，有一不合，則臣爲欺國。惟留聖神，不以人廢言。

〔一〕家語子路問於孔子曰：「有人於此，被褐而懷玉，何如？」子曰：「國無道，隱可也；國有道，則衮冕而執玉也。」

〔二〕言明於變異消復之術也。

〔三〕聲震宇內謂之大音，其動有時，故希聲也。無所不容謂之大器，其功既博，故晚成也。

〔四〕論語孔子曰：「苟有用我者，期月而已可也，三年乃成功。」又曰：「善人爲邦百年，可以勝殘去殺。」

〔五〕元爲天精，謂之精氣。春秋演孔圖曰「正氣爲帝，閒氣爲臣，宮商爲〔佐〕〔姓〕，秀氣爲人」也。

〔六〕論語曰：「顔淵問仁。孔子曰：『克己復禮爲仁。一日克己復禮，天下歸仁焉。』」

〔七〕子奇，齊人，年十八爲阿邑宰，出倉廩以振貧乏，邑內大化。見說苑。

謹復條便宜四事，附奏於左：

一事：孔子作春秋，書「正月」者，敬歲之始也。〔一〕王者則天之象，因時之序，宜開發德號，爵賢命士，流寬大之澤，垂仁厚之德，〔二〕順助元氣，含養庶類。如此，則天文昭爛，星辰顯列，五緯循軌，四時和睦。〔三〕不則太陽不光，天地溷濁，時氣錯逆，霾霧蔽日。〔四〕自立春以來，累經旬朔，未見仁德有所施布，但聞罪罰考掠之聲。夫天之應人，疾於景響，而自從入歲，常有蒙氣，月不舒光，日不宣曜。日者太陽，以象人君。政變於下，日應於天。淸濁之占，隨政抑揚。天之見異，事無虛作。豈獨陛下倦於萬機，帷幄之政有所闕歟？〔五〕何天戒之數見也！臣願陛下發揚乾剛，援引賢能，勤求機衡之寄，以獲斷金之利。〔六〕臣之所陳，輒以太陽爲先者，明其不可久闇，急當改正。其異雖微，其事甚重。臣言雖約，其旨甚廣。惟陛下乃眷臣章，深留明思。

〔一〕公羊傳曰：「元年春正月。元年者何？君之始年也。春者何？歲之始也。」

〔二〕禮記，正月迎春於東郊，還，乃賞公卿諸侯大夫於朝，命相布德和令，行慶施惠，下及兆人，慶賞遂行，無有不當。

〔三〕五緯，五星。

〔四〕爾雅曰：「風而雨土爲霾。」

〔五〕帷幄謂謨謀之臣也。

〔六〕易曰：「二人同心，其利斷金。」

二事：孔子曰：「靁之始發大壯始，君弱臣彊從解起。」今月九日至十四日，大壯用事，消息之卦也。於此六日之中，靁當發聲，發聲則歲氣和，王道興也。〔一〕易曰：「靁出地奮，豫，〔二〕先王以作樂崇德，殷薦之上帝。」〔三〕靁者，所以開發萌牙，辟陰除害。萬物須靁而解，資雨而潤。〔四〕故經曰：「靁以動之，雨以潤之。」〔五〕王者崇寬大，順春令，則靁應節，不則發動於冬，當震反潛。故易傳曰：「當靁不靁，太陽弱也。」今蒙氣不除，日月變色，則其效也。天網恢恢，疏而不失，〔六〕隨時進退，應政得失。大人者，與天地合其德，與日月合其明，〔七〕琁璣動作，與天相應。靁者號令，其德生養。號令殆廢，當生而殺，則靁反作，其時無歲。〔八〕陛下若欲除災昭祉，順天致和，宜察臣下尤酷害者，亟加斥黜，以安黎元，則太皓悅和，靁聲乃發。〔九〕

〔一〕周書時訓曰「春分之日玄鳥至，又五日靁乃發聲。靁不發聲，諸侯失人」也。

〔二〕豫卦，坤下震上。坤爲地，震爲靁，靁在地上，故曰靁出地〔奮〕，豫。奮，動也。豫，喜也。

〔三〕殷，盛也。薦，進也。上帝，天帝也。靁動於地，萬物喜豫，作樂之象。

〔四〕易解卦曰「天地解而靁雨作，靁雨作而百果草木皆甲坼」也。

〔五〕易說卦文。

〔六〕老子之文也。

〔七〕易乾卦文言之詞也。大人，天子也。

〔八〕雷以冬鳴，則歲飢也。

〔九〕太皓，天也。

三事：去年十月二十日癸亥，太白與歲星合於房、心。太白在北，歲星在南，相離數寸，光芒交接。房、心者，天帝明堂布政之宮。〔一〕孝經鉤命決曰：「歲星守心年穀豐。」〔二〕尚書洪範記曰：「月行中道，移節應期，德厚受福，重華留之。」〔三〕重華者，謂歲星在心也。今太白從之，交合明堂，金木相賊，而反同合，〔四〕此以陰陵陽，臣下專權之異也。房、心東方，其國主宋。〔五〕石氏經曰：〔六〕「歲星出左有年，出右無年。」今金木俱東，歲星在南，是爲出右，恐年穀不成，宋人飢也。陛下宜審詳明堂布政之務，然後妖異可消，五緯順序矣。〔七〕

〔一〕春秋元命包曰：「房四星，心三星。」

〔二〕歲星守心爲重華，故年豐也。

〔三〕天官書曰「歲星一曰攝提，一曰重華」也。

〔四〕太白，金也。歲星，木也。金(刻)〔剋〕木，故相賊也。

〔五〕卯爲房、心，宋之分也。

〔六〕石氏，魏人石中夫也，見藝文志。

〔七〕五緯，五星也。

四事：易傳曰：「陽無德則旱，陰僭陽亦旱。」陽無德者，人君恩澤不施於人也。陰僭陽者，祿去公室，臣下專權也。自冬涉春，訖無嘉澤，數有西風，反逆時節。〔一〕朝廷勞心，廣爲禱祈，薦祭山川，暴龍移市。〔二〕臣聞皇天感物，不爲僞動，災變應人，要在責己。若令雨可請降，水可攘止，則歲無隔并，太平可待。然而災害不息者，患不在此也。〔三〕立春以來，未見朝廷賞錄有功，表顯有德，存問孤寡，賑恤貧弱，而但見洛陽都官奔車東西，收繫纖介，牢獄充盈。臣聞恭陵火處，比有光曜，〔四〕明此天災，非人之咎。丁丑大風，掩蔽天地。風者號令，天之威怒，皆所以感悟人君忠厚之戒。又連月無雨，將害宿麥。若一穀不登，則飢者十三四矣。陛下誠宜廣被恩澤，貸贍元元。昔堯遭九年之水，人有十載之蓄者，簡稅防災，爲其方也。〔五〕願陛下早宣德澤，以應天功。若臣言不用，朝政不改者，立夏之後乃有澍雨，於今之際未可望也。若政變於朝而天不雨，則臣爲誣上，愚不知量，分當鼎鑊。

〔一〕春當東風也。

〔二〕董仲舒春秋繁露曰：「春旱，以甲乙日爲倉龍一，長八尺，居中央；爲小龍七，各長四尺，於東方。皆東向，其間相去八尺。小童八人，皆齋三日，服青衣而舞之。夏，以丙丁日爲赤龍，服赤衣。季夏，以戊己日爲黃龍，服黃衣。秋，以庚辛日爲白龍，服白衣。冬，以壬癸日爲黑龍，服黑衣。牲各依其方色，皆燔雄雞，燒豭豬尾，於里北門及市中以祈焉。」禮記，歲旱，魯穆公問於縣子，縣子曰：「爲之徙市，不亦可乎？」見檀弓篇。

〔三〕不在祈禱。

〔四〕比，頻也。時恭陵百丈廡災，仍有光耀不絕。

〔五〕簡，少也。方，法也。

書奏，特詔拜郎中，辭病不就，即去歸家。至四月京師地震，遂陷。〔一〕其夏大旱。秋，鮮卑入馬邑城，破代郡兵。明年，西羌寇隴右。〔二〕皆略如顗言。後復公車徵，不行。

〔一〕陽嘉二年四月己亥地震，六月丁丑洛陽地陷，是月旱也。

〔二〕陽嘉三年七月，種羌寇隴西。

同縣孫禮者，積惡凶暴，好游俠，與其同里人常慕顗名德，欲與親善。顗不顧，以此結怨，遂爲禮所殺。

襄楷字公矩，平原隰陰人也。〔一〕好學博古，善天文陰陽之術。

〔一〕風俗通曰：「襄姓，楚大夫襄老之後。」隰陰，縣，在隰水之南，故城在今齊州臨邑縣西也。

桓帝時，宦官專朝，政刑暴濫，又比失皇子，災異尤數。延熹九年，楷自家詣闕上疏曰：

臣聞皇天不言，以文象設教。堯舜雖聖，必歷象日月星辰，察五緯所在，故能享百年之壽，為萬世之法。〔一〕臣竊見去歲五月，熒惑入太微，犯帝坐，出端門，不軌常道。〔二〕其閏月庚辰，太白入房，犯心小星，震動中耀。中耀，天王也；傍小星者，天王子也。夫太微天廷，五帝之坐，而金火罰星揚光其中，〔三〕於占，天子凶；又俱入房、心，法無繼嗣。今年歲星久守太微，逆行西至掖門，還切執法。〔四〕歲為木精，好生惡殺，而淹留不去者，咎在仁德不修，誅罰太酷。前七年十二月，熒惑與歲星俱入軒轅，逆行四十餘日，而鄧皇后誅。其冬大寒，殺鳥獸，害魚鼈，城傍竹柏之葉有傷枯者。〔五〕臣聞於師曰：「柏傷竹枯，不出三年，天子當之。」今洛陽城中人夜無故叫呼，云有火光，人聲正讙，〔六〕於占亦與竹柏枯同。自春夏以來，連有霜雹及大雨雷，而臣作威作福，刑罰急刻之所感也。

〔一〕堯年一百一十七歲，舜年一百一十二歲。言百年，舉全數。

〔二〕天官書曰：「太微南四星，中為端門。」軌猶依也。

〔三〕太白金也，熒惑火也。天文志曰：「逆夏令，傷火氣，罰見熒惑。逆秋令，傷金氣，罰見太白。」故金火並為罰星也。

〔四〕天官書曰：「端門左右星爲掖門。太微南四星爲執法。」切謂迫近也。

〔五〕續漢志曰：「延熹九年，雒陽城傍竹柏葉有傷者。」

〔六〕續漢志曰：「桓帝延熹九年三月，京師有火光轉行，人相驚譟。」

太原太守劉瓆、南陽太守成瑨，志除姦邪，其所誅翦，皆合人望，〔一〕而陛下受閹豎之譖，乃遠加考逮。三公上書乞哀瓆等，不見採察，〔二〕而嚴被譴讓。憂國之臣，將遂杜口矣。

〔一〕謝承書曰：「劉瓆字文理，平原人。遷太原太守。郡有豪彊，中官親戚，爲百姓所患。瓆深疾之，到官收其魁帥殺之，所臧匿主人悉坐伏誅。桓帝徵詣廷尉，以瓆宗室，不忍致之于刑，使自殺。」「成瑨字幼平，弘農人。遷南陽太守。時桓帝美人外親張子禁怙恃榮貴，不畏法網，瑨與功曹岑晊捕子禁付宛獄，笞殺之。桓帝徵瑨詣廷尉，下獄死。」瓆音質。瑨音晉。

〔二〕時太尉陳蕃、司徒劉矩、司空劉茂共上書訟瓆等，帝不納。

臣聞殺無罪，誅賢者，禍及三世。〔一〕自陛下即位以來，頻行誅伐，梁、寇、孫、鄧，並見族滅，〔二〕其從坐者，又非其數。李雲上書，明主所不當諱，杜衆乞死，諒以感悟聖朝，〔三〕曾無赦宥，而并被殘戮，天下之人，咸知其冤。漢興以來，未有拒諫誅賢，用刑太深如今者也。

〔一〕黃石公三略曰：「傷賢者殃及三世，蔽賢者身當其害，達賢者福流子孫，疾賢者名不全。」

〔二〕梁冀、寇榮、孫壽、鄧萬世等也。

〔三〕時弘農五官掾杜衆傷雲以忠諫獲罪，遂上書云，願與李雲同日死也。

永平舊典，諸當重論皆須冬獄，先請後刑，所以重人命也。頃數十歲以來，州郡翫習，又欲避請讞之煩，〔一〕輒託疾病，多死牢獄。長吏殺生自己，死者多非其罪，魂神寃結，無所歸訴，淫厲疾疫，自此而起。〔二〕昔文王一妻，誕致十子，〔三〕今宮女數千，未聞慶育。宜修德省刑，以廣螽斯之祚。〔四〕

〔一〕廣雅曰：「讞，疑也。」謂罪有疑者讞於廷尉也。

〔二〕淫，過也。左傳曰：「陰淫寒疾，陽淫熱疾。」

〔三〕史記曰，太姒，文王正妃也。其長子伯邑考，次武王發，次管叔鮮，次周公旦，次蔡叔度，次曹叔振鐸，次成叔武，次霍叔處，次康叔封，冉季載，同母兄弟十人也。

〔四〕詩國風序曰：「螽斯，后妃子孫衆多也，言若螽斯不妒忌則子孫衆多也。」注云：「螽斯，蚣蝑也。凡有情慾者無不妒忌，唯蚣蝑不爾，各得受氣而生子，故以喻焉。」祚，福也。

又七年六月十三日，河內野王山上有龍死，長可數十丈。〔一〕扶風有星隕爲石，聲聞三郡。夫龍形狀不一，小大無常，故周易況之大人，帝王以爲符瑞。〔二〕或聞河內龍死，諱以爲蛇。夫龍能變化，蛇亦有神，皆不當死。昔秦之將衰，華山神操璧以授鄭客，曰「今年祖龍死」，〔三〕始皇逃之，死於沙丘。〔四〕王莽天鳳二年，訛言黃山宮有死龍之異，〔五〕後漢誅莽，光武復興。虛言猶然，況於實邪？夫星辰麗天，猶萬國之附王者也。下將畔上，故星亦畔天。石者安類，墜者失埶。春秋五石隕宋，其後襄公爲楚所執。〔六〕秦之亡也，石隕東郡。〔七〕今隕扶風，與先帝園陵相近，〔八〕不有大喪，必有畔逆。

〔一〕延熹七年也。袁山松書曰「長可百餘尺」。

〔二〕大人，天子也。乾卦九五曰：「飛龍在天，大人造也。」九五處天子之位，故以飛龍喻焉。尙書中候曰：「舜沈璧於清河，黃龍負圖出水。」

〔三〕祖龍謂秦始皇也。樂資春秋後傳曰：「使者鄭客入函谷，至平舒，見素車白馬，曰：『吾華山君，願以一牘致滈池君。子之咸陽，過滈池見一大梓樹，有文石取以扣樹，當有應者，以書與之。』鄭客如其言，見宮闕如王者居，謁者出受書，入有頃，云『今年祖龍死』。」

〔四〕史記曰：「始皇崩於沙丘平臺。」沙丘在今邢州平鄉縣東北。

〔五〕王莽傳曰：「時訛言黃龍墯地，死黃山宮中，百姓奔走往觀者乃有萬數。莽惡之，捕繫詰語所從起，而竟不得。」

〔六〕左傳魯僖公十六年「隕石于宋五」，隕星也。至二十年，諸侯會宋公于盂，於是楚執宋公以伐宋。

〔七〕史記：「始皇三十六年，有墜星下東郡，至地爲石，人或刻其石曰『始皇死而地分』。始皇聞之，盡取石旁舍誅之，因燔其石。」

〔六〕桓帝延熹七年隕石于鄠。鄠屬扶風，與高帝諸陵相近也。

案春秋以來及古帝王，未有河清及學門自壞者也。〔一〕臣以爲河者，諸侯位也，〔二〕清者屬陽，濁者屬陰。河當濁而反清者，陰欲爲陽，諸侯欲爲帝也。太學，天子教化之宮，其門無故自壞者，言文德將喪，教化廢也。京房易傳曰：「河水清，天下平。」今天垂異，地吐妖，人厲疫，三者並時而有河清，猶春秋麟不當見而見，孔子書之以爲異也。〔三〕

〔一〕延熹五年，太學西門自壞。八年，濟陰、東郡、濟北河水清也。

〔二〕孝經援神契曰：「五岳視三公，四瀆視諸侯也。」

〔三〕公羊傳曰：「西狩獲麟何以書？記異也。何以異？麟非中國獸也。」

臣前上琅邪宮崇受干吉神書，不合明聽。〔一〕臣聞布穀鳴於孟夏，蟋蟀吟於始秋，物有微而志信，人有賤而言忠。〔二〕臣雖至賤，誠願賜清閒，極盡所言。

〔一〕干姓，吉名也。神書，即今道家太平經也。其經以甲、乙、丙、丁、戊、己、庚、辛、壬、癸爲部，每部一十七卷也。

〔二〕布穀，一名戴紝，一名戴勝。蟋蟀，促織也。春秋考異郵曰：「孟夏戴勝降，立秋促織鳴。」言雖微物不失信也。紝音女林反。

書奏不省。十餘日，復上書曰：

臣伏見太白北入數日，復出東方，其占當有大兵，中國弱，四夷彊。臣又推步，熒惑今當出而潛，必有陰謀。皆由獄多冤結，忠臣被戮。德星所以久守執法，亦爲此也。〔一〕陛下宜承天意，理察冤獄，爲劉瓆、成瑨虧除罪辟，追錄李雲、杜衆等子孫。

〔一〕德星，歲星也。

夫天子事天不孝，則日食星鬬。比年日食於正朔，〔二〕三光不明，五緯錯戾。前者宮崇所獻神書，專以奉天地順五行爲本，亦有興國廣嗣之術。其文易曉，參同經典，而順帝不行，故國胤不興，〔三〕孝沖、孝質頻世短祚。

〔二〕延熹八年正月辛巳朔，日食。九年正月辛卯朔，日食。

〔三〕太平經興帝王篇曰：「眞人問神人曰：『吾欲使帝王立致太平，豈可聞邪？』神人言：『但順天地之道，不失銖分，則立致太平。元氣有三名，爲太陽、太陰、中和。形體有三名，爲天、地、人。天有三名，爲日、月、星，北極爲中也。地有三名，爲山、川與平土。人有三名，爲父、母、子。政有三名，爲君、臣、人。此三者，常相得腹心，不失銖分，使其同一憂，合成一家，立致太平，延年不疑也。』又問曰：『今何故其生子少也？』天師曰：『善哉子之言也，但施不得其意耳。如令施其人欲生也，開其玉戶，施種於中，比若春種於地也，十十相應和而生。其施不以其時，比若十月種物於地也，十十盡死，固無生者。眞人欲重知其審，今無子之女，雖日百施其中，猶無所生也。不得其所生之處，比若此矣。是故古者聖賢不妄施於不生之地也，名爲亡種，竭氣而無所生成。今太平氣到，或有不生子者，反斷絕天地之統，使國少人。理國之道，多人則國富，少人則國貧。今天上皇之氣已到，天皇氣生物，乃當萬倍其初天地。』」

臣又聞之，得主所好，自非正道，神爲生虐。故周衰，諸侯以力征相尚，於是夏育、申休、宋萬、彭生、任鄙之徒生於其時。〔一〕殷紂好色，妲己是出。〔二〕葉公好龍，眞龍游廷。〔三〕今黃門常侍，天刑之人，陛下愛待，兼倍常寵，係嗣未兆，豈不爲此？天官宦者星不在紫宮而在天市，明當給使主市里也。〔四〕今乃反處常伯之位，實非天意。〔五〕

〔一〕並多力之人也。夏育，衞人，力舉千鈞。宋萬，宋人，殺湣公，遇大夫仇牧於門，批而殺之，齒著門闔。彭生，齊人，拉魯桓公幹而殺之。范睢曰：「以任鄙之力焉而死。」申休未詳何世也。

〔二〕妲己，蘇人之美女也，獻於紂，紂納以爲妻，常與沈湎於酒。事見列女傳。

〔三〕子張見魯哀公也，七日，哀公不禮。子張曰：「君之好士有似葉公子高之好龍也。葉公子高好畫龍，天龍聞之，降之，窺頭於牖。葉公子高見之，棄而反走，五色無主。是葉公子高好夫似龍而非好眞龍也。」事見新序。

〔四〕山陽公載記曰：「市垣二十二星而帝座居其中，宦者四星，唯供市買之事也。」

〔五〕常伯，侍中也。尙書曰：「常伯常任。」

又聞宮中立黃老、浮屠之祠。〔一〕此道淸虛，貴尙無爲，好生惡殺，省慾去奢。今陛下嗜欲不去，殺罰過理，既乖其道，豈獲其祚哉！或言老子入夷狄爲浮屠。〔二〕浮屠不三宿桑下，不欲久生恩愛，精之至也。〔三〕天神遺以好女，浮屠曰：「此但革囊盛血。」遂不眄之。〔四〕其守一如此，乃能成道。今陛下婬女豔婦，極天下之麗，甘肥飲美，單天下之味，柰何欲如黃老乎？

〔一〕浮屠卽佛陁，但聲轉耳，並謂佛也，解見楚王英傳也。

〔二〕或聞言當時言也。老子西入夷狄，始爲浮屠之化。

〔三〕言浮屠之人寄桑下者，不經三宿便卽移去，示無愛戀之心也。

〔四〕四十二章經：「天神獻玉女於佛，佛曰：『此是革囊盛衆穢耳。』」

書上，卽召（詔）〔詣〕尚書問狀。楷曰：「臣聞古者本無宦臣，武帝末，春秋高，數游後宮，始置之耳。〔一〕後稍見任，至於順帝，遂益繁熾。今陛下爵之，十倍於前。至今無繼嗣者，豈獨好之而使之然乎？」尚書上其對，詔下有司處正。尚書承旨奏曰：「其宦者之官，非近世所置。漢初張澤爲大謁者，佐絳侯誅諸呂；〔二〕孝文使趙談參乘，而子孫昌盛。〔三〕楷不正辭理，指陳要務，而析言破律，違背經蓺，假借星宿，僞託神靈，〔四〕造合私意，誣上罔事。請下司隸，正楷罪法，收送洛陽獄。」帝以楷言雖激切，然皆天文恆象之數，故不誅，猶司寇論刑。〔五〕

〔一〕元帝時，任宦者石顯爲中書令，前將軍蕭望之等曰：「尚書百官之本，宜以公正處之。武帝游宴後廷，故用宦者，非古制也。宜罷中書宦官，應古不近刑人之法。」

〔二〕張澤，閹人也。絳侯周勃誅諸呂，乃迎立代王入宮，顧麾左右執戟皆罷兵。有數人不肯去，宦者令張澤喩告之，乃去。此其佐誅諸呂之功。見前書。

〔三〕文帝使宦者趙談參乘，爰盎伏車前曰：「陛下獨柰何與刀鋸餘人載！」於是上笑，推下趙談，談泣而下車。文帝生景帝，其後昌盛也。

〔四〕謂上干吉神書也。

〔五〕前書曰司寇，二歲刑。

初，順帝時，琅邪宮崇詣闕，上其師干吉於曲陽泉水上所得神書百七十卷，皆縹白素朱介青首朱目，號太平清領書。〔一〕其言以陰陽五行爲家，而多巫覡雜語。〔二〕有司奏崇所上妖妄不經，乃收臧之。後張角頗有其書焉。

〔一〕今潤州有曲陽山，有神溪水；定州有曲陽山，有神溪水；海州有曲陽城，北有羽潭水；壽州有曲陽城，又有北溪水。而干吉、宮崇並琅邪人，蓋東海曲陽是也。縹，青白也。素，繒也。以朱爲介道。首，幖也。目，題目也。太平經曰：「吾書中，善者悉使青下而丹目，合乎吾之道，迺丹青之信也。青者，生仁而有心。赤者太陽，天之正色也。」江表傳：「時有道士琅邪干吉，先寓居東方，來吳會，立精舍，燒香讀道書，制作符水以療病，吳會人多事之。孫策嘗於郡城樓上請會賓客，吉乃盛服趣度門下。諸將賓客三分之二下樓拜之，掌客者禁訶不能止。策即令收之。諸事之者，悉使婦女入見策母，請之。母謂策曰：『干先生亦助軍作福，醫護將士，不可殺之。』策曰：『昔南陽張津爲交州刺史，舍前聖典訓，廢漢家法律，常著絳帕頭，鼓琴焚香，讀邪俗道書，云以助化，卒爲蠻夷所殺。此甚無益，諸君但未悟耳。今此子已在鬼錄，勿復費紙筆也。』即催斬之，縣首於市。」

〔二〕太平經曰：「天失陰陽則亂其道，地失陰陽則亂其財，人失陰陽則絕其後，君臣失陰陽則其道不理，五行四時失陰陽則爲災。今天垂象爲人法，故當承順之也。」又曰：「天上有常神聖要語，時下授人以言，用使神吏應氣而往來也。人衆得之謂神咒也。咒百中百，十中十，其咒有可使神爲除災疾，用之所向無不愈也。」

及靈帝即位，以楷書爲然。太傅陳蕃舉方正，不就。鄉里宗之，每太守至，輒致禮請。中平中，與荀爽、鄭玄俱以博士徵，不至，卒于家。

論曰：古人有云：「善言天者，必有驗於人。」〔一〕而張衡亦云：「天文歷數，陰陽占候，今所宜急也。」郎顗、襄楷能仰瞻俯察，參諸人事，禍福吉凶既應，引之教義亦明。此蓋道術所以有補於時，後人所當取鑒者也。然而其敝好巫，故君子不以專心焉。〔二〕

〔一〕前書武帝策茂才之詞也。

〔二〕好巫謂好鬼神之事也。范甯穀梁序曰「左氏豔而富，其敝也巫」也。

贊曰：仲桓術深，蒲車屢尋。〔一〕蘇竟飛書，清我舊陰。〔二〕襄、郎災戒，寔由政淫。

〔一〕頻徵不至。

〔二〕陰，縣，屬南陽。與光武同郡，故云我舊也。

校勘記

一〇五四頁一五行　炎火並作燒君室　按：汲本「炎」作「災」。殿本「君」作「居」。

一〇五五頁一行　閔子騫曰　按：「閔子」下原脫「騫」字，逕據汲本、殿本補。

一〇五六頁二行　陰(得)〔覆〕陽〔也〕　刊誤謂「得」當作「覆」，「陽」下合有「也」字。今據以改補。

一〇五六頁七行　三公卦〔也〕　據殿本補。

一〇五七頁三行　並爲三公之(日)〔卦〕也　張森楷校勘記謂錢大昕攷異引「日」作「卦」，是，此誤。今據改。

一〇五七頁一〇行　四(斗)〔升〕爲豆　據刊誤改。

一〇五七頁一〇行　(四)〔十〕釜爲鐘也　據刊誤改。

一〇五八頁四行　夙夜夢寤　汲本、殿本「寤」作「寐」。按：夢寤猶言寤寐，作「寤」義長。

一〇五八頁一〇行　而皆務精土木　按：「皆」下原衍「當」字，逕據汲本、殿本刪。

一〇五九頁二行　百姓何(謗)〔罪〕　據殿本改。

一〇五九頁一〇行　天立應以惡　按：「天」字原脫，逕據汲本、殿本補。

一〇五九頁一二行　從今旦至明日旦也　按：汲本「明日旦」作「明日」，殿本作「明旦」。

一〇六一頁五行　編髮重譯來朝者六國　按：「譯」原譌「驛」，逕據汲本、殿本改。

一〇六二頁一〇行　柳東方宿也　按：「東」原譌「南」，逕據汲本、殿本改。

一〇六三頁一行　去年閏(十)月十七日己丑　集解引錢大昕說，謂「閏十月」之「十」字蓋衍文，或當云「閏十二月」。蓋郎顗上便宜七事在陽嘉二年，順帝紀陽嘉元年閏月戊子，客星出天苑，即其事也。紀書閏月於十二月之後，則是閏十二月也。是歲閏十二月癸酉朔，十七日恰得己丑。今據錢說删「十」字。

一〇六三頁二行　伐又爲大辰　汲本、殿本「伐」作「罰」。按：此皆公羊傳文，公羊傳作「伐」。

一〇六三頁一三行　廣雅曰罰謂之大辰也　汲本、殿本「廣雅」作「爾雅」。今按：爾雅無此文。廣雅釋天「參伐謂之大辰」，作「廣雅」是。

一〇六五頁四行　山陵崩絶　按：校補引柳從辰說，謂今韓詩外傳「絶」作「竭」。

一〇六六頁九行　左右趾也　按：「趾」原譌「指」，逕據汲本、殿本改，下同。

一〇六七頁一行　遵其行令　按：御覽二〇引作「遵行月令」。

一〇六七頁六行　私曲之意羌不得通　汲本、殿本「羌」作「差」。按：羌，語辭也，作「差」疑非。

一〇六七頁七行　(計)〔斗〕歷改憲　據刊誤改。按：刊誤謂「計」當作「斗」，注文可見。蓋斗字似草書計字，後人因誤之。

一〇七〇頁六行　情同皦日　按：「皦」原作「曒」，從日，非，逕據汲本、殿本改。

一〇七〇頁一六行　宮商爲(佐)〔姓〕　集解引惠棟說，謂御覽引演孔圖云「宮商爲姓」，謂吹律定姓也，注緣傳「佐臣」而誤從「佐」也。今據改。按：御覽引見卷三百六十人事部。

一〇七二頁一四行　故曰靁出地〔奮〕豫　按：明脫一「奮」字，今補。

一〇七三頁五行　太皓天也　按：原脫「也」字，逕據汲本、殿本補。

一〇七三頁一六行　金(刻)〔剋〕木　據汲本改。

一〇七四頁二行　魏人石中夫也　按：刊誤謂案前書「中夫」當作「申夫」。

一〇七四頁一二行　將害宿麥　按：各本「宿」作「粟」，誤。

一〇七五頁一行　爲小龍七　按：汲本、殿本「七」作「五」。

一〇七五頁二行　以戊己日爲黃龍　按：「戊」原譌「戌」，逕改正。

一〇七五頁四行　見檀弓篇　按：校補謂注上文明言禮記，則下文不必更言檀弓，疑後人妄增。

一〇七五頁一四行　平原隰陰人也　按：集解引錢大昕說，謂「隰」當作「濕」。郡國志平原郡有濕陰縣，濕他合反，卽漯水也。班志作「漯陰」。案說文濟漯字本作「濕」，隸省作「濕」，燥濕字本作「溼」，後世借濕爲燥溼字，而以漯爲水名，不知漯爲濕之譌也。其正作「濕」者，多與「隰」相亂。左氏哀十年傳注「濟南有隰陰縣」，陸德明誤音習。

一〇七七頁三行　延熹九年雒陽城傍竹柏葉有傷者　汲本、殿本「九年」作「元年」，惠棟云當作「七年」。今按：續志云「延熹九年，雒陽城旁竹柏葉有傷者」，桓紀亦書於九年冬十二月，是「元年」乃「九年」之譌。然楷疏稱七年冬，故惠氏以爲當作「七年」也。

一〇七九頁一五行　盡取石旁舍誅之　按：刊誤謂史記作「石傍居人」，「舍」字誤。

一〇八〇頁九行　何以異　按：刊誤謂當云「何異爾」。

一〇八〇頁一〇行　受干吉神書　按：汲本、殿本「干吉」之「干」皆作「于」。注同。

一〇八一頁一〇行　天有三名　按：「三」原譌「二」，逕改正。

一〇八三頁三行　或聞言當時言也　殿本無「聞」字。今按：疑當作「或言，聞當時言也」，各本言聞顛倒，殿本又依正文删「聞」字耳。

一〇八三頁六行　卽召(詔)〔詣〕尚書問狀　刊誤謂案文「詔」當作「詣」，今據改。

一〇八四頁一〇行　靑者生仁而有心　按：殿本「生」作「主」。

一〇八四頁一六行　五行四時失陰陽則爲災　按：「五行」二字疑衍，汲本無。

後漢書卷三十一

郭杜孔張廉王蘇羊賈陸列傳第二十一

郭伋字細侯，扶風茂陵人也。高祖父解，〔一〕武帝時以任俠聞。父梵，爲蜀郡太守。伋少有志行，哀平閒辟大司空府，三遷爲漁陽都尉。王莽時爲上谷大尹，〔二〕遷并州牧。

〔一〕前書云，解字翁伯，河內軹人，徙茂陵也。

〔二〕王莽改太守爲大尹。

更始新立，三輔連被兵寇，百姓震駭，強宗右姓〔一〕各擁衆保營，莫肯先附。更始素聞伋名，徵拜左馮翊，使鎮撫百姓。世祖卽位，拜雍州牧，再轉爲尚書令，數納忠諫爭。

〔一〕右姓猶高姓也。

建武四年，出爲中山太守。明年，彭寵滅，轉爲漁陽太守。漁陽既離王莽之亂，重以彭寵之敗，〔一〕民多猾惡，寇賊充斥。〔二〕伋到，示以信賞，糾戮渠帥，盜賊銷散。時匈奴數抄郡界，邊境苦之。伋整勒士馬，設攻守之略，匈奴畏憚遠迹，不敢復入塞，民得安業。在職五歲，戶口增倍。後潁川盜賊羣起，九年，徵拜潁川太守。召見辭謁，〔三〕帝勞之曰：「賢能太守，去帝城不遠，河潤九里，冀京師并蒙福也。〔四〕君雖精於追捕，而山道險阨，自鬭當一士耳，深宜慎之。」伋到郡，招懷山賊陽夏趙宏、〔五〕襄城召吳等數百人，皆束手詣伋降，悉遣歸附農。因自劾專命，〔六〕帝美其策，不以咎之。後宏、吳等黨與聞伋威信，遠自江南，或從幽、冀，不期俱降，駱驛不絕。〔七〕

〔一〕離猶遭也。

〔二〕杜預注左傳曰：「充，滿；斥，見也。」

〔三〕因辭而謁見也。

〔四〕莊子曰：「河潤九里，澤及三族。」

〔五〕陽夏，縣名，屬陳國。夏，公雅反。

〔六〕謂擅放降賊也。

〔七〕駱驛，連續。

十一年，省朔方刺史屬并州。帝以盧芳據北土，乃調伋爲并州牧。過京師謝恩，帝卽引見，并召皇太子諸王宴語終日，賞賜車馬衣服什物。伋因言選補衆職，當簡天下賢俊，不宜專用南陽人。帝納之。伋前在并州，素結恩德，及後入界，所到縣邑，老幼相攜，逢迎道路。

所過問民疾苦，聘求耆德雄俊，設几杖之禮，朝夕與參政事。〔一〕

〔一〕禮記曰：「謀於長者，必操几杖以從之。」

始至行部，到西河美稷，有童兒數百，各騎竹馬，道次迎拜。伋問「兒曹何自遠來」。〔一〕對曰：「聞使君到，喜，故來奉迎。」伋辭謝之。及事訖，諸兒復送至郭外，問「使君何日當還」。伋謂別駕從事，計日（當）告之。行部既還，先期一日，伋為違信於諸兒，遂止于野亭，須期乃入。

〔一〕曹，輩也。

是時朝廷多舉伋可為大司空，帝以并部尚有盧芳之儆，〔一〕且匈奴未安，欲使久於其事，故不召。伋知盧芳夙賊，〔二〕難卒以力制，常嚴烽候，明購賞，以結寇心。芳將隋昱遂謀脅芳降伋，芳乃亡入匈奴。

〔一〕儆，急也。

〔二〕夙，舊也。

伋以老病上書乞骸骨。二十二年，徵為太中大夫，賜宅一區，及帷帳錢穀，以充其家，伋輒散與宗親九族，無所遺餘。明年卒，時年八十六。帝親臨弔，賜冢塋地。

杜詩字（公）君〔公〕，河內汲人也。少有才能，仕郡功曹，有公平稱。更始時，辟大司馬府。建武元年，歲中三遷爲侍御史，安集洛陽。時將軍蕭廣放縱兵士，暴橫民閒，百姓惶擾，詩勑曉不改，遂格殺廣，還以狀聞。世祖召見，賜以棨戟，〔一〕復使之河東，誅降逆賊楊異等。詩到大陽，〔二〕聞賊規欲北度，乃與長史急焚其船，部勒郡兵，將突騎趁擊，斬異等，賊遂翦滅。拜成皐令，〔三〕視事三歲，舉政尤異。再遷爲沛郡都尉，轉汝南都尉，所在稱治。

〔一〕漢雜事曰：「漢制假棨戟以代斧鉞。」崔豹古今注曰：「棨戟，前驅之器也，以木爲之。後代刻僞，無復典刑，以赤油韜之，亦謂之油戟，亦曰棨戟，王公已下通用之以前驅也。」

〔二〕大陽，縣名，屬河東郡。

〔三〕成皐，縣，屬河南郡，今洛州汜水縣是。

七年，遷南陽太守。性節儉而政治清平，以誅暴立威，善於計略，省愛民役。造作水排，鑄爲農器，〔一〕用力少，見功多，百姓便之。又修治陂池，廣拓土田，郡內比室殷足。時人方於召信臣，〔二〕故南陽爲之語曰：「前有召父，後有杜母。」

〔一〕排音蒲拜反。冶鑄者爲排以吹炭，今激水以鼓之也。「排」當作「橐」，古字通用也。

〔二〕比室猶比屋也。前書曰：「召信臣字翁卿，九江壽春人也。遷南陽太守，爲人興利，務在富之，開通溝渠凡十數處。」

詩自以無勞，不安久居大郡，求欲降避功臣，乃上疏曰：

陛下亮成天工，克濟大業，偃兵脩文，羣帥反旅，〔一〕海內合和，萬世蒙福，天下幸甚。唯匈奴未讋聖德，威侮二垂，〔二〕陵虐中國，邊民虛秏，不能自守，臣恐武猛之將雖勤，亦未得解甲櫜弓也。〔三〕夫勤而不息亦怨，勞而不休亦怨，怨恨之師，難復責功。臣伏覩將帥之情，功臣之望，冀一休足於內郡，〔四〕然後即戎出命，不敢有恨。臣愚以爲「師克在和不在衆」，〔五〕陛下雖垂念北邊，亦當頗泄用之。〔六〕昔湯武善御衆，故無忿鷙之師。〔七〕陛下起兵十有三年，將帥和睦，士卒鳧藻。〔八〕今若使公卿郡守出於軍壘，則將帥自厲；〔九〕士卒之復，比於宿衞，則戎士自百。〔一〇〕何者？天下已安，各重性命，大臣以下，咸懷樂土，不讎其功而厲其用，無以勸也。陛下誠宜虛鞅數郡，以俟振旅之臣，重復厚賞，加於久役之士。如此，緣邊屯戍之師，競而忘死，乘城拒塞之吏，不辭其勞，則烽火精明，守戰堅固。聖王之政，必因人心。今猥用愚薄，塞功臣之望，誠非其宜。

〔一〕反旅謂班師也。

〔二〕讋猶曉也。威，虐也。侮，慢也。二垂謂西與北也。

〔三〕櫜，韜也，音高。詩曰「載櫜弓矢」也。

〔四〕休足，止行役也。

〔五〕春秋左氏傳文也。

〔六〕泄猶雜也。

〔七〕鷙，擊也。湯武順天應人，其所征討，皆弔伐而已，故無忿怒而擊也。

〔八〕言其和睦歡悅，如鳧之戲於水藻也。

〔九〕壘，軍壁。厲，勉也。

〔一〇〕復謂優寬也，音福。續漢志曰：「羽林郎，秩比三百石，掌侍從宿衛。」言士卒得比於郎，則人百其勇。

臣詩伏自惟忖，本以史吏一介之才，〔一〕遭陛下創制大業，賢俊在外，空乏之閒，超受大恩，（收）〔牧〕養不稱，奉職無効，久竊祿位，令功臣懷慍，誠惶誠恐。八年，上書乞避功德，陛下殊恩，未許放退。臣詩蒙恩尤深，義不敢苟冒虛請，誠不勝至願，願退大郡，受小職。及臣齒壯，力能經營劇事，如使臣詩必有補益，復受大位，雖析珪授爵，所不辭也。惟陛下哀矜！

〔一〕史吏謂初爲郡功曹也。書曰「如有一介臣」也。

帝惜其能，遂不許之。

詩雅好推賢，數進知名士清河劉統及魯陽長董崇等。

初，禁網尚簡，但以璽書發兵，未有虎符之信，詩上疏曰：「臣聞兵者國之凶器，聖人所愼。舊制發兵，皆以虎符，其餘徵調，竹使而已。符第合會，取爲大信，所以明著國命，斂持威重也。〔一〕閒者發兵，但用璽書，或以詔令，如有姦人詐僞，無由知覺。愚以爲軍旅尙興，賊虜未殄，徵兵郡國，宜有重愼，可立虎符，以絕姦端。昔魏之公子，威傾鄰國，猶假兵符，以解趙圍，若無如姬之仇，則其功不顯。〔二〕事有煩而不可省，費而不得已，蓋謂此也。」書奏，從之。

〔一〕說文曰：「符，信也。漢制以竹，長六寸，分而相合。」前書文帝二年，初與郡守爲銅虎符、竹使符。音義曰：「銅虎符第一至第五，發兵遣使，符合乃聽之。竹使符以竹五寸，鐫刻篆書，亦第一至第五也。」

〔二〕秦昭王已破趙長平，又進圍邯鄲。魏昭王之子無忌號信陵君，其姊爲趙惠文王弟平原君夫人。平原君數遺公子書，請救於魏，魏王使將軍晉鄙將十萬衆救趙，實持兩端以觀望。平原君使者相屬，謂公子曰：「今邯鄲旦暮降秦，魏救不至，獨不憐公子姊耶？」公子患之，過侯嬴問之。嬴屏人語曰：「嬴聞晉鄙兵符常在王臥內，而如姬最幸，力能竊之。嬴聞如姬父爲人所殺，公子使客斬其仇頭敬進如姬，姬爲公子死無所辭。公子誠一開口以請如姬，姬必諾。」公子從其計，如姬果盜晉鄙兵符與公子，於是遂矯魏王令奪晉鄙兵，進擊，秦軍解去。事見史記也。

詩身雖在外，盡心朝廷，讜言善策，隨事獻納。視事七年，政化大行。十四年，坐遣客爲弟報仇，被徵，會病卒。司隸校尉鮑永上書言詩貧困無田宅，喪無所歸。詔使治喪郡邸，賻絹千匹。

孔奮字君魚，扶風茂陵人也。曾祖霸，元帝時爲侍中。奮少從劉歆受春秋左氏傳，歆稱之，謂門人曰：「吾已從君魚受道矣。」〔一〕

〔一〕言君魚之道已過於己也。

遭王莽亂，奮與老母幼弟避兵河西。建武五年，河西大將軍竇融請奮署議曹掾，守姑臧長。八年，賜爵關內侯。時天下擾亂，唯河西獨安，而姑臧稱爲富邑，通貨羌胡，市日四合，〔一〕每居縣者，不盈數月輒致豐積。奮在職四年，財產無所增。事母孝謹，雖爲儉約，奉養極求珍膳。躬率妻子，同甘菜茹。〔二〕時天下未定，士多不修節操，而奮力行清絜，爲衆人所笑，或以爲身處脂膏，不能以自潤，徒益苦辛耳。奮既立節，治貴仁平，太守梁統深相敬待，不以官屬禮之，常迎於大門，引入見母。

〔一〕古者爲市，一日三合。周禮曰：「大市日側而市，百族爲主。〔朝市〕朝時而市，商賈爲主。〔夕市〕夕時而市，販夫販婦爲主。」今既人貨殷繁，故一日四合也。

〔二〕廣雅曰：「茹，食也。」

隴蜀既平，河西守令咸被徵召，財貨連轂，弥竟川澤。唯奮無資，單車就路。姑臧吏民及羌胡更相謂曰：「孔君清廉仁賢，舉縣蒙恩，如何今去，不共報德！」遂相賦斂牛馬器物千萬以上，追送數百里。奮謝之而已，一無所受。旣至京師，除武都郡丞。

時隴西餘賊隗茂等夜攻府舍，殘殺郡守，賊畏奮追急，乃執其妻子，欲以爲質。奮年已五十，唯有一子，終不顧望，遂窮力討之。吏民感義，莫不倍用命焉。郡多氐人，便習山谷，其大豪齊鍾留者，爲羣氐所信向。奮乃率厲鍾留等令要遮鈔擊，共爲表裏。賊窘懼逼急，乃推奮妻子以置軍前，冀當退却，而擊之愈厲，遂禽滅茂等，奮妻子亦爲所殺。世祖下詔褒美，拜爲武都太守。

奮自爲府丞，已見敬重，及拜太守，舉郡莫不改操。爲政明斷，甄善疾非，〔一〕見有美德，愛之如親，其無行者，忿之若讎，郡中稱爲清平。

〔一〕甄，明也。

弟奇，游學洛陽。奮以奇經明當仕，上病去官，守約鄉閭，卒于家。奇博通經典，作春秋左氏刪。〔一〕奮晚有子嘉，官至城門校尉，作左氏說云。〔二〕

〔一〕刪定其義也。

〔二〕說，猶今之疏也。

張堪字君游，南陽宛人也，爲郡族姓。堪早孤，讓先父餘財數百萬與兄子。年十六，受業長安，志美行厲，諸儒號曰「聖童」。

世祖微時，見堪志操，常嘉焉。及卽位，中郎將來歙薦堪，召拜郎中，三遷爲謁者。使送委輸縑帛，并領騎七千匹，詣大司馬吳漢伐公孫述，在道追拜蜀郡太守。時漢軍餘七日糧，陰具船欲遁去。堪聞之，馳往見漢，說述必敗，不宜退師之策。漢從之，乃示弱挑敵，述果自出，戰死城下。成都既拔，堪先入據其城，撿閱庫藏，收其珍寶，悉條列上言，秋毫無私。〔一〕慰撫吏民，蜀人大悅。

〔一〕秋毫者，喻細也。

在郡二年，徵拜騎都尉，後領票騎將軍杜茂營，擊破匈奴於高柳，拜漁陽太守。捕擊姦猾，賞罰必信，吏民皆樂爲用。匈奴嘗以萬騎入漁陽，堪率數千騎奔擊，大破之，郡界以靜。乃於狐奴開稻田八千餘頃，勸民耕種，以致殷富。百姓歌曰：「桑無附枝，麥穗兩岐。張君爲政，樂不可支。」視事八年，匈奴不敢犯塞。

帝嘗召見諸郡計吏，問其風土及前後守令能否。蜀郡計掾樊顯進曰：「漁陽太守張堪昔在蜀，其仁以惠下，威能討姦。前公孫述破時，珍寶山積，捲握之物，足富十世，〔二〕而堪去職之日，乘折轅車，布被囊而已。」帝聞，良久歎息，〔二〕拜顯爲魚復長。〔三〕方徵堪，會病卒，帝深悼惜之，下詔褒揚，賜帛百匹。

〔一〕捲握猶掌握也，謂珠玉之類也。

〔二〕良猶甚也。

〔三〕魚復，縣，屬巴郡，故城在今夔州人復縣北赤甲城是。

廉范字叔度，京兆杜陵人，趙將廉頗之後也。漢興，以廉氏豪宗，自苦陘徙焉。〔一〕世爲邊郡守，或葬隴西襄武，故因仕焉。曾祖父褒，成哀閒爲右將軍，祖父丹，王莽時爲大司馬庸部牧，〔二〕皆有名前世。范父遭喪亂，客死於蜀漢，范遂流寓西州。〔三〕西州平，歸鄉里。年十五，辭母西迎父喪。蜀郡太守張穆，丹之故吏，乃重資送范，范無所受，與客步負喪歸葭萌。〔四〕載船觸石破沒，范抱持棺柩，遂俱沈溺。衆傷其義，鉤求得之，療救僅免於死。穆聞，復馳遣使持前資物追范，范又固辭。歸葬服竟，詣京師受業，事博士薛漢。〔五〕京兆、隴西二郡更請召，皆不應。永平初，隴西太守鄧融備禮謁范爲功曹，〔六〕會融爲州所舉案，〔七〕范知事譴難解，欲以權相濟，乃託病求去，融不達其意，大恨之。范於是東至洛陽，變名姓，求代廷尉獄卒。居無幾，融果徵下獄，范遂得衞侍左右，盡心勤勞。融怪其貌類范而殊不意，乃謂曰：「卿何似我故功曹邪？」范訶之曰：「君困厄瞀亂邪！」〔八〕語遂絕。融繫出困病，范隨而養視，及死，竟不言，身自將車送喪致南陽，葬畢乃去。

〔一〕苦陘，縣，屬中山國，章帝更名漢昌。

〔二〕王莽改益州爲庸部。

〔三〕謂巴蜀也。

〔四〕葭萌，縣名，屬廣漢郡。今利州益昌縣，即漢葭萌地也。

〔五〕漢字公子，見儒林傳。

〔六〕謁，請也。

〔七〕舉其罪案驗之。

〔八〕鄭玄注禮記曰：「瞀，目不明之皃。」

後辟公府，會薛漢坐楚王事誅，〔一〕故人門生莫敢視，范獨往收斂之。吏以聞，顯宗大怒，召范入，詰責曰：「薛漢與楚王同謀，交亂天下，范公府掾，不與朝廷同心，而反收斂罪人，何也？」范叩頭曰：「臣無狀愚戇，以爲漢等皆已伏誅，不勝師資之情，罪當萬坐。」〔二〕帝怒稍解，問范曰：「卿廉頗後邪？與右將軍褒、大司馬丹有親屬乎？」范對曰：「褒，臣之曾祖；丹，臣之祖也。」帝曰：「怪卿志膽敢爾！」因貰之。〔三〕由是顯名。

〔一〕楚王英謀反也。

〔二〕老子曰「善人爲不善人之師，不善人爲善人之資」也。

〔三〕貲，赦也。

舉茂才，數月，再遷爲雲中太守。會匈奴大入塞，烽火日通。故事，虜（人）〔入〕過五千人，移書傍郡。吏欲傳檄求救，范不聽，自率士卒拒之。虜衆盛而范兵不敵。會日暮，令軍士各交縛兩炬，三頭爇火，營中星列。〔一〕虜遙望火多，謂漢兵救至，大驚。待旦將退，范乃令軍中蓐食，晨往赴之，〔二〕斬首數百級，虜自相轔藉，死者千餘人，〔三〕由此不敢復向雲中。

〔一〕用兩炬交縛如十字，爇其三頭，手持一端，使敵人望之，疑兵士之多。

〔二〕蓐食，早起食於寢蓐中也。

〔三〕轔，轢也。藉，相蹈藉也。

後頻歷武威、武都二郡太守，隨俗化導，各得治宜。建初中，遷蜀郡太守，其俗尚文辯，好相持短長，范每厲以淳厚，不受偷薄之說。成都民物豐盛，邑宇逼側，舊制禁民夜作，以防火災，而更相隱蔽，燒者日屬。范乃毁削先令，但嚴使儲水而已。百姓爲便，乃歌之曰：「廉叔度，來何暮？不禁火，民安作。平生無襦今五絝。」〔一〕在蜀數年，坐法免歸鄉里。范世在邊，廣田地，積財粟，悉以賑宗族朋友。

〔一〕作，協韻音則護反。

肅宗崩，范奔赴敬陵。時廬江郡掾嚴麟奉章弔國，俱會於路。麟乘小車，塗深馬死，不能自進，范見而愍然，命從騎下馬與之，不告而去。麟事畢，不知馬所歸，乃緣蹤訪之。或謂麟曰：「故蜀郡太守廉叔度，好周人窮急，今奔國喪，獨當是耳。」麟亦素聞范名，以爲然，卽牽馬造門，謝而歸之。世伏其好義，然依倚大將軍竇憲，以此爲譏。卒於家。

初，范與洛陽慶鴻爲刎頸交，時人稱曰：「前有管鮑，後有慶廉。」鴻慷慨有義節，位至琅邪、會稽二郡太守，所在有異迹。

論曰：張堪、廉范皆以氣俠立名，觀其振危急，赴險阸，有足壯者。堪之臨財，范之忘施，亦足以信意而感物矣。〔一〕若夫高祖之召欒布，〔二〕明帝之引廉范，加怒以發其志，就戮更延其寵，聞義能徙，誠君道所尚，然情理之樞，亦有開塞之感焉。〔三〕

〔一〕信音申。

〔二〕欒布，梁人，爲人所略賣爲奴，梁王彭越贖爲梁大夫，使於齊。漢召彭越，以謀反夷三族，詔有收視者輒捕之。布還，奏事彭越頭下，祠而哭之。吏捕以聞，上召罵曰：「若與彭越反邪？」布曰：「今漢一徵兵於梁，彭王不行，而疑以爲反，則人人自危也。」上乃釋布，拜爲都尉也。

〔三〕戶之開闔，必由於樞；情之通塞，必在於感。言高祖、明帝初怒欒布、廉范，後感其義而赦之。

王堂字敬伯，廣漢郪人也。初舉光祿茂才，〔一〕遷穀城令，治有名迹。〔二〕永初中，西羌寇巴郡，爲民患，詔書遣中郎將尹就攻討，連年不剋。三府舉堂治劇，拜巴郡太守。堂馳兵赴賊，斬虜千餘級，巴、庸清靜，吏民生爲立祠。〔三〕刺史張喬表其治能，遷右扶風。

〔一〕光祿舉之爲茂才也。

〔二〕穀城，縣，屬東郡，故城在今濟州東阿縣東。

〔三〕庸卽上庸縣也，故城在今房州清水縣西也。

安帝西巡，阿母王聖、中常侍江京等並請屬於堂，堂不爲用。掾（吏）〔史〕固諫之，堂曰：「吾蒙國恩，豈可爲權寵阿意，以死守之！」〔一〕卽日遣家屬歸，閉閤上病。果有誣奏堂者，會帝崩，京等悉誅，堂以守正見稱。永建二年，徵入爲將作大匠。四年，坐公事左轉議郎。〔二〕復拜魯相，政存簡一，至數年無辭訟。遷汝南太守，搜才禮士，不苟自專，乃教掾（吏）〔史〕曰：「古人勞於求賢，逸於任使，故能化淸於上，事緝於下。其憲章朝右，簡覈才職，委功曹陳蕃。匡政理務，拾遺補闕，任主簿應嗣。庶循名責實，察言觀效焉。」自是委誠求當，不復妄有辭教，郡內稱治。時大將軍梁商及尚書令袁湯，以求屬不行，並恨之。後廬江賊迸入弋陽界，堂勒兵追討，卽便奔散，而商、湯猶因此風州奏堂在任無警，免歸家。

〔一〕阿，曲也。

〔二〕續漢志曰：「議郎，秩六百石，無員。」

年八十六卒。遺令薄斂，瓦棺以葬。子稺，清行不仕。曾孫商，益州牧劉焉以爲蜀郡太守，有治聲。

蘇章字孺文，扶風平陵人也。八世祖建，武帝時爲右將軍。〔一〕祖父純，字桓公，有高名，性強切而持毀譽，〔二〕士友咸憚之，至乃相謂曰：「見蘇桓公，患其教責人，不見，又思之。」三輔號爲「大人」。〔三〕永平中，爲奉車都尉竇固軍，出擊北匈奴、車師有功，封中陵鄉侯，官至南陽太守。

〔一〕前書曰，建以校尉從大將軍青擊匈奴，封平陵侯。中子武最知名也。

〔二〕持，執也。執毀譽之論，謂品藻其臧否。

〔三〕大人，長老之稱，言尊事之也。

章少博學，能屬文。安帝時，舉賢良方正，對策高第，爲議郎。數陳得失，其言甚直。出爲武原令，〔一〕時歲飢，輒開倉廩，活三千餘戶。順帝時，遷冀州刺史。故人爲清河太守，章行部案其姦臧。乃請太守，爲設酒肴，陳平生之好甚歡。太守喜曰：「人皆有一天，我獨有二天。」章曰：「今夕蘇孺文與故人飲者，私恩也；明日冀州刺史案事者，公法也。」遂舉正其罪。州境知章無私，望風畏肅。換爲并州刺史，以摧折權豪，忤旨，坐免。隱身鄉里，不交當世。後徵爲河南尹，不就。時天下日敝，民多悲苦，論者舉章有幹國才，朝廷不能復用，卒于家。兄曾孫不韋。

〔一〕武原，縣，屬楚國，故城在今泗州下邳縣北。

不韋字公先。父謙，初爲郡督郵。時魏郡李暠爲美陽令，與中常侍具瑗交通，貪暴爲民患，前後監司畏其埶援，莫敢糾問。及謙至，部案得其臧，論輸左校。謙累遷至金城太守，去郡歸鄉里。漢法，免罷守令，自非詔徵，不得妄到京師。而謙後私至洛陽，時暠爲司隸校尉，收謙詰掠，死獄中，暠又因刑其屍，以報昔怨。

不韋時年十八，徵詣公車，會謙見殺，不韋載喪歸鄉里，瘞而不葬，仰天嘆曰：「伍子胥獨何人也！」〔一〕乃藏母於武都山中，〔二〕遂變名姓，盡以家財募劍客，邀暠於諸陵閒，不剋。會暠遷大司農，時右校芻廥在寺北垣下，〔三〕不韋與親從兄弟潛入廥中，夜則鑿地，晝則逃伏。如此經月，遂得傍達暠之寢室，出其牀下。值暠在廁，因殺其妾并及小兒，留書而去。暠大驚懼，乃布棘於室，以板籍地，一夕九徙，雖家人莫知其處。每出，輒劍戟隨身，壯士自衞。不韋知暠有備，乃日夜飛馳，徑到魏郡，掘其父阜冢，斷取阜頭，以祭父墳，又標之於市曰「李君遷父頭」。暠匿不敢言，而自上退位，歸鄉里，私掩塞冢槨。捕求不韋，歷歲不能得，憤恚感傷，發病歐血死。

〔一〕子胥父伍奢爲楚王所殺，子胥復讎，鞭平王之尸。解具寇榮傳。

〔二〕武都，郡名，其地在今成州上祿縣界。有仇池山，東西懸絕，壁立百仞，故藏於其中也。

〔三〕說文云：「廥，芻藁藏。」音工外反。垣，牆也。

不韋後遇赦還家，乃始改葬，行喪。士大夫多譏其發掘冢墓，歸罪枯骨，不合古義，唯任城何休方之伍員。太原郭林宗聞而論之曰：「子胥雖云逃命，而見用強吳，憑闔廬之威，因輕悍之衆，雪怨舊郢，曾不終朝，而但鞭墓戮屍，以舒其憤，竟無手刃後主之報。豈如蘇子單特孑立，靡因靡資，強讎豪援，據位九卿，城闕天阻，宮府幽絕，埃塵所不能過，霧露所不能沾。不韋毀身燋慮，出於百死，冒觸嚴禁，陷族禍門，雖不獲逞，爲報已深。況復分骸斷首，以毒生者，〔一〕使昌懷忿結，不得其命，猶假手神靈以斃之也。力唯匹夫，功隆千乘，比之於員，不以優乎？」議者於是貴之。

〔一〕毒，苦也。

後太傅陳蕃辟，不應，爲郡五官掾。初，弘農張奐睦於蘇氏，而武威段熲與昌素善，後奐熲有隙。及熲爲司隸，以禮辟不韋，不韋懼之，稱病不詣。熲既積憤於奐，因發怒，乃追咎不韋前報昌事，以爲昌表治謙事，被報見誅，君命天也，而不韋仇之。又令長安男子告不韋多將賓客奪舅財物，遂使從事張賢等就家殺之。乃先以鴆與賢父曰：「若賢不得不韋，便可飲此。」賢到扶風，郡守使不韋奉謁迎賢，即時收執，并其一門六十餘人盡誅滅之，諸蘇以是衰破。及段熲爲陽球所誅，天下以爲蘇氏之報焉。

羊續字興祖，太山平陽人也。其先七世二千石卿校。祖父侵，安帝時司隸校尉。父儒，桓帝時爲太常。

續以忠臣子孫拜郎中，去官後，辟大將軍竇武府。及武敗，坐黨事，禁錮十餘年，幽居守靜。及黨禁解，復辟太尉府，四遷爲廬江太守。後揚州黃巾賊攻舒，焚燒城郭，續發縣中男子二十以上，皆持兵勒陳，其小弱者，悉使負水灌火，會集數萬人，并埶力戰，大破之，郡界平。後安風賊戴風等作亂，〔一〕續復擊破之，斬首三千餘級，生獲渠帥，其餘黨輩原爲平民，〔二〕賦與佃器，使就農業。

〔一〕安風，縣，屬廬江郡。

〔二〕原，免也。

中平三年，江夏兵趙慈反叛，殺南陽太守秦頡，攻沒六縣，拜續爲南陽太守。當入郡界，乃羸服閒行，侍童子一人，觀歷縣邑，採問風謠，然後乃進。其令長貪絜，吏民良猾，悉逆知其狀，郡內驚竦，莫不震懾。乃發兵與荊州刺史王敏共擊慈，斬之，獲首五千餘級。屬縣餘賊並詣續降，續爲上言，宥其枝附。賊既清平，乃班宣政令，候民病利，〔一〕百姓歡服。時權豪之家多尚奢麗，續深疾之，常敝衣薄食，車馬羸敗。府丞嘗獻其生魚，續受而懸於庭；丞後又進之，續乃出前所懸者以杜其意。續妻後與子祕俱往郡舍，續閉門不內，妻自將祕行，其資藏唯有布衾、敝祇裯，鹽、麥數斛而已，〔二〕顧勑祕曰：「吾自奉若此，何以資爾母乎？」使與母俱歸。

〔一〕損於人曰病，益於人曰利。

〔二〕說文曰：「祇裯，短衣也。」廣雅云即襜褕也。祇音丁奚反，裯音丁勞反。

六年，靈帝欲以續爲太尉。時拜三公者，皆輸東園禮錢千萬，令中使督之，名爲「左騶」。〔一〕其所之往，輒迎致禮敬，厚加贈賂。續乃坐使人於單席，舉緼袍以示之，〔二〕曰：「臣之所資，唯斯而已。」左騶白之，帝不悅，以此故不登公位。而徵爲太常，未及行，會病卒，時年四十八。遺言薄斂，不受賵遺。舊典，二千石卒官賻百萬，府丞焦儉遵續先意，一無所受。詔書褒美，勑太山太守以府賻錢賜續家云。

〔一〕騶，騎士也。

〔二〕緼，故絮也。

賈琮字孟堅，東郡聊城人也。〔一〕舉孝廉，再遷爲京（兆）令，有政理迹。

〔一〕聊城，今博州縣。

舊交阯土多珍産，明璣、翠羽、犀、象、瑇瑁、異香、美木之屬，莫不自出。〔一〕前後刺史率多無清行，上承權貴，下積私賂，財計盈給，輒復求見遷代，故吏民怨叛。中平元年，交阯屯兵反，執刺史及合浦太守，自稱「柱天將軍」。靈帝特勑三府精選能吏，有司舉琮爲交阯刺史。琮到部，訊其反狀，咸言賦斂過重，百姓莫不空單，京師遙遠，告冤無所，民不聊生（自活），故聚爲盜賊。琮即移書告示，各使安其資業，招撫荒散，蠲復傜役，誅斬渠帥爲大害者，簡選良吏試守諸縣，歲閒蕩定，百姓以安。巷路爲之歌曰：「賈父來晚，使我先反；今見清平，吏不敢飯。」在事三年，爲十三州最，徵拜議郎。

〔一〕說文曰：「璣，珠之不圓者。」異物志曰：「翠鳥形似燕，翡赤而翠青，其羽可以爲飾。」廣雅曰「瑇瑁形似龜，出南海巨延州」也。

時黃巾新破，兵凶之後，郡縣重斂，因緣生姦。詔書沙汰刺史、二千石，更選清能吏，乃以琮爲冀州刺史。舊典，傳車驂駕，垂赤帷裳，迎於州界。及琮之部，升車言曰：「刺史當遠視廣聽，糾察美惡，何有反垂帷裳以自掩塞乎？」乃命御者褰之。百城聞風，自然竦震。其諸臧過者，望風解印綬去，唯癭陶長濟陰董昭、觀津長梁國黃就當官待琮，於是州界翕然。

靈帝崩，大將軍何進表琮爲度遼將軍，卒於官。

陸康字季寧，吳郡吳人也。祖父續，在獨行傳。父褒，有志操，連徵不至。

康少仕郡，以義烈稱，刺史臧旻舉爲茂才，除高成令。〔一〕縣在邊垂，舊制，令戶一人具弓弩以備不虞，不得行來。〔二〕長吏新到，輒發民繕修城郭。康至，皆罷遣，百姓大悅。以恩信爲治，寇盜亦息，州郡表上其狀。光和元年，遷武陵太守，轉守桂陽、樂安二郡，所在稱之。

〔一〕高成，縣，屬渤海郡也。

〔二〕行來猶往來也。

時靈帝欲鑄銅人，而國用不足，乃詔調民田，畝斂十錢。而比水旱傷稼，百姓貧苦。康上疏諫曰：「臣聞先王治世，貴在愛民。省徭輕賦，以寧天下，除煩就約，以崇簡易，〔一〕故萬姓從化，靈物應德。末世衰主，窮奢極侈，造作無端，興制非一，勞割自下，以從苟欲，〔二〕故黎民吁嗟，陰陽感動。陛下聖德承天，當隆盛化，而卒被詔書，畝斂田錢，鑄作銅人，伏讀惆悵，悼心失圖。夫十一而稅，周謂之徹。〔三〕徹者通也，言其法度可通萬世而行也。故魯宣稅畝，而蝝災自生；〔四〕哀公增賦，而孔子非之。〔五〕豈有聚奪民物，以營無用之銅人；捐捨聖戒，自蹈亡王之法哉！〔六〕傳曰：『君舉必書，書而不法，後世何述焉？』陛下宜留神省察，改敝從善，以塞兆民怨恨之望。」書奏，內倖因此譖康援引亡國，以譬聖明，大不敬，檻車徵詣廷尉。侍御史劉岱典考其事，岱爲表陳解釋，免歸田里。復徵拜議郎。

〔一〕易曰：「乾以易知，坤以簡能，而天下之理得矣。」

〔二〕勞苦割剝於下人也。

〔三〕孟子曰：「夏后氏五十而貢，殷人七十而助，周人百畝而徹，其實皆十一也。」

〔四〕公羊傳曰：「初稅畝者何？履畝而稅也。」何休注云：「宣公無恩信於人，人不肯盡力於公田，起履踐案行，擇其畝穀好者稅取之。」蝝，螽子也。公羊傳：「冬蝝生。此言蝝生何？上變古易常也。」注云：「上謂宣公，變易公田舊制而稅畝。」

〔五〕左傳曰：「季孫欲以田賦，使冉有訪諸仲尼。仲尼私於冉有曰：『子季孫若欲行而法，則周公之典在；若欲苟而行之，又何訪焉！』」

〔六〕謂秦始皇鑄銅人十二，卒致滅亡也。

會廬江賊黃穰等與江夏蠻連結十餘萬人，攻沒四縣，拜康廬江太守。康申明賞罰，擊破穰等，餘黨悉降。帝嘉其功，拜康孫侚爲郎中。獻帝即位，天下大亂，康蒙險遣孝廉計吏奉貢朝廷，詔書策勞，加忠義將軍，秩中二千石。時袁術屯兵壽春，部曲飢餓，遣使求委輸兵甲。康以其叛逆，閉門不通，內修戰備，將以禦之。術大怒，遣其將孫策攻康，圍城數重。康固守，吏士有先受休假者，皆遁伏還赴，暮夜緣城而入。受敵二年，城陷。月餘，發病卒，年七十。宗族百餘人，遭離飢戹，死者將半。朝廷愍其守節，拜子儁爲郎中。

少子績，仕吳爲鬱林太守，博學善政，見稱當時。幼年曾謁袁術，懷橘墯地者也，有名稱。〔一〕

〔一〕績字公紀，吳志有傳。

贊曰：伋牧朔藩，信立童昏。詩守南楚，民作謠言。奮馳單乘，堪駕毀轅。范得其朋，〔一〕堂任良肱。〔二〕二蘇勁烈，羊、賈廉能。季寧拒策，城隕衝輣。〔三〕

〔一〕易曰：「西南得朋。」廉范遷蜀郡太守，百姓便之，蜀在西南，故云得朋也。

〔二〕謂委任功曹陳蕃、主簿應嗣，郡中大化也。

〔三〕輣，兵車也，音彭，協韻音普（勝）〔滕〕反。

校勘記

一〇九一頁三行　扶風茂陵人也　按：王先謙謂東觀記云「河南人」，與此異。

一〇九一頁四行　王莽時爲上谷大尹　按：集解引洪頤煊說，謂莽改上谷曰朔調，耿弇傳父況爲朔調連率，此作「上谷」，誤。

一〇九三頁五行　計日（當）告之　據刊誤刪。按：王先謙謂類聚五十、文選沈約齊安陸昭王碑文注引續漢書，並無「當」字。

一〇九三頁九行　芳將隋昱　按：刊誤謂「隨」字至隋時方去「辶」，單作「隋」，今此宜作「隨」。

一〇九四頁一行　杜詩字（公）君〔公〕　據汲本改。按：東觀記亦作「君公」。

一〇九六頁九行　（收）〔牧〕養不稱　刊誤謂「收養」無義，合作「牧養」，兩漢通謂守令爲牧養也。今據改。

一〇九六頁一三行　如有一介臣　按：「有」原譌「其」，逕據汲本、殿本改正。

一〇九七頁一行　符第合會　汲本、殿本「第」作「策」。按：依注似以作「第」爲是。

一〇九七頁一三行　於是遂矯魏王令奪晉鄙兵　按：「是」原譌「道」，逕據汲本、殿本改正。

一〇九八頁一〇行　〔朝市〕朝時而市　據殿本補，與今周禮文合。

一〇九八頁一〇行　〔夕市〕夕時而市　據殿本補，與今周禮文合。

一一〇〇頁二行　麥穗兩岐　校補引錢大昭說，謂通鑑「穗」作「秀」。

一一〇〇頁一四行　其仁以惠下　汲本、殿本「其」作「漢」，屬上句讀。按：集解引惠棟說，謂東觀記「漢」作「其」，屬下句讀。

一一〇二頁五行　故城在今夔州人復縣北赤甲城是　殿本「人復」作「魚復」。柳從辰謂唐書地理志貞觀二十三年改人復爲奉節，此不得仍稱「人復」。按：校補謂章懷作注，於釋地多承用隋代舊名，所見已多。蓋新更之名，尚無圖經可據，其相助爲理者仍爲隋時學者，沿襲用之，未及改正，不足爲異也。

一一〇三頁四行　虜（人）〔入〕過五千人　刊誤謂上「人」當作「入」。張森楷校勘記謂後漢紀正作「入」，劉說是。今據改。按：御覽三三五引作「虜入度五千人」，袁紀作「虜人入舍過五千人」，東觀記作「虜出度五千人」。

二〇三頁一五行　不禁火民安作　集解引惠棟說，謂東觀記「作」作「厝」。今按：聚珍本東觀記作「堵」。

二〇五頁九行　掾(吏)〔史〕固諫之　據汲本、殿本改。下同。

二〇五頁一三行　簡嚴才職　按：殿本考證謂「職」字應照宋本作「識」。

二〇六頁三行　卽便奔散　按：「便」原譌「使」，逕據汲本、殿本改正。

二〇六頁一〇行　爲奉車都尉竇固軍　刊誤謂竇固自爲奉車都尉，蘇純但從之耳，「爲」當作「從」。今按：沈家本謂「軍」下有奪字，當是官名。

二〇七頁二行　章少博學能屬文　按：集解引汪文臺說，謂書鈔一三五、御覽七一一引謝承書「蘇章字士成，北海人。負笈追師，不遠萬里」。

二〇九頁七行　便可飲此　按：汲本、殿本「可」作「同」。

二〇九頁一〇行　祖父侵　集解引惠棟說，謂「侵」一作「寖」。又校補引侯康說，謂「侵」一作「浸」。鄧騭傳「推進天下賢士何熙、祋諷、羊浸、李郃、陶敦等」，卽其人也。御覽二五二引李郃別傳，亦作「浸」。今按：殿本鄧騭傳仍作「寖」。

二一〇頁一一行　續妻後與子祕俱往郡舍　按：殿本「往」作「詣」。

二一一頁八行　再遷爲京(兆)令　按：刊誤謂無「京兆縣」，又未可爲尹，明多「兆」字，是河南京縣令也。

今據刪。

一二二二頁一三行　民不聊生(自活)　刊誤謂案文「自活」非本傳文，是注以解聊生耳。按：御覽二五六引無「自活」二字，今據刪。

一二二四頁一四行　幼年曾謁袁術懷橘墯地者也有名稱　按：馬敍倫謂此十五字疑讀者所加，本注在下，誤入正文者也。不然，當明敍其事，今若事已見前，而特撮述之者。然續事具在吳志，使未讀吳志，竟不知懷橘墯地爲何等事，而特煩載筆，果出范氏，其謬甚矣。且上云「見稱當時」，下云「有名稱」，著語複疊，知不當出范氏。

一二二五頁五行　協韻音普(勝)〔滕〕反　據殿本、集解本改。

後漢書卷三十二

樊宏陰識列傳第二十二 宏子儵 族曾孫準 識弟興

樊宏字靡卿，南陽湖陽人也，世祖之舅。其先周仲山甫，封于樊，因而氏焉，〔一〕爲鄉里著姓。父重，字君雲，世善農稼，好貨殖。重性溫厚，有法度，三世共財，子孫朝夕禮敬，常若公家。其營理產業，物無所棄，課役童隸，各得其宜，故能上下勠力，財利歲倍，至乃開廣田土三百餘頃。其所起廬舍，皆有重堂高閣，陂渠灌注。〔二〕又池魚牧畜，有求必給。嘗欲作器物，先種梓漆，時人嗤之，然積以歲月，皆得其用，向之笑者咸求假焉。貲至巨萬，而賑贍宗族，恩加鄉閭。外孫何氏兄弟爭財，重恥之，以田二頃解其忿訟。縣中稱美，推爲三老。年八十餘終。其素所假貸人閒數百萬，遺令焚削文契。責家聞者皆慙，爭往償之，〔三〕諸子從勑，竟不肯受。

〔一〕樊，今襄州安養縣也。

〔二〕酈元水經注曰：「（湖）〔朝〕水支分，東北爲樊氏陂，東西十里，南北五里，亦謂之凡亭。陂東樊氏故宅，樊氏既滅，庾氏取其陂，故諺曰：『陂汪汪，下田良，樊氏失業庾氏昌。』」其陂至今猶名爲樊陂，在今鄧州新野縣之西南也。

〔三〕責音側界反。

宏少有志行。王莽末，義兵起，劉伯升與族兄賜俱將兵攻湖陽，城守不下。賜女弟爲宏妻，湖陽由是收繫宏妻子，令出譬伯升，宏因留不反。湖陽軍帥欲殺其妻子，長吏以下共相謂曰：「樊重子父，禮義恩德行於鄉里，雖有罪，且當在後。」會漢兵日盛，湖陽惶急，未敢殺之，遂得免脫。更始立，欲以宏爲將，宏叩頭辭曰：「書生不習兵事。」竟得免歸，與宗家親屬作營壍自守，老弱歸之者千餘家。時赤眉賊掠唐子鄉，多所殘殺，欲前攻宏營，宏遣人持牛酒米穀，勞遺赤眉。赤眉長老先聞宏仁厚，皆稱曰：「樊君素善，且今見待如此，何心攻之。」引兵而去，遂免寇難。

世祖即位，拜光祿大夫，位特進，次三公。建武五年，封長羅侯。〔一〕十三年，封弟丹爲射陽侯，〔二〕兄子尋玄鄉侯，族兄忠更父侯。十五年，定封宏壽張侯。十八年，帝南祠章陵，過湖陽，祠重墓，追爵謚爲壽張敬侯，立廟於湖陽。車駕每南巡，常幸其墓，賞賜大會。

〔一〕長羅，縣名，屬陳留郡，故城在今滑州匡城縣東北。

〔二〕在射水之陽。水經注曰：「泚水西南流，射水注之，水出射城北。建武十三年，封樊重少子丹爲射陽侯，即其國也。」案臨淮郡別有射陽縣，疑遠，非此地也。

宏爲人謙柔畏愼，不求苟進。常戒其子曰：「富貴盈溢，未有能終者。吾非不喜榮埶也，天道惡滿而好謙，前世貴戚皆明戒也。〔一〕保身全己，豈不樂哉！」每當朝會，輒迎期先到，俯伏待事，時至乃起。帝聞之，常勑騶騎臨朝乃告，勿令豫到。宏所上便宜及言得失，輒手自書寫，毀削草本。公朝訪逮，不敢衆對。宗族染其化，未嘗犯法。帝甚重之。及病困，車駕臨視，留宿，問其所欲言。宏頓首自陳：「無功享食大國，誠恐子孫不能保全厚恩，令臣魂神慙負黃泉，願還壽張，食小鄉亭。」帝悲傷其言，而竟不許。

〔一〕易曰「天道虧盈而益謙，人道惡盈而好謙」也。

二十七年，卒。遺勑薄葬，一無所用，以爲棺柩一臧，不宜復見，如有腐敗，傷孝子之心，使與夫人同墳異臧。帝善其令，以書示百官，因曰：「今不順壽張侯意，無以彰其德。且吾萬歲之後，欲以爲式。」賻錢千萬，布萬匹，謚爲恭侯，贈以印綬，車駕親送葬。子儵嗣。帝悼宏不已，復封少子茂爲平望侯。〔一〕樊氏侯者凡五國。明年，賜儵弟鮪及從昆弟七人合錢五千萬。

〔一〕平望，縣，屬北海郡，故城在今青州北海縣西北，俗名平望臺也。

論曰：昔楚頃襄王問陽陵君曰：「君子之富何如？」對曰：「假人不德不責，食人不使不役，親戚愛之，衆人善之。」〔一〕若乃樊重之折契止訟，其庶幾君子之富乎！分地以用天道，實廩以崇禮節，〔二〕取諸理化，則亦可以施於政也。與夫愛而畏者，何殊閒哉！〔三〕

〔一〕假貸人者不自以爲德，不責其報也。食善人者不使役之，故衆人稱善也。說苑曰楚王問莊辛之言也。

〔二〕管子曰：「倉廩實而知禮節。」

〔三〕左傳曰：「是以其人畏而愛之，何殊閒哉！」言不異也。閒音古莧反。

鯈字長魚，謹約有父風。事後母至孝，及母卒，哀思過禮，毀病不自支，世祖常遣中黃門朝暮送饘粥。〔一〕服闋，就侍中丁恭受公羊嚴氏春秋。〔二〕建武中，禁網尚闊，諸王既長，各招引賓客，以鯈外戚，爭遣致之，而鯈清靜自保，無所交結。及沛王輔事發，貴戚子弟多見收捕，鯈以不豫得免。帝崩，鯈爲復土校尉。〔三〕

〔一〕饘，糜也。

〔二〕嚴彭祖也。

〔三〕復土校尉主葬事，復土於壙也。

永平元年，拜長水校尉，與公卿雜定郊祠禮儀，以讖記正五經異說。北海周澤、琅邪承宮並海內大儒，鯈皆以爲師友而致之於朝。上言郡國舉孝廉，率取年少能報恩者，耆宿大賢多見廢棄，宜勑郡國簡用良俊。又議刑辟宜須秋月，以順時氣。顯宗並從之。二年，以壽張國益東平王，徙封儵燕侯。〔一〕其後廣陵王荆有罪，帝以至親悼傷之，詔儵與羽林監南陽任隗雜理其獄。事竟，奏請誅荆。引見宣明殿，帝怒曰：「諸卿以我弟故，欲誅之，卽我子，卿等敢爾邪！」儵仰而對曰：「天下高帝天下，非陛下之天下也。春秋之義，『君親無將，將而誅焉』。〔二〕是以周公誅弟，季友鴆兄，經傳大之。〔三〕臣等以荆屬託母弟，陛下留聖心，加惻隱，故敢請耳。如令陛下子，臣等專誅而已。」〔四〕帝歎息良久。儵益以此知名。其後弟鮪爲子賞求楚王英女敬鄉公主，儵聞而止之，曰：「建武時，吾家並受榮寵，一宗五侯。〔五〕時特進一言，女可以配王，男可以尙主，〔六〕但以貴寵過盛，卽爲禍患，故不爲也。且爾一子，柰何棄之於楚乎？」鮪不從。

〔一〕燕，縣名，屬東郡。

〔二〕公羊傳之文也。將者，將爲弒逆之事也。

〔三〕周公之弟管、蔡二叔，流言於國，云周公攝政將不利於成王，故周公誅之。左傳曰：「周公殺管叔而𥻦蔡叔，夫豈不愛，王室故也。」杜預注曰「𥻦，放也。」又曰，魯莊公有疾，叔牙欲立慶父爲後，牙弟季友欲立公子般，友遂鴆叔牙殺之。公羊傳曰：「季子殺母兄，何善（其）〔爾〕？誅不得避兄，君臣之義也。」上𥻦音薩。

〔四〕專謂不請也。

〔五〕謂宏封長羅侯，弟丹射陽侯，兄子尋玄鄉侯，族兄忠更父侯，宏又封壽張侯也。

〔六〕宏爲特進。

十年，儵卒，賵贈甚厚，謚曰哀侯。帝遣小黃門張音問所遺言。先是河南縣亡失官錢，典負者〔一〕坐死及罪徙者甚衆，遂委責於人，以償其秏。鄉部吏司因此爲姦，儵常疾之。又野王歲獻甘醪、膏餳，〔二〕每輒擾人，吏以爲利。儵並欲奏罷之，疾病未及得上。音歸，具以聞，帝覽之而悲歎，勑二郡並令從之。

〔一〕典謂主典，負謂欠負。

〔二〕醪，醇酒，汁滓相將也。

長子汜嗣，以次子郴、梵爲郎。其後楚事發覺，帝追念儵謹恪，又聞其止鮪婚事，故其諸子得不坐焉。

梵字文高，爲郎二十餘年，三署服其重慎。〔一〕悉推財物二千餘萬與孤兄子，官至大鴻臚。

〔一〕三署解見和帝紀也。

汜卒，子時嗣。時卒，子建嗣。建卒，無子，國絕。永寧元年，鄧太后復封建弟盼。盼卒，子尙嗣。

初，儵删定公羊嚴氏春秋章句，世號「樊侯學」，教授門徒前後三千餘人。弟子潁川李脩、九江夏勤，皆爲三公。勤字伯宗，爲京、宛二縣令，零陵太守，所在有理能稱。安帝時，位至司徒。

準字幼陵，宏之族曾孫也。〔一〕父瑞，好黄老言，清靜少欲。準少勵志行，修儒術，以先父產業數百萬讓孤兄子。永元十五年，和帝幸南陽，準爲郡功曹，召見，帝器之，拜郎中，從車駕還宫，特補尚書郎。鄧太后臨朝，儒學陵替，準乃上疏曰：

〔一〕「準」或作「准」。

臣聞賈誼有言，「人君不可以不學」。故雖大舜聖德，孳孳爲善；〔二〕成王賢主，崇明師傅。〔三〕及光武皇帝受命中興，羣雄崩擾，旌旗亂野，東西誅戰，不遑啓處，然猶投戈講蓺，息馬論道。至孝明皇帝，兼天地之姿，用日月之明，庶政萬機，無不簡心，而垂情古典，游意經蓺，每饗射禮畢，正坐自講，諸儒並聽，四方欣欣。雖闕里之化，矍相之事，誠不足言。〔三〕又多徵名儒，以充禮官，如沛國趙孝、琅邪承宫等，或安車結駟，告歸鄉里；〔四〕或豐衣博帶，從見宗廟。其餘以經術見優者，布在廊廟。故朝多皤皤之良，華首之老。〔五〕每讌會，則論難衎衎，共求政化。〔六〕詳覽羣言，響如振玉。〔七〕朝者進而思政，罷者退而備問。小大隨化，雍雍可嘉。期門羽林介胄之士，悉通孝經。博士議郎，一人開門，徒衆百數。〔八〕化自聖躬，流及蠻荒，匈奴遣伊秩訾王大車且渠來入就學。八方肅清，上下無事。是以議者每稱盛時，咸言永平。

〔一〕孟子曰：「雞鳴而起，孜孜爲善者，舜之徒。」

〔二〕尚書曰「召公爲保，周公爲師，相成王爲左右」也。

〔三〕孔子，闕里人也。禮記云，孔子射於矍相之圃，蓋觀者如堵牆也。

〔四〕安車，坐乘之車也。告歸謂休假歸也。

〔五〕皤皤，白首貌也，音步河反。書曰：「皤皤良士。」華首謂白首也。

〔六〕衎衎，和樂貌也。

〔七〕孟子曰「金聲而玉振」也。

〔八〕開門謂開一家之說。

今學者蓋少，遠方尤甚。博士倚席不講，儒者競論浮麗，忘謇謇之忠，習諓諓之辭。〔一〕文吏則去法律而學詆欺，〔二〕銳錐刀之鋒，斷刑辟之重，德陋俗薄，以致苛刻。〔三〕昔孝文竇后性好黃老，而清靜之化流景武之閒。臣愚以爲宜下明詔，博求幽隱，發揚巖穴，寵進儒雅，有如孝、宮者，徵詣公車，以俟聖上講習之期。公卿各舉明經及舊儒子孫，進其爵位，使纘其業。復召郡國書佐，使讀律令。如此，則延頸者日有所

見，傾耳者月有所聞。伏願陛下推述先帝進業之道。〔四〕

〔一〕譏議，諂言也，音踐。前書曰「昔秦穆公說譏議之言」也。

〔二〕詆亦欺也。

〔三〕左傳曰，鄭人鑄刑書，叔向使貽子產書曰：「今子相鄭，立謗政，鑄刑書，人知爭端矣。將棄禮而徵於書，錐刀之末，將盡爭之，鄭其敗乎！」杜預注云：「錐刀喻小事也。」

〔四〕周易曰：「君子進德修業。」

太后深納其言，是後屢舉方正、敦樸、仁賢之士。

準再遷御史中丞。永初之初，連年水旱災異，郡國多被飢困，準上疏曰：

臣聞傳曰：「飢而不損茲曰太，厥災水。」〔一〕春秋穀梁傳曰：「五穀不登，謂之大侵。大侵之禮，百官備而不製，〔二〕羣神禱而不祠。」〔三〕由是言之，調和陰陽，寔在儉節。朝廷雖勞心元元，事從省約，而在職之吏，尚未奉承。夫建化致理，由近及遠，故詩曰「京師翼翼，四方是則」。〔四〕今可先令太官、尚方、考功、上林池籞諸官，實減無事之物，〔五〕五府調省中都官吏京師作者。〔六〕如此，則化及四方，人勞省息。

〔一〕洪範五行傳之文也。言下人飢饉，君上不能損減，謂之爲太。太猶甚也。

〔二〕官職備列，不造作也。

〔三〕禱請而已，無祭祀也。

〔四〕韓詩之文也。翼翼然，盛也。

〔五〕前書百官表曰，少府掌山海池澤之稅，屬官有太官、考工、尙方、上林中十池監也。太官掌御膳飲食，考工主作器械，尙方主作刀劒器物。籞者，於池苑中以竹綿聯之爲禁籞也。實滅謂實覆其數滅之也。

〔六〕五府謂太傅、太尉、司徒、司空、大將軍也。調，徵發也。省，減也。中都官吏，在京師之官吏也。作謂營作者也。

伏見被災之郡，百姓凋殘，恐非賑給所能勝贍，雖有其名，終無其實。可依征和元年故事，〔一〕遣使持節慰安。尤困乏者，徙置荆、揚孰郡，既省轉運之費，且令百姓各安其所。今雖有西屯之役，宜先東州之急。〔二〕如遣使者與二千石隨事消息，悉留富人守其舊土，轉尤貧者過所衣食，誠父母之計也。〔三〕願以臣言下公卿平議。

〔一〕武帝征和元年詔曰：「當今務在禁苛暴，止擅賦，力本農桑，無乏武備而已。」

〔二〕時先零羌斷隴道，大爲寇害，遣車騎將軍鄧騭、征西校尉任尙討之，故曰「西屯役」也。東州謂冀、兗州，時又遣光祿大夫樊準、呂倉分冀兗二州稟貸流人也。

〔三〕衣音於旣反，食音飤。

太后從之，悉以公田賦與貧人。卽擢準與議郎呂倉並守光祿大夫，準使冀州，倉使兗州。準到部，開倉稟食，〔一〕慰安生業，流人咸得蘇息。還，拜鉅鹿太守。時飢荒之餘，人庶流迸，家戶且盡，準課督農桑，廣施方略，朞年閒，穀粟豐賤數十倍。而趙、魏之郊數爲羌所鈔暴，準外禦寇虜，內撫百姓，郡境以安。

〔一〕稟，給。

五年，轉河內太守。時羌復屢入郡界，準輒將兵討逐，修理塢壁，〔一〕威名大行。視事三年，以疾徵，三轉爲尚書令，明習故事，遂見任用。元初三年，代周暢爲光祿勳。五年，卒於官。

〔一〕說文曰：「塢，小障也。」

陰識字次伯，南陽新野人也，光烈皇后之前母兄也。其先出自管仲，管仲七世孫修，自齊適楚，爲陰大夫，因而氏焉。秦漢之際，始家新野。

及劉伯升起義兵，識時游學長安，聞之，委業而歸，率子弟、宗族、賓客千餘人往詣伯升。伯升乃以識爲校尉。更始元年，遷偏將軍，從攻宛，別降新野、淯陽、杜衍、冠軍、（胡）〔湖〕陽。〔一〕二年，更始封識陰德侯，行大將軍事。

〔一〕五縣並屬南陽郡也。

建武元年，光武遣使迎陰貴人於新野，并徵識。識隨貴人至，以爲騎都尉，更封陰鄉侯。二年，以征伐軍功增封，識叩頭讓曰：「天下初定，將帥有功者衆，臣託屬掖廷，仍加爵邑，不可以示天下。」帝甚美之，以爲關都尉，鎮函谷。遷侍中，以母憂辭歸。十五年，定封原鹿侯。〔一〕及顯宗立爲皇太子，以識守執金吾，輔導東宮。帝每巡郡國，識常留鎮守京師，委以禁兵。入雖極言正議，及與賓客語，未嘗及國事。帝敬重之，常指識以敕戒貴戚，激厲左右焉。識所用掾史皆簡賢者，如虞（延）〔廷〕、傅寬、薛愔等，多至公卿校尉。

〔一〕原鹿，縣，屬汝南郡。俗本「鹿」作「慶」者誤。

顯宗即位，拜爲執金吾，位特進。永平二年，卒，贈以本官印綬，謚曰貞侯。子躬嗣。躬卒，子璜嗣。永初七年，爲奴所殺，無子，國絕。永寧元年，鄧太后以璜弟淑紹封。淑卒，子鮪嗣。

躬弟子綱女爲和帝皇后，封綱吳房侯，位特進，三子軼、輔、敞，皆黃門侍郎。后坐巫蠱事廢，綱自殺，輔下獄死，軼、敞徙日南。識弟興。

興字君陵，光烈皇后母弟也，爲人有膂力。建武二年，爲黃門侍郎，守期門僕射，典將武騎，從征伐，平定郡國。興每從出入，常操持小蓋，障翳風雨，躬履塗泥，率先期門。光武所幸之處，輒先入清宮，甚見親信。雖好施接賓，然門無俠客。與同郡張宗、上谷鮮于裒不相好，知其有用，猶稱所長而達之；友人張汜、杜禽與興厚善，以爲華而少實，但私之以財，終不爲言：是以世稱其忠平。第宅苟完，裁蔽風雨。

九年，遷侍中，賜爵關內侯。帝後召興，欲封之，置印綬於前，興固讓曰：「臣未有先登陷陣之功，而一家數人並蒙爵土，令天下觖望，誠爲盈溢。〔一〕臣蒙陛下、貴人恩澤至厚，富貴已極，不可復加，至誠不願。」帝嘉興之讓，不奪其志。貴人問其故，興曰：「貴人不讀書記邪？『亢龍有悔。』〔二〕夫外戚家苦不知謙退，嫁女欲配侯王，取婦眄睨公主，愚心實不安也。富貴有極，人當知足，夸奢益爲觀聽所譏。」貴人感其言，深自降挹，卒不爲宗親求位。十九年，拜衞尉，亦輔導皇太子。明年夏，帝風眩疾甚，後以興領侍中，受顧命於雲臺廣室。〔三〕會疾瘳，召見興，欲以代吳漢爲大司馬。興叩頭流涕，固讓曰：「臣不敢惜身，誠虧損聖德，不可苟冒。」至誠發中，感動左右，帝遂聽之。

〔一〕觖音羌志反。前書音義曰：「觖猶冀也。一音決，猶望之也。」

〔二〕易乾卦上九爻曰：「亢龍有悔，窮之災也。」亢，極也，龍以喻君。言居上體之極，則有悔吝之災也。

〔三〕尚書曰，成王將崩，命召公作顧命。孔安國注云：「臨終之命曰顧命。」洛陽南宮有雲臺廣德殿。

二十三年，卒，時年三十九。興素與從兄嵩不相能，然敬其威重。興疾病，帝親臨，問以政事及羣臣能不。興頓首曰：「臣愚不足以知之。然伏見議郎席廣、謁者陰嵩，並經行明見幸。顯宗卽位，拜長樂衞尉，遷執金吾。

深，踰於公卿。」興沒後，帝思其言，遂擢廣爲光祿勳；嵩爲中郎將，監羽林十餘年，以謹敕

永平元年詔曰：「故侍中衞尉關內侯興，典領禁兵，從平天下，當以軍功顯受封爵，又諸舅比例，應蒙恩澤，興皆固讓，安乎里巷。輔導朕躬，有周昌之直，〔一〕在家仁孝，有曾、閔之行，不幸早卒，朕甚傷之。賢者子孫，宜加優異。其以汝南之鮦陽封興子慶爲鮦陽侯，〔二〕慶弟博爲灈強侯。」〔三〕博弟員、丹並爲郎，慶推田宅財物悉與員、丹。帝以慶義讓，擢爲黃門侍郎。慶卒，子琴嗣。建初五年，興夫人卒，肅宗使五官中郎將持節卽墓賜策，追謚興曰翼侯。琴卒，子萬全嗣。萬全卒，子桂嗣。

〔一〕前書曰，周昌，沛人也。爲御史大夫。爲人強力，敢直言極諫也。

〔二〕鮦陽故城在今豫州新蔡縣北，在鮦水之陽也，音紂。

〔三〕灈強，縣，屬汝南郡，在灈水之北。

興弟就，嗣父封宣恩侯，後改封爲新陽侯。〔一〕就善談論，朝臣莫及，然性剛傲，不得衆譽。顯宗卽位，以就爲少府，位特進。就子豐尙酈邑公主。〔二〕公主嬌妒，豐亦狷急。〔三〕永平二年，遂殺主，被誅，父母當坐，皆自殺，國除。帝以舅氏故，不極其刑。

〔一〕新陽，縣，屬汝南郡，故城在今豫州眞陽縣西南。

〔二〕光武女也。

〔三〕狷，疾也，音絹。

陰氏侯者凡四人。初，陰氏世奉管仲之祀，謂爲「相君」。宣帝時，陰子方者，至孝有仁恩，臘日晨炊而竈神形見，〔一〕子方再拜受慶。家有黄羊，因以祀之。自是已後，暴至巨富，田有七百餘頃，輿馬僕隸，比於邦君。子方常言「我子孫必將彊大」，至識三世而遂繁昌，故後常以臘日祀竈，而薦黄羊焉。

〔一〕雜五行書曰：「竈神名禪，字子郭，衣黄衣，夜被髮從竈中出，知其名呼之，可除凶惡。宜市猪肝泥竈，令婦孝。」

贊曰：權族好傾，后門多毁。樊氏世篤，陰亦戒侈。恂恂苗胤，傳龜襲紫。〔一〕

〔一〕恂恂，恭順貌也。公侯皆紫綬、金印、龜鈕，見應劭漢官儀。

校勘記

一一二九頁三行 （湖）〔朝〕水支分　據水經淯水注改。

一一三三頁三行 食善人者不使役之　按：刊誤謂食人而已，何故輒擇善人，明此是「養」字，或云當云「善食人者」。

一一三三頁二行　詔脩與羽林監南陽任隗雜理其獄　按：校補引錢大昭說，謂隗傳作「羽林左監」，此脫「左」字。

一一三三頁一三行　周公殺管叔而粲蔡叔　按：沈家本謂「粲」今左傳作「蔡」，依說文當作「𥻆」，說詳釋文及孔疏。此作「粲」，亦「𥻆」之譌，與今本不同，豈據陸、孔改耶？

一一三三頁一四行　季子殺母兄何善(其)〔爾〕　據刊誤改，與公羊傳合。

一一三四頁九行　長子汜嗣　按：「汜」汲本、殿本作「氾」。

一一三六頁一三行　今學者蓋少　刊誤謂「蓋」當作「盍」。按：作「蓋」亦自可通，劉說泥。

一一三七頁一三行　考功　按：刊誤謂「功」當作「工」，考工官名，見前書。

一一三八頁三行　賞減謂實覆其數減之也　按：陳景雲謂「覆」當作「覈」。

一一三九頁四行　五年卒於官　按：校補引錢大昭說，謂「五年」閩本作「其年」。

一一三九頁一〇行　(胡)〔湖〕陽　按：郡國志南陽郡有「湖陽」，無「胡陽」。王先謙謂「胡」當作「湖」，今據改。

一一三〇頁五行　如虞(延)〔廷〕傳寬薛愔等　據汲本改。按：校補謂虞延仕執金吾府在建武初，陰識守執金吾在建武十八年以後，時延外仕久矣。建武二十四年，延爲洛陽令，收考陰氏客馬成誅之，終爲陰氏所中傷，其非陰識掾吏甚明。虞廷自別是一人，混爲虞延，誤也。

一二三〇頁一〇行 封綱吳房侯 按：集解引惠棟說，謂袁紀作「防侯」。

一二三一頁一行 張汜 按：汲本、殿本「汜」作「氾」。

一二三一頁八行 後以興領侍中 按：集解引陳景雲說，謂「後」當作「復」，與前官侍中，故言復領。

後漢書卷三十三

朱馮虞鄭周列傳第二十三

朱浮字叔元，沛國蕭人也。初從光武爲大司馬主簿，遷偏將軍，從破邯鄲。光武遣吳漢誅更始幽州牧苗曾，乃拜浮爲大將軍幽州牧，守薊城，遂討定北邊。建武二年，封舞陽侯，食三縣。

浮年少有才能，頗欲厲風迹，〔一〕收士心，辟召州中名宿涿郡王岑之屬，以爲從事，〔二〕及王莽時故吏二千石，皆引置幕府，乃多發諸郡倉穀，稟贍其妻子。漁陽太守彭寵以爲天下未定，師旅方起，不宜多置官屬，以損軍實，〔三〕不從其令。浮性矜急自多，〔四〕頗有不平，因以峻文詆之；〔五〕寵亦很強，兼負其功，嫌怨轉積。浮密奏寵遣吏迎妻而不迎其母，又受貨賂，殺害友人，多聚兵穀，意計難量。寵既積怨，聞〔之〕，遂大怒，而舉兵攻浮。浮以書質責之〔六〕曰：

〔一〕風化之迹也。

〔二〕岑後爲梁州牧。

〔三〕謂甲兵糧儲也。左傳曰「隳軍實」也。

〔四〕矜誇多自取也。

〔五〕峻，嚴切也。詆，誣也。

〔六〕質，正也。

蓋聞知者順時而謀，愚者逆理而動，常竊悲京城太叔以不知足而無賢輔，卒自棄於鄭也。〔一〕

〔一〕左傳曰，鄭武公娶于申，曰武姜，生莊公及共叔段。及莊公即位，武姜爲之請京，使居，謂之京城太叔。既而太叔將襲鄭，公命子封伐京，京畔太叔段，段出奔共也。

伯通以名字典郡，〔一〕有佐命之功，〔二〕臨人親職，愛惜倉庫，而浮秉征伐之任，欲權時救急，二者皆爲國耳。即疑浮相譖，何不詣闕自陳，而爲族滅之計乎？朝廷之於伯通，恩亦厚矣，委以大郡，任以威武，〔三〕事有柱石之寄，情同子孫之親。〔四〕匹夫媵母尚能致命一餐，〔五〕豈有身帶三綬，職典大邦，〔六〕而不顧恩義，生心外畔者乎！伯通與吏人語，何以爲顏？行步拜起，何以爲容？坐臥念之，何以爲心？引鏡窺影，何施眉目？舉措建功，何以爲人？惜乎棄休令之嘉名，造梟鴟之逆謀，〔七〕捐傳世之慶祚，招破敗之重災，高論堯舜之道，不忍桀紂之性，生爲世笑，死爲愚鬼，不亦哀乎！

〔一〕伯通，彭寵字也，以名字顯著也。

〔二〕光武初鎮河北，寵遣吳漢等發步兵三千人先歸光武，及圍邯鄲，寵轉食前後不絕也。

〔三〕光武賜寵號大將軍，故云「任以威武」也。

〔四〕柱石，以屋爲諭也。

〔五〕左傳曰，趙盾田於首山，舍於翳桑，見靈輒餓，問，曰「三日不食矣」，食之。後晉靈公欲殺趙盾，輒爲公甲士，倒戟以禦公徒而免盾。滕母，未詳也。

〔六〕寵爲漁陽太守、建忠侯、大將軍，故帶三綬。

〔七〕梟鴟即鴟梟也，其子適大，還食其母。說文云不孝鳥也。

伯通與耿俠遊俱起佐命，同被國恩。〔一〕俠遊謙讓，屢有降挹之言；〔二〕而伯通自伐，以爲功高天下。往時遼東有豕，生子白頭，異而獻之，行至河東，見羣豕皆白，懷慙而還。若以子之功論於朝廷，則爲遼東豕也。今乃愚妄，自比六國。六國之時，其埶各盛，廓土數千里，勝兵將百萬，故能據國相持，多歷年世。今天下幾里，列郡幾城，柰何以區區漁陽而結怨天子？此猶河濱之人捧土以塞孟津，多見其不知量也！

〔一〕俠遊，耿況字也。況爲上谷太守，初與寵結謀共歸光武也。

〔二〕挹，損也。

方今天下適定，海內願安，士無賢不肖，皆樂立名於世。而伯通獨中風狂走，自捐盛時，內聽驕婦之失計，外信讒邪之諛言，〔一〕長爲羣后惡法，永爲功臣鑒戒，豈不誤哉！定海內者無私讎，勿以前事自誤，願留意顧老母幼弟。凡舉事無爲親厚者所痛，而爲見讎者所快。

〔一〕浮密奏寵，上徵之，寵妻勸寵無應徵。又與所親信計議，吏皆怨浮，勸寵止不應徵也。

寵得書愈怒，〔二〕攻浮轉急。明年，涿郡太守張豐亦舉兵反。

〔二〕愈猶益也。

時二郡畔戾，北州憂恐，浮以爲天子必自將兵討之，而但遣游擊將軍鄧隆陰助浮。浮懷懼，以爲帝怠於敵，不能救之，乃上疏曰：「昔楚宋列國，俱爲諸侯，莊王以宋執其使，遂有投袂之師。魏公子顧朋友之要，觸冒強秦之鋒。夫楚魏非有分職匡正之大義也，莊王但爲爭強而發忿，公子以一言而立信耳。〔一〕今彭寵反畔，張豐逆節，以爲陛下必棄捐它事，以時滅之。既歷時月，寂寞無音。從圍城而不救，放逆虜而不討，臣誠惑之。昔高祖聖武，天下既定，猶身自征伐，未嘗寧居。〔二〕陛下雖興大業，海內未集，而獨逸豫，不顧北垂，百姓遑遑，無所繫心，三河、冀州，曷足以傳後哉！今秋稼已孰，復爲漁陽所掠。張豐狂悖，姦黨日增，連年拒守，吏士疲勞，甲胄生蟣蝨，弓弩不得弛，〔三〕上下燋心，相望救護，仰希陛下生活之恩。」詔報曰：「往年赤眉跋扈長安，〔四〕吾策其無穀必東，果來歸降。今度此反虜，埶無久全，其中必有內相斬者。今軍資未充，故須後麥耳。」〔五〕浮城中糧盡，人相食。會上谷太守耿況遣騎來救浮，浮乃得遁走。南至良鄉，其兵長反遮之，〔六〕浮恐不得脫，乃下馬刺殺其妻，僅以身免，城降於寵。尚書令侯霸奏浮敗亂幽州，構成寵罪，徒勞軍師，不能死節，罪當伏誅。帝不忍，以浮代賈復爲執金吾，徙封父城侯。後豐、寵並自敗。

〔一〕左傳曰，楚莊王使申舟無畏聘于齊，曰：「無假道於宋。」宋人殺無畏，莊王聞之，投袂而起，遂發兵圍宋。史記，魏公子無忌，魏昭王之少子，封信陵君，仁而好士，食客三千人。公子姊爲趙平原君勝妻，秦圍邯鄲，求救於魏，魏以秦強不敢救，公子乃竊兵符，奪晉鄙軍以救趙，秦兵遂解也。

〔二〕高祖定天下之後，猶自征匈奴、陳豨、黥布等也。

〔三〕鄭玄注周禮曰：「弛，釋下也。」

〔四〕跋扈猶暴橫也。

〔五〕須，待也。

〔六〕兵長，兵之長帥也。

帝以二千石長吏多不勝任，時有纖微之過者，必見斥罷，交易紛擾，百姓不寧。六年，有日食之異，浮因上疏曰：「臣聞日者衆陽之所宗，君上之位也。凡居官治民，據郡典縣，皆爲陽爲上，爲尊爲長。若陽上不明，尊長不足，則干動三光，垂示王者。〔一〕五典紀國家之政，〔一〕鴻範別災異之文，〔二〕皆宣明天道，以徵來事者也。〔四〕陛下哀愍海內新離禍毒，保宥生人，〔五〕使得蘇息。而今牧人之吏，多未稱職，小違理實，輒見斥罷，豈不粲然黑白分明哉！〔六〕然以堯舜之盛，猶加三考，〔七〕大漢之興，亦累功効，吏皆積久，養老於官，至名子孫，因爲氏姓。〔八〕當時吏職，何能悉理；論議之徒，豈不諠譁。蓋以爲天地之功不可倉卒，艱難之業當累日也。而閒者守宰數見換易，迎新相代，疲勞道路。尋其視事日淺，未足昭見其職，既加嚴切，人不自保，各相顧望，無自安之心。有司或因睚眦以騁私怨，苟求長短，求媚上意。二千石及長吏迫於舉劾，懼於刺譏，故爭飾詐僞，以希虛譽。斯皆羣陽騷動，日月失行之應。夫物暴長者必夭折，功卒成者必亟壞，如摧長久之業，而造速成之功，非陛下之福也。天下非一時之用也，海內非一旦之功也。願陛下遊意於經年之外，望化於一世之後。〔九〕天下幸甚。」帝下其議，羣臣多同於浮，自是牧守易代頗簡。

〔一〕干，犯也。三光，日、月、星也。

〔二〕禮記曰：「溫柔敦厚，詩教也。疏通知遠，書教也。絜靜精微，易教也。恭儉莊敬，禮教也。屬辭比事，春秋教也。」

〔三〕鴻範，尚書篇名，箕子爲武王陳政道陰陽之法。災異卽咎徵之類也。

〔四〕徵，驗也。

〔五〕宥，寬也。

〔六〕淮南子曰「聖人見是非，若白黑之別於目，清濁之形於耳」也。

〔七〕考謂考其功最也。尚書舜典曰「三載考績，三考黜陟幽明」也。

〔八〕前書：「武帝時，漢有天下已七十餘年，爲吏者長子孫，居官者以爲姓號，人人自愛而重犯法。」音義曰：「時無事，吏不數轉，至於子孫而不轉職，今倉氏、庫氏因以爲姓，即倉庫吏之後也。」

〔九〕孔子曰：「如有王者，必代而後仁。」見論語。

舊制，州牧奏二千石長吏不任位者，事皆先下三公，三公遣掾史案驗，然後黜退。帝時用明察，不復委任三府，而權歸刺舉之吏。〔一〕浮復上疏曰：「陛下清明履約，率禮無違，自宗室諸王、外家后親，皆奉遵繩墨，無黨執之名。至或乘牛車，齊於編人。斯固法令整齊，下無作威者也。求之於事，宜以和平，而災異猶見者，而豈徒然？天道信誠，不可不察。竊見陛下疾往者上威不行，下專國命，即位以來，不用舊典，信刺舉之官，黜鼎輔之任，至於有所劾奏，便加免退，覆案不關三府，罪譴不蒙澄察。陛下以使者爲腹心，而使者以從事爲耳目，是爲尚書之平，決於百石之吏，〔二〕故羣下苛刻，各自爲能。兼以私情容長，憎愛在職，皆競張空虛，以要時利，故有罪者心不厭服，無咎者坐被空文，不可經盛衰，貽後王也。〔三〕夫事積久則吏自重，〔四〕吏安則人自靜。傳曰：『五年再閏，天道乃備。』〔五〕夫以天地之靈，猶五載以成其化，況人道哉！臣浮愚戇，不勝惓惓，願陛下留心千里之任，省察偏言之奏。」

〔一〕刺舉即州牧也。

〔二〕使者，刺史也。續漢志曰，每州有從事，秩百石。耳目謂令采察也。平謂平決也。

〔三〕貼，遺也。

〔四〕重猶愛惜也。

〔五〕周天三百六十五度四分度之一，日行一度，一年十二月，除小月六日，即一歲三百五十四日，是爲每歲日行天。餘一十一度四分度之一，不匝一年，餘十一日四分日之一，故三年即餘三十三日四分日之三，閏月又小，是五年即得再閏。

七年，轉太僕。浮又以國學既興，宜廣博士之選，乃上書曰：「夫太學者，禮義之宮，教化所由興也。陛下尊敬先聖，垂意古典，宮室未飾，干戈未休，而先建太學，進立橫舍，〔一〕比日車駕親臨觀饗，將以弘時雍之化，顯勉進之功也。〔二〕尋博士之官，爲天下宗師，使孔聖之言傳而不絕。舊事，策試博士，必廣求詳選，爰自畿夏，延及四方，是以博舉明經，唯賢是登，〔三〕學者精勵，遠近同慕。伏聞詔書更試五人，唯取見在洛陽城者。臣恐自今以往，將有所失。求之密邇，容或未盡，而四方之學，無所勸樂。凡策試之本，貴得其眞，非有期會，不及遠方也。又諸所徵試，皆私自發遣，非有傷費煩擾於事也。語曰：『中國失禮，求之於野。』〔四〕臣浮幸得與講圖讖，〔五〕故敢越職。」帝然之。

〔一〕橫，學也。或作「黌」，義亦同。

〔二〕雍，和也。書曰「黎人於變時雍」，乃勉勸也。

〔三〕畿，王畿；夏，華夏也。漢官儀曰：「博士，秦官也。武帝初置五經博士，後增至十四人。太常差選有聰明威重一人爲祭酒，總領綱紀。其舉狀曰：『生事愛敬，喪沒如禮。通易、尚書、孝經、論語，兼綜載籍，窮微闡奧。隱居樂道，不求聞達。身無金痍痼疾，（世）〔卅〕六屬不與妖惡交通、王侯賞賜。行應四科，經任博士。』下言某官某甲保舉。」

〔四〕劉歆移書太常曰：「夫禮失求之於野，古文不猶愈於野乎？」

〔五〕與音預。

二十年，代竇融爲大司空。二十二年，坐賣弄國恩免。二十五年，徙封新息侯。

帝以浮陵轢同列，每銜之，〔一〕惜其功能，不忍加罪。永平中，有人單辭告浮事者，〔二〕顯宗大怒，賜浮死。長水校尉樊（鯈）〔儵〕言於帝曰：「唐堯大聖，兆人獲所，〔三〕尚優遊四凶之獄，厭服海內之心，〔四〕使天下咸知，然後殛罰。〔五〕浮事雖昭明，而未達人聽，宜下廷尉，章著其事。」帝亦悔之。

〔一〕陵轢猶欺蔑也。

〔二〕單辭謂無證據也。書曰：「明清於單辭。」

〔三〕獲，得也。

〔四〕優遊謂優柔也。四凶者，鯀、共工、驩兜、三苗。左傳曰舜流四凶族，今云堯者，舜爲堯臣而流之也。尚書曰：「四罪而天下咸服。」

〔五〕殛，誅也，音紀力反。

論曰：吳起與田文論功，文不及者三，朱買臣難公孫弘十策，弘不得其一，終之田文相魏，公孫宰漢，誠知宰相自有體也。〔一〕故曾子曰：「君子所貴乎道者三，〔二〕籩豆之事則有司存。」〔三〕而光武、明帝躬好吏事，亦以課覈三公，〔四〕其人或失而其禮稍薄，至有誅斥詰辱之累。任職責過，一至於此，追感賈生之論，不亦篤乎！〔五〕朱浮譏諷苛察欲速之弊，然矣，〔六〕焉得長者之言哉！〔七〕

〔一〕史記：「魏置相田文，吳起不悅，謂田文曰：『請與子論功，可乎？』田文曰：『可。』起曰：『將三軍，使士卒樂死，敵國不敢謀，子孰與起？』田文曰：『不如子。』吳起曰：『理百官，親萬人，實府庫，子孰與起？』田文曰：『不如子。』吳起曰：『守西河，秦人不敢東向，韓、趙賓從，子孰與起？』田文曰：『不如子。』吳起曰：『此三者，子皆出吾下，而位加吾上，何也？』田文曰：『主少國疑，大臣未附，百姓不信，方是時，屬之於子乎，屬之於我乎？』吳起默然良久，曰：『屬之於子矣。』田文曰：『此乃吾所以居子上也。』吳起方乃自知不如。」武帝時，方築朔方，公孫弘諫，以爲罷弊中國。上使朱買臣難弘，發十策，弘不得一。

〔二〕三謂動容貌，正顏色，出辭氣。事見論語。

〔三〕籩豆，禮器也。小細之務，有司所主，非人君之事也。

〔四〕課其殿最，覈其得失。

〔五〕賈誼曰：「廉恥禮節以緄君子，故有賜死而無戮辱，是以黥劓之罪不及大夫，以其離主上不遠也。」是時人告周勃謀反，繫長安，卒無事，故誼以此譏上也。

〔六〕論語孔子曰：「無欲速，無見小利。欲速則不達，見小利則大事不成。」以光武帝明察煩刻，故引之。

〔七〕前書龔遂爲勃海郡太守，王生謂遂曰：「君即見上，問君何以化勃海？宜曰聖主之(力)〔德〕，非小臣之力也。」既至前，上果問，遂對如王生言。天子悅，曰：「君安得長者之言而稱也！」

馮魴字孝孫，南陽湖陽人也。其先魏之支別，食菜馮城，因以氏焉。〔一〕秦滅魏，遷于湖陽，爲郡族姓。

〔一〕東觀記曰「其先魏之別封曰華侯，華侯孫長卿食菜馮城，因以氏焉。魴父名揚」也。

王莽末，四方潰畔，魴乃聚賓客，招豪桀，作營壍，以待所歸。〔二〕是時湖陽大姓虞都尉反城稱兵，先與同縣申屠季有仇，而殺其兄，謀滅季族。季亡歸魴，魴將季欲還其營，道逢都尉從弟長卿來，欲執季。魴叱長卿曰：「我與季雖無素故，士窮相歸，要當以死任之，卿爲何言？」遂與俱歸。季謝曰：「蒙恩得全，死無以爲報（恩），有牛馬財物，願悉獻之。」魴作色曰：「吾老親弱弟皆（在）賊城中，今日相與，尚無所顧，何云財物乎？」季慙不敢復言。魴自是爲縣邑所敬信，故能據營自固。

〔一〕待眞主也。

時天下未定，而四方之士擁兵矯稱者甚衆，唯魴自守，兼有方略。光武聞而嘉之，建武三年，徵詣行在所，見於雲臺，〔一〕拜虞令。〔二〕爲政敢殺伐，以威信稱。遷郟令。後車駕西征隗囂，潁川盜賊羣起，郟賊延褒等衆三千餘人，攻圍縣舍，魴率吏士七十許人，力戰連日，弩矢盡，城陷，魴乃遁去。帝聞郡國反，即馳赴潁川，魴詣行在所。帝案行鬭處，知魴力戰，乃嘉之曰：「此健令也。所當討擊，勿拘州郡。」褒等聞帝至，皆自髡剔，〔三〕負鈇鑕，〔四〕將其衆請罪。帝且赦之，使魴轉降諸聚落，縣中平定，詔乃悉以褒等還魴誅之。魴責讓以行軍法，皆叩頭曰：「今日受誅，死無所恨。」魴曰：「汝知悔過伏罪，今一切相赦，聽各反農桑，爲令作耳目。」皆稱萬歲。是時每有盜賊，並爲褒等所發，無敢動者，縣界淸靜。

〔一〕即南宮雲臺也。

〔二〕虞，縣，屬梁國，本虞國，舜後所封之邑，今宋州虞城縣也。

〔三〕剔音他狄反。聲類曰亦「鬄」字，音他計反，謂剃去髮也。

〔四〕說文曰：「鈇，剉刃也。」鑕，椹也，音質。

十三年，遷魏郡太守。二十七年，以高第入代趙憙爲太僕。中元元年，從東封岱宗，行衞尉事。還，代張純爲司空，賜爵關內侯。二年，帝崩，使魴持節起原陵，更封楊邑鄉侯，食三百五十戶。永平四年，坐考隴西太守鄧融，聽任姦吏，策免，削爵土。六年，顯宗幸魯，復行衞尉事。七年，代陰嵩爲執金吾。

魴性矜嚴公正，在位數進忠言，多見納用。十四年，詔復爵土。明年，東巡郡國，留魴宿衞南宮。〔一〕建初三年，以老病乞身，肅宗許之。其冬爲五更，詔魴朝賀，就列侯位。元和二年，卒，時年八十六。

〔一〕東觀記曰：「敕魴車駕發後將緹騎宿玄武門複道上，領南宮吏士，保給牀席，子孫得到魴所。」

子柱嗣。尙顯宗女獲嘉長公主，少爲侍中，以恭肅謙約稱，位至將作大匠。柱卒，子定嗣，官至羽林中郎將。定卒，無子，國除。

定弟石，襲母公主封獲嘉侯，亦爲侍中，稍遷衞尉。能取悅當世，爲安帝所寵。帝嘗幸其府，留飲十許日，賜駮犀具劍、佩刀、〔一〕紫艾綬、〔二〕玉玦各一，〔三〕拜子世爲黃門侍郎，世弟二人皆郎中。自永初兵荒，王侯租秩多不充，於是特詔以它縣租稅足石，令如舊限，〔四〕歲入穀三萬斛，錢四萬。遷光祿勳，遂代楊震爲太尉。及北鄉侯立，〔五〕遷太傅，與太尉東萊劉喜參錄尚書事。順帝既立，石與喜皆以阿黨閻顯、江京等策免，復爲衞尉。卒，子代嗣。代卒，弟承嗣，爲步兵校尉。

〔一〕以班犀飾劒也。

〔二〕艾即盭，綠色也，其色似艾。

〔三〕半環曰玦，以飾帶也。

〔四〕足音即諭反。

〔五〕章帝孫濟北惠王壽之子懿也。

石弟珖，〔一〕和帝時詔封楊邑侯，亦以石寵，官至城門校尉。卒，子肅嗣，爲黃門侍郎。

〔一〕珖音光。

虞延字子大，陳留東昏人也。〔一〕延初生，其上有物若一匹練，遂上升天，占者以爲吉。及長，長八尺六寸，要帶十圍，力能扛鼎。〔二〕少爲戶牖亭長。時王莽貴人魏氏〔三〕賓客放從，延率吏卒突入其家捕之，以此見怨，故位不升。性敦朴，不拘小節，又無鄉曲之譽。王莽末，天下大亂，延常嬰甲冑，擁衞親族，扞禦鈔盜，賴其全者甚衆。延從女弟年在孩乳，其母不能活之，棄於溝中，延聞其號聲，哀而收之，養至成人。〔四〕建武初，仕執金吾府，除細陽令。〔五〕每至歲時伏臘，輒休遣徒繫，各使歸家，並感其恩德，應期而還。有囚於家被病，自載詣獄，既至而死，延率掾〔吏〕〔史〕，殯于門外，百姓感悅之。

〔一〕東昏，縣，故城在今汴州陳留縣東北。東緡屬山陽郡，俗本爲「緡」者，誤也。

〔二〕說文曰：「扛鼎，橫關對舉也。」〔扛〕音江。

〔三〕謝承書曰：「莽貴人魏氏以椒房之寵，威傾郡縣。」

〔四〕謝承書曰：「養育成人，以妻同縣人王氏。」

〔五〕細陽，縣，屬汝南郡，故城在今潁州汝陰縣西北。

後去官還鄉里，太守富宗聞延名，召署功曹。〔一〕宗性奢靡，車服器物，多不中節。延諫曰：「昔晏嬰輔齊，鹿裘不完，〔二〕季文子相魯，妾不衣帛，〔三〕以約失之者鮮矣。」宗不悅，延卽辭退。居有頃，宗果以侈從被誅，臨當伏刑，攬涕而歎曰：「恨不用功曹虞延之諫！」光武聞而奇之。二十年東巡，路過小黃，高帝母昭靈后園陵在焉，〔四〕時延爲部督郵，詔呼引見，問園陵之事。延進止從容，占拜可觀，其陵樹株蘖，皆諳其數，〔五〕俎豆犧牲，頗曉其禮。帝善之，敕延從駕到魯。還經封丘城門，門下小，不容羽蓋，〔六〕帝怒，使撻侍御史，延因下見引咎，以爲罪在督郵。言辭激揚，有感帝意，乃制詔曰：「以陳留督郵虞延故，貰御史罪。」〔七〕延從送車駕西盡郡界，賜錢及劒帶佩刀還郡，於是聲名遂振。

〔一〕富姓，宗名。

〔二〕晏子曰：「晏子布衣鹿裘以朝，公曰：『夫子之家若此其貧也，奚衣之惡也？』」

〔三〕左傳曰，季文子相魯，妾不衣帛，馬不食粟。

〔四〕小黃，縣，屬陳留郡，故城在今汴州陳留縣東北。漢官儀注曰：「高帝母起兵時死小黃北，後爲作陵廟於小黃。」陳留風俗傳云：「沛公起兵野戰，喪皇妣于黃鄉。天下平，乃使使者梓宮招魂幽野，有丹蛇在水，自洗濯，入于梓宮，其浴處仍有遺髮，故謚曰昭靈夫人。因作園陵、寢殿、司馬門、鐘虡、衞守。」小黃有祭器籩豆鼎俎之屬十四種，廟基尙存焉。

〔五〕株，根也。蘖，伐木更生也。

〔六〕封丘，今汴州縣也。

〔七〕貰，放也。

二十三年，司徒玉況辟焉。〔一〕時元正朝賀，帝望而識延，遣小黃門馳問之，卽日召拜公車令。明年，遷洛陽令。是時陰氏有客馬成者，常爲姦盜，延收考之。陰氏屢請，獲一書輒加篣二百。〔二〕信陽侯陰就〔三〕乃訴帝，譖延多所冤枉。帝乃臨御道之館，親錄囚徒。延陳其獄狀可論者在東，無理者居西。成乃回欲趨東，延前執之，謂曰：「爾人之巨蠹，久依城社，不畏熏燒。〔四〕今考實未竟，宜當盡法！」成大呼稱枉，陛戟郎以戟刺延，叱使置之。〔五〕帝知延不私，謂成曰：「汝犯王法，身自取之！」呵使速去。後數日伏誅。於是外戚斂手，莫敢干法。在縣三年，遷南陽太守。

〔一〕謝承書曰：「況字文伯，京兆杜陵人也。代爲三輔名族，該總五經，志節高亮，爲陳留太守。性聰敏，善行德教。永平十五年，蝗蟲起泰山，彌衍兗、豫，過陳留界，飛逝不集，五穀獨豐。章和元年，詔以況爲司徒。」玉，姓，音宿。

〔二〕篣，棰也，音彭。

〔三〕就，光烈皇后弟也。就本傳「信」作「新」。

〔四〕齊景公問晏子曰：「理國何患？」對曰：「患社鼠。」公曰：「何謂社鼠？」對曰：「社鼠不可熏。人君之左右，亦國之社鼠也。」

〔五〕續漢志曰：「凡郎官皆主執戟宿衛也。」

永平初，有新野功曹鄧衍，以外戚小侯每豫朝會，而容姿趨步，有出於衆，顯宗目之，顧左右曰：「朕之儀貌，豈若此人！」特賜輿馬衣服。延以衍雖有容儀而無實行，未嘗加禮。帝既異之，乃詔衍令自稱南陽功曹詣闕。〔一〕既到，拜郎中，遷玄武司馬。〔二〕衍在職不服父喪，帝聞之，乃歎曰：「『知人則哲，惟帝難之。』信哉斯言！」衍慙而退，由是以延爲明。

〔一〕謝承書曰：「帝賜輿馬衣服劒珮刀，錢二萬，南陽計吏歸，具以啓延。延知衍華不副實，行不配容，積三年不用，於是上乃自勑衍稱南陽功曹詣闕。」

〔二〕玄武，宮之北門也。每宮城門皆有司馬一人，秩千石，見續漢志。

三年，徵代趙憙爲太尉；八年，代范遷爲司徒。歷位二府，十餘年無異政績。會楚王英謀反，陰氏欲中傷之，使人私以楚謀告延，延以英藩戚至親，不然其言，又欲辟幽州從事公孫弘，〔一〕以弘交通楚王而止，並不奏聞。及英事發覺，詔書切讓，延遂自殺。家至清貧，子孫不免寒餒。〔二〕

〔一〕郡國有從事，主督促文書，察舉非法，皆州自辟除，故通爲百石，即功曹從事、理中從事之類是也。見續漢志也。

〔二〕餒，餓也。謝承書曰：「身沒之後，家貧空，子孫同衣而出，并日而食。」

延從曾孫放，字子仲。少爲太尉楊震門徒，及震被讒自殺，順帝初，放詣闕追訟震罪，由是知名。桓帝時爲尚書，以議誅大將軍梁冀功封都亭侯，後爲司空，坐水災免。性疾惡宦官，遂爲所陷，靈帝初，與長樂少府李膺等俱以黨事誅。

鄭弘字巨君，會稽山陰人也。〔一〕從祖吉，宣帝時爲西域都護。〔二〕弘少爲鄉嗇夫，〔三〕太守第五倫行春，〔四〕見而深奇之，召署督郵，舉孝廉。

〔一〕孔靈符會稽記曰：「射的山南有白鶴山，此鶴爲仙人取箭。漢太尉鄭弘嘗采薪，得一遺箭，頃有人覓，弘還之，問何所欲，弘識其神人也，曰：『常患若邪溪載薪爲難，願旦南風，暮北風。』後果然。故若邪溪風至今猶然，呼爲

『鄭公風』也。」

〔二〕謝承書曰：「其曾祖父本齊國臨淄人，官至蜀郡屬國都尉。武帝時徙強宗大姓，不得族居，將三子移居山陰，因遂家焉。長子吉，雲中都尉、西域都護；中子兗州刺史；少子舉孝廉，理劇東部候也。」

〔三〕謝承書曰：「爲靈文鄉嗇夫，愛人如子。」續漢志曰：「其鄉小者縣署嗇夫一人，主知人善惡，爲役先後；知人貧富，爲賦多少，平其差品也。」

〔四〕太守常以春行所主縣，勸人農桑，振救乏絕，見續漢志也。

弘師同郡河東太守焦貺。楚王英謀反發覺，以疏引貺，〔一〕貺被收捕，疾病於道亡沒，妻子閉繫詔獄，掠考連年。諸生故人懼相連及，皆改變名姓，以逃其禍，弘獨髡頭負鈇鑕，詣闕上章，爲貺訟罪。顯宗覺悟，卽赦其家屬，弘躬送貺喪及妻子還鄉里，由是顯名。

〔一〕疏，書也。

拜爲騶令，〔一〕政有仁惠，民稱蘇息。遷淮（陰）〔陽〕太守。〔二〕四遷，建初〔初〕，爲尚書令。舊制，尚書郎限滿補縣長令史丞尉。弘奏以爲臺職雖尊，而酬賞甚薄，至於開選，多無樂者，〔三〕請使郎補千石〔令〕，令史爲長。帝從其議。弘前後所陳有補益王政者，皆著之南宮，以爲故事。

〔一〕騶，今兗州縣也。謝承書曰「弘勤行德化，部人王逢等得路遺寶物，縣於道衢，求主還之。魯國當春大旱，五穀不豐，騶獨致雨偏孰。永平十五年，蝗起泰山，流被郡國，過騶界不集。郡因以狀聞，詔書以爲不然，遣使案行，如言」也。

〔二〕謝承書曰：「弘消息繇賦，政不煩苛。行春天旱，隨車致雨。白鹿方道，俠轂而行。弘怪問主簿黃國曰：『鹿爲吉爲凶？』國拜賀曰：『聞三公車轓畫作鹿，明府必爲宰相。』」

〔三〕樂音五孝反。

出爲平原相，徵拜侍中。建初八年，代鄭衆爲大司農。舊交阯七郡貢獻轉運，皆從東冶〔一〕汎海而至，風波艱阻，沈溺相係。弘奏開零陵、桂陽嶠道，於是夷通，〔二〕至今遂爲常路。〔三〕在職二年，所息省三億萬計。時歲天下遭旱，邊方有警，人食不足，而帑藏殷積。〔四〕弘又奏宜省貢獻，減徭費，以利飢人。帝順其議。

〔一〕東冶，縣，屬會稽郡。太康地理志云漢武帝名爲東冶，後改爲東候官，今泉州閩縣是。

〔二〕嶠，嶺也。夷，平也。

〔三〕今謂范曄時也。

〔四〕說文曰：「帑，金布所藏之府。」

元和元年，代鄧彪爲太尉。時舉將第五倫爲司空，班次在下，每正朔朝見，弘曲躬而自卑。帝問知其故，遂聽置雲母屏風，分隔其閒，〔一〕由此以爲故事。在位四年，奏尚書張林阿附侍中竇憲，而素行臧穢，又上洛陽令楊光，憲之賓客，在官貪殘，並不宜處位。書奏，吏與光故舊，因以告之。光報憲，憲奏弘大臣漏泄密事。帝詰讓弘，收上印綬。弘自詣廷尉，詔勑出之，因乞骸骨歸，未許。病篤，上書陳謝，并言竇憲之短。帝省章，遣醫占弘病，比至已卒。臨歿悉還賜物，勑妻子褐巾布衣素棺殯殮，以還鄉里。

〔一〕以雲母飾屛風也。

周章字次叔，南陽隨人也。〔一〕初仕郡爲功曹。時大將軍竇憲免，封冠軍侯就國。章從太守行春到冠軍，太守猶欲謁之。章進諫曰：「今日公行春，豈可越儀私交。且憲椒房之親，埶傾王室，而退就藩國，禍福難量。明府剖符大臣，千里重任，〔二〕舉止進退，其可輕乎？」太守不聽，遂便升車。章前拔佩刀絕馬鞅，於是乃止。及憲被誅，公卿以下多以交關得罪，太守幸免，以此重章。舉孝廉，六遷爲五官中郎將。延平元年，爲光祿勳。

〔一〕「叔」或作「升」。

〔二〕剖符解見杜詩傳。

永初元年，代魏霸爲太常。其冬，代尹勤爲司空。是時中常侍鄭衆、蔡倫等皆秉埶豫政，章數進直言。初，和帝崩，鄧太后以皇子勝有痼疾，〔一〕不可奉承宗廟，貪殤帝孩抱，養爲己子，故立之，以勝爲平原王。及殤帝崩，羣臣以勝疾非痼，意咸歸之，太后以前既不立，恐後爲怨，乃立和帝兄清河孝王子祜，是爲安帝。章以衆心不附，遂密謀閉宮門，誅車騎將軍鄧騭兄弟及鄭衆、蔡倫，劫尚書，廢太后於南宮，封帝爲遠國王，〔二〕而立平原王〔勝〕。事覺，〔勝〕策免，章自殺。家無餘財，諸子易衣而出，幷日而食。

〔一〕痼猶廢也。

〔二〕遙遠之國也。

論曰：孔子稱「可與立，未可與權」。〔一〕權也者，反常者也。〔二〕將從反常之事，必資非常之會，〔三〕使夫舉無違妄，志行名全。周章身非負圖之託，〔四〕德乏萬夫之望，〔五〕主無絕天之釁，地有既安之埶，〔六〕而創慮於難圖，希功於理絕，不已悖乎！〔七〕如令君器易以下議，卽斗筲必能叨天業，狂夫豎臣亦自奮矣。孟軻有言曰：「有伊尹之心則可，無伊尹之心則篡矣。」〔八〕於戲，方來之人戒之哉！

〔一〕論語載孔子之詞也。立謂立功立事也。

〔二〕公羊傳曰：「權者何？權者反乎經，然後有善也。」

〔三〕會，際也。

〔四〕武帝欲立昭帝爲太子，乃畫周公負成王圖賜霍光。

〔五〕詩云：「顒顒昂昂，萬夫之望。」

〔六〕書曰「紂自絕於天，結怨于人」也。

〔七〕悖，逆也。

〔八〕孟子曰：「公孫丑問曰：『伊尹放太甲於桐宮，人大悅。太甲賢，又反之，人大悅。賢者之爲人臣也，其君不賢，故可放歟？』」孟子荅以此言。

贊曰：朱定北州，激成寵尤。魴用降帑，〔一〕延感歸囚。鄭、竇怨偶，代相爲仇。〔二〕周章反道，小智大謀。〔三〕

〔一〕帑，虜也。

〔二〕左傳曰：「怨偶曰仇。」

〔三〕易曰「智小而謀大，力少而任重，鮮不及矣」也。

校勘記

一一三七頁一〇行 聞〔之〕遂大怒 據汲本、殿本補。

一一三八頁一〇行 臨人親職 校補謂此與下「此猶河濱之人」，文選「人」本作「民」，宋本失未改回也。按：下「伯通與吏人語」，文選「人」亦作「民」。

一一三八頁一五行　捐傳世之慶祚　文選「世」作「葉」。按：校補謂此宋本改回之誤。

一一三九頁一二行　若以子之功論於朝廷　文選「功」下有「高」字。按：校補謂有「高」字則與上文「以爲功高天下」應。

一一三九頁一三行　多歷年世　文選「世」作「所」。按：校補謂此亦宋本改回之誤。

一一四〇頁二行　內聽驕婦之失計　按：文選「驕」作「嬌」。

一一四〇頁三行　勿以前事自誤　集解引惠棟說，謂「誤」一作「疑」。按：文選作「疑」。

一一四一頁六行　投袂而起　按：「起」原譌「赴」，逕據汲本、殿本改正。

一一四一頁一三行　兵之長帥也　按：「帥」原譌「師」，逕據汲本、殿本改正。

一一四五頁七行　（世）〔卅〕六屬　集解引惠棟說，謂注「世」別本作「卅」，音先合反。今按：通典卷二十七引後漢督郵板狀作「三十六屬」，則此「世」字當作「卅」，因版刻「世」字往往作「丗」，與「卅」形近而誤。今據改。

一一四五頁一三行　長水校尉樊（儵）〔鯈〕　據樊宏傳改。

一一四七頁七行　聖主之（力）〔德〕　殿本「力」作「德」，與前書龔遂傳合，今據改。

一一四七頁九行　食菜馮城　刊誤謂「菜」當作「采」，音乃爲菜耳。今按：菜采通，劉說泥。

一一四八頁一行　死無以爲報（恩）　按：王先謙謂「恩」字當衍，今據删。

一二四八頁二行　皆〔在〕賊城中　按：集解引何焯說，謂「皆」下當有「在」字，今據補。

一二四八頁九行　皆自髡剔　按：汲本、殿本「髡」作「鬄」。

一二四九頁九行　保給牀席　按：殿本作「保官給牀蓐」。考證王會汾謂案文義當云「官給牀蓐」，「保」字疑衍。又按：王先謙謂今本東觀記「領南宮吏士」下有「南宮複道多惡風寒老人居之且病痱若向南者多取帷帳東西完塞諸牕望令緻密」三十三字，無「保給牀蓐」四字。

一二四九頁一三行　拜子世爲黄門侍郎　按：下云「卒，子代嗣」。刊誤謂世本名代，前拜爲郎時作「世」，後嗣立時作「代」，蓋後人見其名，疑「代」以爲避太宗諱所改，遂還作「世」，而忘其後尚皆作「代」也。今前後不同，遂似兩人，當定從一。今按：劉氏以爲世卽代，甚是，然謂世本名代，則無實證，安知非代本名世邪？

一二四九頁一五行　與太尉東萊劉喜參録尚書事　按：安帝紀「喜」作「熹」。

一二五〇頁一行　子代嗣　按：李慈銘謂此名代者，卽上拜黄門郎之世也。章懷避太宗諱，改「世」作「代」，後之校者又改「代」作「世」，而一傳之中有改有不改如此。

一二五〇頁八行　詔封楊邑侯　按：刊誤謂「詔」當作「紹」。

一二五一頁三行　延率掾〔吏〕〔史〕　據刊誤及殿本考證改。按：殿本作「延率吏掾史」，衍一「吏」字。

一二五一頁五行　〔扛〕音江　據汲本、殿本補。

一一五一頁九行　太守富宗聞延名　按：集解引惠棟說，謂袁宏紀作「傅宗」。

一一五二頁三行　司徒玉況　殿本改「玉」爲「王」，有王會汾之考證，謂按玉篇，金玉之「玉」魚錄反，點在中畫下，其音宿者點在中畫上，監本作「玉」，今改從「王」。今按：校補謂玉自有宿音，史記封禪書公玉帶，玉卽音肅，不必改字。且說文玉本無點，尤不容分玉王爲二字。又按：校補謂光武紀建武二十七年，大司徒玉況薨，詔始令二府去「大」，則在二十三年自應仍稱大司徒，傳脫「大」字。

一一五三頁四行　永平十五年蝗蟲起泰山　汲本「泰」作「太」。按：范曄避其父范泰諱，「泰」皆作「太」，此後人回改也。又按：玉況卒於建武年閒，謝承書所云永平十五年云云及下章和元年云云，皆誤。

一一五三頁一〇行　有新野功曹鄧衍　集解引惠棟說，謂東觀記作「鄧寅」。按：校補謂「寅」當卽「演」之誤，衍演通作。

一一五五頁二行　將三子移居山陰　按：「三」原譌「二」，逕改正。

一一五五頁七行　弘師同郡河東太守焦貺　按：袁紀云「事博士焦貺」。

一一五五頁一一行　遷淮(陰)〔陽〕太守　按：刊誤謂案漢郡無「淮陰」，當是淮陽，此時未爲陳國也。今據改。

二五五頁二行　建初〔初〕爲尚書令　據王先謙說補。

二五五頁三行　請使郎補千石〔令〕　據刊誤補。

二五六頁五行　出爲平原相　按：集解引錢大昭說，謂平原爲國，在殤帝建平元年。考建初四年，封皇子全爲平春王，未幾，王薨國除，此「平原」或「平春」之誤。

二五六頁三行　時擧將第五倫爲司空　「第」原作「弟」，「五」原作「伍」，逕改正。按：第與弟五與伍固可通，然一書中姓名宜前後一致也。

二五六頁四行　在位四年　按：張熷謂本紀元和元年八月，弘爲太尉，三年四月免，不得云「四年」。

二五七頁二行　其冬代尹勤爲司空　按：校補引錢大昭說，謂章爲司空，安紀在永初元年九月，「冬」當作「秋」。

二五七頁三行　羣臣以勝疾非痼　「痼」原作「錮」，痼錮通，然上文作「痼」，今改歸一律。

二五八頁一行　清河孝王子祜　刊誤謂案安帝名祜，此作「祜」，字之誤也。今按：范書「祜」皆作「祜」，或范氏別有所諱歟？

二五八頁二行　而立平原王〔勝〕事覺（勝）策免　按：黃山謂「勝」字當在「事覺」上。安紀永初元年「司空周章密謀廢立，策免自殺」，平原懷王勝傳，延平元年封，八年薨，與紀合，則勝無策免事，諸王之廢亦不得爲策免，此策免自屬章也。今據改。